거침없이 말하려면
잡담력을 키워라

거침없이 말하려면
잡담력을 키워라

초판 1쇄 인쇄 · 2021년 5월 20일
초판 1쇄 발행 · 2021년 5월 27일

지은이 · 윤치영
펴낸이 · 김형성
펴낸곳 · (주)시아컨텐츠그룹
편 집 · 박기원
디자인 · 이종헌

주 소 · 서울시 마포구 월드컵북로5길 65 (서교동), 주원빌딩 2F
전 화 · 02-3141-9671
팩 스 · 02-3141-9673
이메일 · siaabook9671@naver.com
등록번호 · 제406-251002014000093호
등록일 · 2014년 5월 7일

ISBN 979-11-88519-24-8 (03190)

재미로 호응을 얻고 박수를 받는 스피치 방법

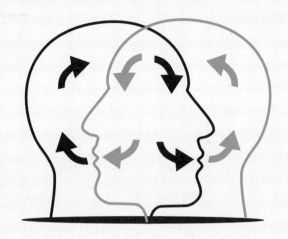

거침없이 말하려면
잡담력을 키워라

윤치영 지음

SIA 시아

사석에서는 말이 되는데 공석에서 말이 되지 않는 분도 많다. 이들은 어느 정도 경제적으로 안정이 되어 사회 활동을 하려는데 사람들 앞에만 서면 오금이 저려 온다고 한다. 성공은 했는데 그 성공을 써먹지 못하는 안타까운 분들이다. 반대로 공석에서는 말이 잘되는데 사석에서는 말할 거리도 없고 어떻게 말을 풀어가야 할지 몰라서 고민하는 분들이다. 이들은 회식, 맞선, 여행 등 사적인 자리에서 친해지고 싶은데 할 말도 없고 감정 표현도 안 되고 어디서부터 어디까지 말해야 되는지 모르는 분들로 사람이 가까이 다가서는 것조차 부담을 느낀다.

결국 어떤 사람이든 간에 스스럼없이 상대와 대화가 되어야 하고 대중 앞에서도 대화하듯 풀어가면 되는 것이다. 그러려면 잡담에 능해야 한다. 잡담에 능한 사람은 임기응변에 강하다. 잡담력이야말로 대인관계에서나 대화를 풀어가는 데 최고의 보약이다.

대화의 묘미란 자신의 감각을 상대의 감각에 접촉시켜 전달하는 데 있다. 감각이 예민한 젊은 층의 사람들이 감각을 자극하는 감각어에 약하듯 감각어를 적절히 구사할 줄 아는 사람은 대화의 성공적 효과를 얻을 수 있다. 감각어는 지적인 호소력보다는 감정의 심리를 자극하는 말이다.

감각이란 인간이면 누구나에게 있는 것. 인간은 단단한 것보다는 부드러운 것, 차가운 것보다는 따뜻한 것을 찾으려 하고 무미건조한 말보다는 감각을 자극하는 정감적인 말을 즐기려 한다는 생각을 가르친다.

감정이 지적인 것보다 앞서는 것은 인간의 속성이다. 더욱 친밀한 관계로 이끌기 위해서는 감각어를 활용하는 게 바람직하다.

상대에게 맞추어서 자연스럽게 움직여야 한다. 상대가 즐거운 얘기를 하고 있을 때에는 즐거운 표정을 짓고 귀를 기울이는 태도를 보여야 한다.

상대방의 눈동자 움직임, 입술 움직임, 이야기하는 태도 등은 상대방의 의도를 전체적으로 드러내 주는 귀중한 자료다.

상대에게 속지 않겠다거나 무시당하지 않겠다는 생각으로 신경을 쓰면 이심전심으로 상대로 그 낌새를 알아차려 같은 식으로 응대하기 때문에 마음을 닫아 버리고 만다.

마음을 열지 않으면 상대방의 본심을 알 길이 없는 것이다. 그러므로 누구든지 쉽게 접근할 수 있도록 길을 열어 놓고 그런 배려를 하는 것이 무엇보다 중요하다.

마음을 열어 놓는다는 것은 거짓말을 하거나 숨기려 하지 않는다는 것이다. 있는 그대로 보여 주려는 배려가 그것이다. 그리고 모르는 것은 모른다고 말하고 모르는 것은 스스로 조사해 보거나 남에게 물어보는 태도가 거짓말을 하지 않는 첫걸음인 것이다.

정말로 실력이 있는 사람은 누구에게도 연연하지 않고, 게다가 겸허한 모습을 보일 정도로 조심스럽다. 즉 접촉하는 사람의 신분, 직위, 직업, 생활환경 같은 것으로 차별하는 행동은 절대로 하지 않는다.

어떤 사람을 만나도 어떤 장소에서건 어떤 형식으로든 거침없이 본인의 생각과 의도를 전달하고 표현할 수 있다면 얼마나 좋을까?

한마디로 언제 어디서든 말을 잘할 수 있다면 하늘을 나는 듯 자유로울 것이다. 하여 진정 성공하려면, 아니 행복한 성공인이 되려면 경제적인 자유, 그리고 시간적인 자유를 누릴 수 있어야 한다. 거기에 하나 더 사회적 자유까지 누릴 수 있다면 더할 나위 없을 것이다.

그 자유를 누리기 위한 결정적 능력은 바로 잡담력인 것이다. 사람과 소통하고 함께 어우러지기 위해서는 거창한 화제를 동원해서는 안 된다. 아무 일상적인 화제가 공통 분모를 만들고 공감대를 형성할 수 있게 된다. 짧은 말 한마디가 공감을 주고 깨달음을 주고 친밀감을 느끼게 한다.

사이가 좋지 않은 부부가 있었다. 그런데 어느 날 남편이 교회에 다녀와서부터는 집안 일도 도와주고 부인을 사랑하는 등 갑자기 달라졌다. 부인이 고마워서 그 교회 목사님을 찾아가 고맙다고 인사를 하며 "오늘 '아내를 네 몸 같이 사랑하라'라고 설교하셨나요?" 하고 물으니 목사님은 "아니요, '원수를 사랑하라' 했는데요."라고 답하셨다. 이 글을 보고 웃지 않는 사람은 수다지수가 낮은 사람이다.

영어 'coffee'와 '잡담', '수다'를 뜻하는 독일어 'klatsch'가 합쳐진 'coffee klatsch'가 당당히 사전에 오르게 된 것도 커피 한잔 마시면서 나누는 잡담이 일상의 긴장을 풀고 삶을 윤택하게 만드는 데 큰 도움이 된다. 수다와 잡담은 여자들 못지않게 남자들에게도 필요하며 남자들도 이를 즐기고 있다. 여자가 남자보다 더 말이 많기에 코밑에 수염도 나지 않는 거라고 믿어온 사람들은 상식이 배신당한 데 대해 깜짝 놀라겠지만 여자 셋이 모이면 장독이 깨진다고 하지만 남자 셋이 모이면 세상을 들었다 놨다 한다. 남자도 기쁘면 기쁜 대로 슬프면 슬픈 대로 감정을 표현할 필요가 있다. 수다를 떨다 보면 자신도 모르게 친구들한테서 정신적 위안을 얻게 된다. 정신의학계에서는 이런 수다를 하나의 공공 영역으로 끌어들여 적극적으로 이용한다. 오래전부터 환자 치료에 이용해온 '그룹치료'가 그 중의 하나인데, 의사, 간호사, 상담사들이 정신질환을 앓고 있는 환자들과 그저 함께 수다를 떪으로써 강박증이나 불안증을 풀어헤치도록 유도하는 것이다.

모 기업에서 그룹사 직원 1,400여 명을 대상으로 스트레스에 대한 설문 조사를 한 결과 실제 생활에서의 스트레스 해소법으로 31.2%가 '수다나 잡담을 포함한 대화'라고 말했다. 또한 직장생활에서 스트레스를 가장 많이 받는 부분은 '인간관계의 갈등'이라는 답변이 41.8%로 가장 많았다. 이렇게 인간관계로 인한 스트레스를 많이 받고 있지만, 그로 인한 스트레스를 적절히 해소하지 못하고 있다. 사람과 사람과의 건강하고 분명한 커뮤니케이션은 직접적이고 가장 분명한 스트레스 해소책이자 건설적인 방향타가 될 수 있다.

수다든 잡담이든 자기표현이든 언어의 배설이 스트레스를 해소하고 정신적인 건강에 도움이 된다. 말을 하면서 자신의 재발견하게 되고 말을 하다 보면 새로운 사실을 깨닫거나 카다르시스로 마음이 정화된다. 많은 행동수정주의 심리학자는 스트레스를 적극적으로 해결할 수 있는 방안의 하나로 '자기표현 훈련'을 권고하고 있다. 또한 문제 해결의 열쇠로서의 자기표현이 필요하다. 더욱이 말로 마음속 분노나 비밀스러운 것을 털어 놓음으로써 자신으로부터 자유로워질 수 있으며 타인의 시선에 얽매이지 않게 될 수 있으니 대중 앞에서의 공포증을 해결하게 된다.

이처럼 수다와 잡담은 사석에서 대화를 풀어가는 데 중요한 도구도 되지만 발표나 강의, 연설 등 공식적인 석상에도 필요한 요소가 된다. 이를 자기적용(sel application)이라 한다. 뿐만 아니라 수다와 잡담은 언어 배설을 통해 마음이 정화되는 일석삼조의 효과가 있다.

흔히 아랫사람이 상사에게 가서 이야기를 꺼내면 처음에는 무슨 이야기일까 하고 듣다가도 "쓸데없는 소리 그만하고 가서 일이나 하게!"라며 발언을 중단시킨다. 그런데 사실은 이러한 잡담 속에 바로 새로운 단서가 들어 있다는 것을 알아야 한다. 육하원칙에 딱 들어맞는 정보란 대체로 한물간 정보인 경우가 많다. 보통 새로운 사실은 불확실성을 내포하게 마련이다. 어떤 현상이든 처음에는 불확실한 상태로 나타나서 시간이 경과함에 따라 확실한 모습을 드러낸다, 따라서 '불확실성에 도전한다.'는 자세로 단서를 찾아내는 사람이 정보화 사회에서 승자가 된다.

미국의 어느 회사에서는 일과 중에 '잡담 시간'을 정했더니 직원들의 사기가 높아졌다고 한다. 가까운 사이의 잡담은 단순한 혀 운동이 아니라 두뇌와 마음의 체조라고 할 수 있다. 평소에는 업무와 관련된 내용만을 가지고 그것도 뒷사람의 눈치를 보아가면서 대화를 하게 되니 대화의 내용이 일정한 범위를 벗어날 수 있었으나 '잡담 시간'엔 긴장의 해소를 통하여 새로운 활력을 얻게 된다.

유능한 사람의 주위에는 항상 사람들이 모이는 반면, 매사 반듯한 대화만을 하려는 사람은 대개 과묵하거나, 사교성이 떨어지거나, 유머 감각이 부족한 사람이다. 이런 사람에게는 정보도 모이지 않고 새로운 기회도 다가오지 않는다. 정보는 다른 사람의 사소한 말까지도 경청하는 사람에게 다가온다.

우리 속담들 중에 잘못된 말이 있다. "가만 있으면 중간은 간다."라는 말이다. 그래서 사람들은 함부로(?) 나서지 않는다. 가만히 있으면 중간 정도는 가니까 나서질 않는다. '인싸'가 아니라 '아싸'다. 또 잘못된 말이 있다. '남자들은 입이 무거워야 한다'는 말이다. 그래서 '쓸데없는 말'을 하지 않고 '꼭 필요한 말'만 하려다 보니 자기 감정의 표현에 약하고 '무뚝뚝 남자'들이 양산되었다. 경상도 남자들이 집에 와서 하는 말이 딱 세 마디라고 하지 않는가. '별일 없나?', '밥 묵자.', '자자'

그런데 세상에 '쓸데없는 말'이란 없다. 인디언 속담에 "잡초란 말이 없다."라고 했듯이 화술경영 윤치영 박사는 "세상에 쓸데없는 말은 없다."라고 강조한다. 나도 모르게 쏟아 내는 방언 같은 말들, 습관처럼 나오는 신음소리나 외마디조차 소홀히 해서는 안 된다. 의식을 갖고 의도적으로 표현하는 말보다 오히려 더 중요하다. 위급하거나 본능적으로 외치는 말은 신체어이며 본능적인 마음의 표현이기에 더 신중하게 듣고 반응해야 한다, 이 시대에는 오히려 수다스러움이 경쟁력이다.

울고 싶으면 울어야 한다. 웃고 싶으면 웃어야 된다. 싫으면 싫다고, 좋으면 좋다고 감정을 표현하자. 그게 자연(自然)스럽게 사는 방식이고, 건강하게 사는 방식이며, 장수하는 삶의 방식이다. 더 나아가 내숭 떨지 않는 소탈하고 호탕한 성격이 사람들의 마음을 살 수 있다. 그래서 이 시대에 필요한 경쟁력을 확보할 수 있게 되는 것이다.

이 책은 일상적인 얘기(Slice of Life)나 본인인 겪은 얘기(Self application), 작고 소박한 얘기(Small is beautiful), 작지만 강한 얘기(small is Power) 등 이야깃거리를 소개하고 있다. 모쪼록 말에 자신이 없는 분들은 이 책을 통해 잡담력을 키워서 세상을 울리고 웃기는 '거침없이 말하는 이' 되기를 바란다.

2021년 봄

스피치 명인 화술경영 박사 윤치영

차 례
CONTENTS

제 1 장

잡담력으로
말빨을
키워라

잡담력으로
말빨을 키워라

오늘날은 인간공학이 기술적 지식보다 더 중요한 시대다. 세상의 모든 일은 사람에서부터 출발하기 때문이다. 우리 모두에게 있어 성공과 행복에 이르는 공통 분모는 '사람'이다.

현대에서는 다른 사람을 고려하지 않고서는 어떠한 성공이나 행복도 보장받을 수 없다. 경쟁력의 원천도 따지고 보면 사람과의 관계 속에서 만들어진다.

사람과 사람과의 관계, 대인관계를 목적 달성을 위한 수단으로 간주하는 것은 무리다. 대인관계는 기술로만 처리될 수 있는 문제가 아니기 때문이다. 간교한 화술이나 얄팍한 권모술수를 쓰면 그 속이 바로 드러나고 만다.

화술에 앞서 진실된 사람, 재미있는 사람, 정곡을 찌를 수 있는 화법을 지닌 사람, 실력과 매력을 겸비한 사람, 항상 미소를 지으며 칭찬을 아끼지 않는 사람, 극단적이거나 이기적인 욕심에서 벗어나 상대방을 배려할 줄 아는 센스를 지닌 사람, 사람의 능력을 인정할 줄 아는 센스와 지혜가 필요하다. 이때 사람은 인품과 교양에서 흘러나오는 진솔한 매너와 마음이 감동을 불러일으킨다. 따라서 올바른 사회생활과 성공적 삶을 추구하는 사람은 자신의 잠재 능력을 끊임없이 개발하고, 시대의 변화에 적응할 수 있는 노력도 중요하지만 사람을 움직이고 다스릴 줄 아는 화법을 갖는 것 또한 중요하다.

당신의 평소의 말하는 방식이 '긍정적인가, 부정적인가?' 또 '적극적인가 소극적인가?', '고지식한가, 창의적인가?'에 따라 당신의 성향과 인품이 결정된다. 평소 너무 말이 많다거나, 늘 논쟁을 하려 한다거나, 늘 부정적이거나 남의 단점이나 험담을 즐긴다거나, 남의 의사를 무시하거나 상대를 배려할 줄 모르는 사람이라면 자신이 다른 사람들에게 어떤 인상을 주고 있는지 파악하기 위해 상대의 반응에 귀를 기울여야 한다.

멋진 사람은 화법이 다르다. 화법은 마음가짐에서 시작된다. 긴장하지 않고 차분한 마음으로 긍정적인 관점으로 세상을 바라보는 Attitude(태도)에서 시작된다. 화법은 마음 다스리기이며 살아가는 방식이며 그 사람의 습관이며 처세 방법이며 미래를 열어가는 마술과 같은 것이다.

화법이 바뀌면 인생이 바뀐다. 멋진 인생으로 바뀌려면 화법부터 바꿔라. 무척 거슬리는 습관을 지닌 사람들이 대개는 그 사실을 제일 나중에야 알아차린다. 상대의 마음을 바꾸어 보려고 논쟁을 벌이면 그가 마음을 바꿀까? 절대 그럴 리가 없다. 하지만 상대를 다그치지 않고 그의 의사를 존중하면서 배려해 준다면 그는 나의 사고방식에 접근해 오게 되어 있다. 이야기를 잘하는 사람은 공감력이 뛰어나고 그것을 잘 활용할 줄 아는 사람이다.

공감 능력은 상대방이 느끼는 감정을 그대로 느낄 수 있는 능력을 말한다. 다른 사람이 즐거워하면 자신도 즐거워하고, 다른 사람이 아파하면 자신도 아파할 수 있는 능력이다. 심리학자들에 의하면 성폭행, 어린이 유괴, 살인 등의 잔인한 범죄를 저지르는 사람들의 공통점은 공감 능력이 부족한 것이라고 한다. 피해자들이 느끼는 고통을 스스로 느끼지 못하기 때문에 연쇄적으로 범죄를 저지르게 된다는 것이다.

공감 능력을 키우는 방법으로 상대방의 처지에서 그의 관점과 동기 혹은 욕구를 이해해 보는 훈련을 하는 것을 들 수 있다. 혼자서 역할 놀이를 해보는 것도 좋은 방법 중의 하나다. 상대방의 역할을 직접 해 봄으로써 상대방이 느끼는 감정을 조금씩 느낄 수 있게 되어 공감 능력이 점차 회복되는 것이다.

또한 TV에서나 실생활에서 기쁨과 슬픔 등이 표현되는 장면을 대할 때 그냥 지나치지 않고 그 감정에 오래 머무르며 그 감정을 느끼는 연습을 하다 보면 감정이 조금씩 살아나게 된다.

상대방이 말을 할 때 '예, 그렇군요.', '그러시겠어요.', '그런 어려움이 있었군요.' 등의 공감적 의사소통을 하는 것도 공감 능력을 키우는 데 큰 도움이 된다. 마음이 변화될 때 행동이 바뀌기도 하지만 말 등의 행동이 변할 때 마음이 바뀌기도 하기 때문이다.

거침없이 말하려면 잡담력을 키워라

공식적인 말은 자신 있는데 사석에서는 말을 어떻게 풀어가야 하는지 모르는 사람이 의외로 많다는 사실을 알았다. 말은 많은 사람의 집안은 장맛도 쓰다. 남자는 모름지기 입이 무거워야 한다는 교육을 받고 자랐기에 말은 삼가야 해서 꼭 필요한 말만을 하려고 했다. 이 때문에 감정 표현과 상황 묘사에 서툴다. 그런 그들의 문제점을 해결해 주기 위해서 집필한 '거침없이 말하려면 잡담력을 키워라'라는 제목의 원고를 탈고해 놓았다.

강원도 동해에 갔다가 호텔 여사장과 우연히 생맥주 한잔을 마시게 되었는데 옆에서 '화술 박사'라고 소개하니 알아듣지 못해서 '스피치 박사'라고 다시 소개했더니 한참 만에 알아들었다는 듯이 '아하, 이바구 박사!'라고 맞장구치는 것이 아니겠는가? 속으로 '참 무식한 여자'라고 생각했었는데 '이바구'를 찾아보니 경상도 사투리였다. 왠지 정감이 있어 가끔 강의 주제로 사용하고 있다. 이바구를 하면 가슴이 후련해지고 개운해지는 맛이 있다. 자기감정을 묵어 놓으면 감정노동자, 감정을 풀면 감정해방가가 된다.

그리고 평소에 마음 가는 대로, 붓 가는 대로 써 놓은 글들이 있는데 그 글들을 모아 '꽃돼지 윤치영 박사의 시와 수필이 담긴 풍경'이란 제목으로 탈고와 감수를 마친 상태다. 윤치영이란 이름 앞에 있는 꽃돼지는 필자의 청년 시절 별명이다. 돼지는 돼진데 꽃처럼 화사한 돼지다. 돼지는 넘어져야 하늘을 볼 수 있단다. 평소에는 주둥이를 땅만 뒤집고 다니기 때문인데 돼지가 의외로 아이큐가 높다고 한다. 그래서 필자가 머리가 좋은가 보다. 아무튼 넘어진 김에 하늘을 보고 쉬었다 가자. 하늘 아래 피었다 지는 꽃을 보며 위안을 삼자. 필자가 좋아하는 꽃은 낙화(落花)다. 피었다 떨어지는 꽃을 보고 있노라면 가슴이 시리고 눈시울이 뜨거워지기 때문이다. 아무리 아름다운 꽃도 피었다 진다. 그러니 무엇을 걱정하겠는가?

꼭 필요 없는 말이라도 좋다. 서로 공유할 수 있다면 그것이 인간적 소통에 충분히 도움이 될 수 있다. 잡담은 스스로 마음이 스트레스나 화를 풀어낼 수 있다. 잡담은 관계를 즐겁게 해주고 삶의 활력이 될 수 있으며 비즈니스에서도 친화력으로 성과를 높이게 된다. 꼭 필요하지 않은 말이라고 하찮게 여기지 말자. 잡담은 치유력과 활력과 친화력을 줄 수 있기에 마음껏 사용해 보자.

"서당 개 3년이면 읽는다.", "십 년이면 강산도 변한다."라는 말이 있다. 필자는 30여 년간 41권을 책을 썼고, 청와대부터 제주까지 3천여 회에 걸쳐 강연을 했으며, 수많은 개인 코칭 경험을 통해 정리된 지적 노하우들을 보유하고 있다. 소통 커뮤니케이션 행복한 삶, 성공적인 생활방식 등에 관해 충분한 깨달음과 노하우를 축적했다. 이 시대, 이 사회를 위해 충분히 필요한 재미있는 농익은 강연과 강의를 준비해 놓고 있다. 꽃돼지 윤치영 박사는 더 많은 곳에 강연가로, 저술가로 즐거움과 활력을 전하고 싶다. 우리 사회의 행복전도사로 이 시대의 어른으로….

성공도 행복도 사랑도 모두 사람과의 관계를 통해서 얻을 수 있고 성취할 수 있기에 사람과의 공감할 수 있는 능력이야말로 사랑과 행복의 방식이며 성공의 도구다. 공감할 줄 모르는 사람은 사랑도 행복도 성공도 이룰 수 없다.

공감하기 위해서는 공감대 형성이 무엇보다 중요하다. 너무 진지하거나 엄숙 경건한 분위기는 숨이 막힌다. 조금은 느슨하고 자유분방한 듯하지만 질서가 있는 분위기가 공감하기에 안성맞춤이다. 너무 진지하거나 뻔한 얘기로는 사람을 끌어들일 수 없다. 따라서 너무 진지하게 설명하려 말고 가벼운 얘기, 일상적인 얘기로 관심을 끌어라. 일상의 궁금증, 구체적인 공통점, 경제, 스포츠, 취미, 핫한 화제, 일상의 잡담으로 공통 분모를 만들고 공감대를 형성할 수 있다. 누군가와 공감할 수 있는 사람이 자신의 삶을 재미있게 꾸밀 수 있다.

리액션도 공감하기 좋은 방법이다. 말할 거리가 생각이 나지 않거들랑 상대의 말의 꼬리를 물고 받아쳐라. 매끄럽지 않아도 된다. 자존심을 내려놓고 솔직하게 감정을 떨어 놓아라. 형식 없는 수다가 곧 잡담이다. 이렇게 말해도 되나? 된다. 생각하는 대로 말하라. 일상생활에서의 사건사고는 좋은 잡담거리다. 잡담이야말로 수다 떨기 좋은 말의 방식이며 잡담에 능한 사람이 공감력이 강한 사람이다.

적절한 음주는 기분을 좋게 만든다. 기분을 컨트롤하는 호르몬에 영향을 주기 때문이다. 식도를 통해 위와 소장에서 흡수된 알코올은 혈액을 타고 뇌로 올라간다. 이때 알코올은 세로토닌이라는 호르몬을 억제한다. 흥미로운 것은 이 세로토닌이라는 호르몬의 역할이다. 바로 행복을 느끼게 하는 도파민, 흥분을 하게 하는 아드레날린, 스트레스를 감쇄해 주는 엔도르핀 등을 컨트롤한다. 조금 무리하게 비유하자면 세로토닌은 규율을 책임지는 부모님 또는 언니·오빠이며, 도파민, 아드레날린 등은 늘 자유를 갈망하는 자식 같은 존재인 것이다. 그래서 술을 마시면 억제성 호르몬인 세로토닌의 역할이 작아지고, 도파민으로 기분이 좋아지고, 아드레날린으로 분노와 용기가 동시에 생기며 엔도르핀으로 괴로운 것을 잊게 된다.

이러한 이유로 사람들은 술을 즐기고, 함께 수다를 떨면서 스트레스를 해소하고 문제를 해결하기도 한다. 대화를 하면 호흡 횟수가 늘어나고, 이를 통해 숨을 내쉴 때 알코올을 더욱 많이 배출할 수 있기에 기본적으로 혼술은 좋은 문화는 아니다. 술자리에는 좋은 분위기에서 나누는 대화를 통해 서로 교류하는 즐거움이 있기 때문이다.

한밭대학교 교육혁신센터에 근무하고 있는 이지은님은 4년 전 YCY 토요CEO스피치과정에 입문하여 꾸준히 다니고 있다. 처음 입문했을 때는 미혼이었는데 중간에 결혼하고 아들까지 얻었다. 미모도 뛰어나지만 성격까지 차분하여 그야말로 한국의 스탠다드(Standard) 여성이다.

작년 여름에 본인이 쓴 책이라며 책 한 권을 나에게 선물하였다. 그런데 오늘 또 한 권의 책을 갖고 왔다. 《시온이네 육아 일기 2탄》이다. 엄마가 시온에게 쓴 편지 형식으로 쓴 육아 일기를 책으로 낸 것이다. 자랑스럽고 축하할 일이다. 책을 쓴다는 것은 사랑을 표현하고 일상을 정리하는 일이기도 하지만 그 과정을 통해서 자기 자신을 성찰하게 하고 성장하는 일이기도 하다. 더구나 처음은 미약할지 모르지만 추후 창대한 일이 생길 수 있는 일이기에 기대가 크다.

필자는 책을 읽는 일보다 쓰는 일이 더 중요하다고 강조한다. 한 권의 책을 쓰는 일은 백 권 이상의 책을 읽는 효과가 있다. 한 권의 책을 쓰는 데에는 백 권의 책을 읽는 것만큼의 고뇌와 정신적 작업이 들어가기 때문이다.

트롯 여성 그룹인 '비비츄'의 소속사인 VJ엔터테인먼트 하승욱 대표님은 필자만 보면 애걸복걸(哀乞伏乞)한다.

"윤치영 교수님, 장가보내 주세요!"

"하 대표, 하필이면 왜 나한테 조르는 거야?"

"교수님이 이곳 회원들을 소개해 주시면 따질 것도 없어요. YCY스피치에 나오시는 분들은 모두 검증된 분이잖아요."

"ㅎㅎㅎ…. 틀린 말은 아니네."

"네, 그래요. 배우러 오는 사람치고 사기 칠 사람 없잖아요."

그렇다. 무언가 배우고자 하는 사람치고 가치관이 그릇된 사람 없다. 더구나 글을 쓰는 사람이라면 더욱더 그렇다. 글을 쓰는 사람은 늘 자신을 거울처럼 들여다 보기 때문에 진지하고 진정성이 있다.

"성공하고자 하는 사람보다 성장하고자 하는 사람이 더 위대하고 가치 있는 사람이다." 이는 40여 권의 책을 쓰고 3천여 회 강의하면서 내린 결론이다. 하여 필자는 만나는 사람마다 책을 써 볼 것을 권하고 있다.

책을 내는 순간 세인들의 주목을 받게 될 것이고, 잘되면 수입도 생기게 된다. 뿐만 아니라 인기도 얻고, 사회적 지위까지 얻게 된다. 요즘 같은 세상에 이만큼 대박 나는 일이 어디 있을까? 그 예가 파워 유튜버인 '김새해' 작가다. 집에서 어린 딸 키우면서 파워 유튜버가 되어 연예인 못지 않은 인기와 명예와 부를 누리고 있다. 책을 쓴다는 것은 작게나마 세상에 영향력을 미칠 수 있는 공인이 됨을 뜻한다. 소위 가장 쉬운 방법으로 명사가 되는 일인데 어찌 도전하지 않을쏘냐?

그래서 책을 써 볼 것을 권하면
"제가요? 책은 아무나 쓰나요."
"아직 준비가 되어 있지 않아요. 교수님."
"아, 좀 더 내공을 쌓으면 할게요."
라며 지금은 아니라고 말한다. 극작가 버나드쇼의 묘비에는 "우물쭈물 살다 이렇게 끝날 줄 알았다."라는 글이 적혀 있다. 무슨 일이든 지금 행동하지 않는다면 무덤에 가서나 후회할 것이다.

그래서 윤치영 박사가 야심 차게 만든 강좌가 'YCY소통명사과정'이다. 이 과정은 자신의 성찰하고 깨닫는 가운데, 그것을 말로 표현하고 글로 써나가면서 세상에 한 편의 신화로 창조해 나가게 된다. 진정한 자유인은 시간적·경제적 자유뿐만 아니라 스피치로 사회적 자유까지 얻는 자다.

"Enjoy freedom. So that Action, now and here. — Yoon chiyoung(자유를 누려라. 그러려면 행동하라. 지금 이곳에서 — 화술경영 윤치영 박사)"

잡담에도 정보가 들어 있다

흔히 아랫사람이 상사에게 가서 이야기를 꺼내면 처음에는 무슨 이야기일까 하고 듣다가도 "쓸데없는 소리 그만하고 가서 일이나 하게!"라며 발언을 중단시킨다.

그런데 이러한 잡담 속에 바로 새로운 단서가 들어 있다는 것을 알아야 한다.

육하원칙에 딱 들어맞는 정보란 대체로 한물간 정보인 경우가 많다. 보통 새로운 사실은 불확실성을 내포하게 마련이다. 어떤 현상이든 처음에는 불확실한 상태로 나타나서 시간이 경과함에 따라 확실한 모습을 드러낸다. 따라서 '불확실성에 도전한다.'는 자세로 단서를 찾아내는 사람이 정보화 사회에서 승자가 될 수 있다.

미국의 어느 회사에서는 일과 중에 '잡담 시간'을 정했더니 직원들의 사기가 높아졌다고 한다.

가까운 사이의 잡담은 단순한 혀 운동이 아니라 두뇌와 마음의 체조라고 할 수 있다. 평소에는 업무와 관련된 내용만을 가지고 그것도 뒷사람의 눈치를 보아가면서 대화를 하게 되니 대화의 내용이 일정한 범위를 벗어날 수 있었으나 '잡담 시간'엔 긴장의 해소를 통하여 새로운 활력을 얻게 된다.

유능한 사람의 주위에는 항상 사람들이 모인다. 매사 반듯한 대화만을 강요하는 사람은 대개 과묵하거나, 사교성이 떨어지거나, 유머 감각이 부족하다. 이런 사람에게는 정보도 모이지 않고 새로운 기회도 생기지 않는다.

정보는 다른 사람의 사소한 말까지도 경청하는 사람에게 다가온다.

사람들은 공감을 통해서 소통하게 되고 소통을 통해서 세상 일들을 만들어 가게 된다. 소통력이야말로 공감력에서부터 비롯되며 공감력은 인간적 매력에서부터 비롯된다. 인간적 매력을 키우려면 소소하고 일상적인 이야기를 즐길 줄 알아야 한다.

대개 사석에서는 말이 되는데 공식적인 석상에서는 말이 잘되지 않는다는 사람이 많지만 실은 그 반대인 경우도 많다. 공식적인 석상에서는 말이 되는데 사석에서는 할 말이 없다는 사람도 많다. 이는 잡담력이 부족하기 때문이다. 잡담은 상대와의 거리를 단번에 좁힌다. 타고난 달변가가 아님에도 사람을 몰고 다니는 친구가 있다면 그는 잡담의 달인일 가능성이 크다.

영업 달인들은 "친구를 고객으로 만들려고 하지 말고, 고객을 친구로 만들어라."라고 강조한다. 그만큼 잡담력은 인간적인 관계로 진전시키는 마중물 역할을 한다고 할 수 있다. 오늘은 사람의 만남에서 상대방의 관심을 높일 수 있는 잡담력을 키워야 한다.

잡담은 실제로는 어색한 분위기를 누그러뜨리는 일상의 소소한 대화라고 할 수 있다. 복도를 지나가다가 가볍게 하는 눈인사나 엘리베이터 안에서 건넨 짧은 안부, 전화로 하는 아침 인사와 업무회의에 앞서 어제 이야기를 자연스럽게 환기하는 것 등이 모두 잡담인 셈이다. 이런 잡담을 거부감 없이 받는 사람이 있는 반면 그런 자리를 두려워하거나 부담스러워하는 이도 많다. 이런 사람은 사회생활에서 서서히 고립되는데 관계는 거창하거나 화려하지 않은 사소한 대화에서 시작된다는 것을 기억하자.

사소한 대화, 그것이 바로 잡담이다. 잡담의 내용은 묵직하지 않아도 좋다. 잡담에 결론은 필요 없다. 그저 가볍게 대화를 나누는 것, 그것이 바로 잡담이다. 잡담의 기본 매너를 익히면 어색함은 사라진다. 우선 칭찬부터 한다. 흥미가 없어도 긍정하고 동의한다. 상대가 한 말에 질문으로 되받는다. 득점이 아닌 패스에 능해야 한다. 무슨 이야기를 나누었는지 몰라도 된다. 되받을 말은 상대의 말 속에 있다. 이야기가 매끄럽지 않아도 괜찮다. 가장 좋은 타이밍은 지금이다. 지금 핫한 화제를 입수했다면 바로 활용하라. 일상의 궁금증은 훌륭한 잡담 소재다. 자존심은 잠시 내려놓아도 괜찮다. 일상생활의 사건사고는 절호의 잡담 기회다.

상대와의 구체적인 공통점을 한 가지 찾는다. 친구의 친구 이야기도 좋다. 상대방의 이름과 직함을 잘 외우고 활용하는 것도 빨리 친해지는 데 도움이 된다. 대화 도중에 상대방의 이름을 의식적으로 자주 불러 주자. 혹시 소개를 받았는데 주변 분위기가 어수선해서 잘 듣지 못했다면 양해를 구하는 말과 함께 다시 물어보는 것도 좋다.

사람들은 자신을 특별하게 생각해주는 사람과 이야기 나누고 싶어한다. 상대방에게 내가 당신을 특별하게 여기고 있다는 인상을 주기 위해서는 먼저 상대방의 말에 적절한 반응을 보이는 것이 중요하다. '아, 그랬군요.', '맞다.'와 같은 반응을 보여줌으로써 상대방을 향한 관심을 끊임없이 표현하라. 몸이 먼저 움직이는 리액션이 중요하다. 그것이야말로 격의 없는 익살도 잡담을 만드는 기술이다.

잡담 기술

통즉불통, 불통즉통(通卽不痛, 不通卽痛)_ 만나는 사람과 소통할 수 있다면 무슨 일인들 못하겠는가? 또 옆에 소통할 수 있는 사람이 있다는 것이야말로 기쁨이고 감사한 일이기도 하다. 불통이야말로 사람이 가장 참기 힘든 일 중의 하나일 것이다. 누구와도 소통할 수 없는 상태는 고독으로 외로움으로 다가오기 때문이다. '캐스트 어웨이(cast away)'란 영화에서처럼 외로움을 달래기 위해 축구공에 얼굴을 그려놓고 대화를 나누는 장면이 생생하다.

말에는 각인력, 견인력, 성취력 그리고 치유력과 창조력이 있다. 말(스피치)이야말로 삶 자체이며 미래를 열어가는 무기이기도 하다.

소통하려면 공감할 수 있어야 한다. 공감이란 상대의 감정을 읽어주는 것이다. 인정하면 이해하게 되고 이해하면 감사할 수 있게 된다. 테이블에서의 소통은 잡담력이 관건이다.

최근 집필한 《세상을 다 끌어안는 긍정화법》이란 책의 핵심 메시지는 '부정도 뒤집으면 긍정이 된다.'이다. 《사람들 앞에서 당당하게 말하기》란 책에는 '잘하려 하지 말고 진솔하게 말하라.'는 내용이 담겨 있다. 사람들 앞에서 무대나 연단에서의 스피치도 키워드를 정리해서 일상적 소재로 이야기하듯 삼삼하게 사건 사연 중심으로 'Oh! 그렇구나!'라는 감탄사가 절로 나오게 말하는 법이 1, 2, 3, 4, 5법칙이다. 이 모든 것이 잡담력으로부터 시작된다.

잡담에도 기술이 필요하다. 소소한 일상적 이야기를 통해 상대의 속마음을 간파해낼 수 있을 뿐만 아니라 상대에게 자신을 어필할 수도 있다. 따라서 잡담은 인간관계를 풀어가는 윤활유와 같은 것이다.

'오늘 기분이 좋으신가 봐요. 무슨 좋은 일 있으세요?' 이처럼 가벼운 인사부터 시작해 '오늘 의상이 돋보이십니다. 패션 감각이 뛰어나신데요.'라며 상대의 장점을 칭찬하여 상대에 대한 관심과 호의로 말문을 트게 할 수 있는 게 잡담의 중요한 포인트다. 칭찬이나 리액션은 내용이 아니라, 행위 그 자체가 중요하다.

사람들은 자신이 좋아하는 것에 관하여 이야기를 꺼내면, 그것에 관해 자꾸 이야기하고 싶어진다. 그렇게 하면 좋든 싫든 대화에 물꼬가 트인다.

'골프 좋아하세요?'라고 물었을 때 '늦었지만 요즘 골프 연습장에 다녀요.'라고 대꾸한다면 이제 공동 관심사가 생기게 되어 왠지 친밀감이 생기면서 서로의 궁금증에 대해서 묻고 대답하는 형식의 대화가 시작된다.

소통은 주변의 소소한 이야기로 시작해야 한다. 그냥 듣고 넘어갈 수 있는 이야기로부터 대화를 풀어가는 게 필요하다. 이것이 잡담의 효용성이다.

대화에는 상대에게 자신의 의견이나 주장을 효과적으로 전하고, 상대가 하는 말을 제대로 듣고 이해하는 것이 필요하다. 여기에 더하여, 상대의 말을 인정하고 칭찬하는 기술도 대화를 부드럽게 이끌고 상대의 마음을 감동시키고 동기부여하는 유용한 기술이 잡담력이다. 효과적으로 사용되는 잡담의 기술은 모두 다섯 가지다.

스트로크(Stroke)는 '응, 그랬어, 힘들었구나.'는 식의 맞장구이며 국악에서는 '얼쑤, 좋다'는 식의 '추임새'다.

다음은 상대에게 어떤 종류의 말이나 질문을 할 것인지를 미리 알리고, 말을 해도 좋은지 상대의 동의를 구하는 레이블링(Labeling) 기술(사전에 예고해 주는 것)은 대화의 격을 높이고, 대화의 주도권을 유지하는 데 매우 효과적인 기술이다.

다음은 질문하기(Question)하고 경청(Listening)한 다음 말하기(Speaking)하는 순서가 중요하다. 잡담 기술은 대화에서뿐 아니라 사람들 앞에서 스피치를 할 때도 필요하다.

윤치영 박사의 잡담력에
임팩트(impact)를 주는 스피치의 핵심 법칙들

이외수 소설가가 '존버 정신'을 이야기했다면 화술경영 윤치영 박사는 '힘빼천 정신'을 얘기하지 않을 수 없다. '존버 정신'이란 해학적인 표현으로 '존나게 버티는 정신'이라고 한다. 힘빼천 정신이란 힘 빼고 천천히 하라는 뜻이다. 무슨 일이든 잘하려고 하면 잘되지 않는다. 잘하려면 '잘' 자를 빼고 그냥 하면 된다. 그냥 한다는 것은 평소대로 한다는 뜻이다. 그렇게 말하기 위한 법칙이 바로 Talk법칙이다. 평소의 생각을 평소의 언어로 대화하듯 말하는 방식이다. 특별하게 어려운 고사성어나 외래어를 쓰지 말고 평소에 사용하는 언어로 평소의 생각을 대화하듯 말하라는 것이다.

스피치로 설득하려 하거나 강요하는 뉘앙스를 주어서는 안 된다. 스피치는 단순히 공통 분모를 찾아가는 수순으로 자연스럽게 풀어가야 한다. 그러려면 ■일: 일상적 소재로 ■이: 이야기하듯 ■삼: 삼삼하게 떠오르도록 설명하지 말고 묘사하며 ■사: 사건, 사연 중심으로

■오: 오래 끌지 말고 여운을 남겨 주는 스피치를 해야 한다.

스피치는 의미도 중요하지만 재미있어야 한다. 재미있게 말하려면 정반합 회법을 구사해야 한다.

정반합(正反合)이란 헤겔에 의하여 정식화된 변증법 논리의 삼 단계다. 곧 하나의 주장인 정(正)에 모순되는 다른 주장인 반(反)이, 더 높은 종합적인 주장인 합(合)에 통합되는 과정을 이른다. 이 정반합(正反合)을 화법에 적용하면 정반합(正反合)화법이 된다. 정반합(正反合)화법을 이해하려면 우선 반어법(反語法)의 개념을 정리해야 한다. 수사법 가운데 변화법의 한 종류인 반어법(反語法)은 표현하려는 원뜻과 정반대되는 말로 표현하는 수법이다. 이에는 표면상으로는 칭찬하면서도 원뜻은 비난하려는 것과 표면상 비난하는 것 같지만 참뜻은 칭찬하려는 것이 있다.

'동생을 때렸다고, 정말 잘했군, 잘했어.'는 전자의 예이고, 예뻐하면서도 '미워 죽겠다.'고 표현하는 것은 후자의 예다. 선의적(善意的)인 반어는 대개 해학적 표현으로 해석되고, 악의적(惡意的)인 반어는 풍자나 야유로 이해된다. 그러나 해학은 반드시 웃음이 동반되어야 한다는 점에서, 그리고 풍자는 전반적으로 부정적 측면을 신랄하게 찌른다는 점에서 반어와는 다르다. 반어는 반드시 웃음이 동반될 필요도 없고, 또 긍정적 측면을 드러낼 수도 있기 때문이다.

결국 반어법(反語法)에 의한 정반합(正反合)화법은 반전(反轉)을 주기 위함이다. 반전(reversal, 反轉)이란 극의 흐름이 어느 순간 역전되어 형세가 완전히 뒤바뀌는 것이다. 소설이나 영화 작법에서 대단원에 나타나는 반전은 독자들에게 강렬한 카타르시스를 주는 중요한 기제다. 광고에서도 유용하게 이용할 수 있는 기법으로 반전이 나타날 때 시청자는 충격적 아이러니를 경험하게 된다. 예를 들어 행복한 표정의 노인이 턱시도 차림으로 춤을 추고 있는 장면이 클로즈업으로 보일 때 시청자는 귀족 노인의 여유 있는 한순간을 보고 있다고 생각하지만 카메라가 느린 속도로 줌아웃하면 어느 순간 허름한 전철 한켠에서 구걸 공연을 하는 장면이라는 것이 밝혀진다. 노인 복지에 대한 관심을 촉구하는 이 공익 광고의 반전은 시청자로 하여금 일상의 부산함 속에 감춰져 있는 노인 문제의 심각성을 일깨우는 촉매제 구실을 한다. 반전은 극적인 심리효과를 노리는 광고에서 볼 수 있는 기법이며 아이디어에 따라 기발한 유머 광고가 되는 경우도 있다.

자, 그렇다면 지금부터 스피치의 몇 가지 법칙을 소개해 보고자 한다. 이 법칙들을 스피치에 적용할 수 있다면 가슴을 울리고 공감대를 형성하는 먹히는 스피치 반응을 끌어내는 스피치를 구사하기에 충분하다 하겠다.

그 첫 번째 법칙이 LST법칙이다. LST란 Look_Smiles_Talk의 약자로 우선 바라보고 미소를 띠고 그다음 말하라는 뜻이다.

- **Look_** 1:1로 대응하듯 바라보고 대화하듯 말하라.
- **Smiles_** 미소 지은 얼굴로 적당한 바디 랭귀지(제스처)를 동원해서 유연하게 말하라.
- **Talk_** 평소의 생각을 평소의 언어로 생각하는 것부터 말하라.

두 번째 스피치 법칙은 SES법칙으로 Simple, Easy, Short하게 말하라는 뜻이다.

간결하게 쉽게 짧게 말하는 것이 고수의 화법이다. 복잡하고 어렵고 길게 말하는 사람은 아직 덜 숙성된 사람이다. 압축해서 간결하게 말하라. 그래야 임팩트(impact)를 줄 수 있다.

한 영화의 아이디어 공모전에 수많은 사람이 몰려들었다고 한다. 그러자 영화 제작자는 자신의 명함을 한 장씩 나눠 주며 그 뒷면에 각자의 영화 아이디어를 적으라고 했다. 사람들이 명함이 너무 작아서 다 쓸 수 없다고 불평하자, 영화 제작자는 이렇게 말했다. "명함 뒷면에 간단하게 적어 넣을 수 없는 아이디어라면 영화로 만들어도 실패할 게 뻔하다."

짧은 시간 내에 설득하는 것의 성패는 전달하고자 하는 내용의 핵심을 요약해 상대에게 제시할 수 있느냐에 달려 있다. 따라서 전달하고자 하는 내용의 특징이나 장점을 최대한 단순화해 그 핵심을 뽑아내는 것이 중요하다. 설득뿐만 아니라 모든 스피치(대화, 브리핑, 강의…) 등이 모두 그러하다. 새로운 프로젝트에 대해 발표할 때, 면접장에서 면접관에게 자기소개를 할 때, 중요한 사람을 만나 어떤 제안을 할 때. 자신이 말하려는 내용을 한 줄로 단순화해 표현해야 한다. 그 경지가 곧 핵심을 찍어 말하는 기술인 것이다. 그럴 때마다 명함 뒷면에 영화 아이디어를 적어보라고 했던 한 영화 제작자를 떠올리면 좋겠다. 그리고 실제로 내 명함을 꺼내 뒷면에 내가 할 이야기의 핵심을 적어본다. 제품을 마케팅하건, 나 자신을 마케팅하건, 그 말에 그 제안에 '힘'이 담기는 것을 느낄 수 있을 것이다.

다음은 KISS법칙이다. 'KISS'는 Key word, Ice breaking, Self application, Smiles의 약자로 키워드로 말하고 임팩트 있게 깨달음을 주고 자기를 적용해 공감대를 만들어 재미있게 말하라는 뜻이다.

다음으로 예화를 들어 스토리텔링하는 화법으로 EOB법칙을 들 수 있다. EOB는 Example, Outline, Benefit의 약자로 다음과 같이 설명할 수 있다.

▶ E-**Example**: 예화로 이야기를 시작한다. 특히 본인의 이야기나 또는 실화를 바탕으로 근거 있는 실례가 가장 좋다(70~80%).

▶ O-**Outline**: 핵심 정리-전달하고자 하는 내용의 핵심을 간략히 정리한다.

▶ B- **Benefit**: 전하고자 하는 이야기가 주는 이익이 과연 무엇인가? 과연 내가 하는 이야기가 상대방에게 어떤 이익을 주는 가에 초점을 맞추어 주는 것이 매우 현명하다고 할 수 있다.

(예 1) **나눔은 공존공생의 원리_** ▶ **Example**; 농산물 품평회에서 항상 일등을 차지하는 농부가 있었는데 그는 해마다 자기 씨앗들 중에서 가장 좋은 것들을 이웃 농부들에게 나누어 주곤 하였다. 어떤 사람이 그 이유를 묻자 그 농부는 "다 저를 위해서입니다. 바람이 불면 꽃가루가 이 밭에서 저 밭으로 옮겨갑니다. 따라서 이웃 밭에서 질 나쁜 곡물이 자라고 있다면 내 곡물의 품질도 나빠질 수밖에 없지요. 내가 이웃에서 좋은 씨앗을 나누어 주는 이유는 바로 이 때문입니다."라고 대답했다고 한다. ▶ **Outline**; 그렇다. 나눔은 결국 나눈 자에게 돌아오는 법이다. ▶ **Benefit**; 나눔이야말로 공존공생하는 삶의 지혜다.

(예 2) **현재야말로 신의 선물_** ▶ **Example**; 어떤 사람이 중병에 걸려 수술을 받았다. 그는 마취에서 깨어나자마자 고통을 호소하며 고래고래 소리를 질렀다. 그때 그를 물끄러미 바라보고 있던 간호사가 이렇게 말했다. "잠깐만이라도 불평과 신음을 멈춰보세요. 그러면 당

신은 아직도 숨을 쉬고 있다는 사실을 발견하게 될 거예요." 그제야 그 환자는 "내가 느끼고 있는 고통은 아직 나에게 생명이 있다는 증거다."라고 고백하며 자신이 살아있음을 감사했다고 한다. ▶ Outline; 그렇다. 지금 이렇게 살아 있다는 것만으로도 기적과 같은 일이며 감사할 일이 아닐까요? ▶ Benefit; 오늘은 어제 죽어간 이가 그토록 기다리던 내일이었다는 말이 있다. 오늘이야말로 신이 내게 준 선물이 아닐까?

(예 3) **사람을 변화시키는 데는 공의보다 사랑이다_** ▶ Example; 해가 저문 어느 날, 오막살이 토굴에 사는 노승(老僧)에게 더벅머리 학생이 하나 찾아왔다. 그는 아버지가 써준 편지를 꺼내면서 그는 사뭇 불안한 표정을 지었다. 사연인즉, 이 망나니를 학교에서도, 집에서도 더는 손댈 수 없으니, 스님이 알아서 사람을 만들어 달라는 것이었다. 물론 노승과 그의 아버지는 친분이 있는 사이였다. 편지를 보고 난 노승은 아무런 말도 없이 몸소 후원에 나가 늦은 저녁을 지어 왔다. 저녁을 먹인 뒤, 발을 씻으라고 대야에 가득 더운물을 떠다 주는 것이었다. 이때 더벅머리의 눈에서는 주르륵 눈물이 흘러내렸다. 그는 아까부터 훈계가 있으리라 은근히 기다려지기까지 했지만 스님이 한마디 말도 없이 시중만 들어주는 데 크게 감동한 것이었다. ▶ Outline; 그렇다. 훈계라면 진저리가 났을 것이다. 그는 백 마디, 천 마디 좋은 말보다는 다사로운 손길이 그리웠던 것이다. ▶ Benefit; 사람을 변화시키는 데는 공의(公義)보다 사랑이 필요한 것이다.

마지막으로 파탈(擺脫) 정신이 필요하다. 무슨 일이든 입문 단계에는 외워야 하는 공식도 많고 삼가거나 피해야 할 일도 많고 조심해야 할 일도 많지만 어느 정도 경지에 오르면 마음이 내키는 대로 행하여도 법도에 어긋남이 없다. 스피치도 마찬가지다. 처음에는 조심스럽게 공식을 내세워 말을 해 보지만 신통치 않다가 어느 정도 연륜이 쌓이면 어떻게 말하여도 통하는 경지에 이르게 된다. 다시 말해 수준을 뛰어넘으려면 창조적 파괴와 이탈이 필요하다. 과감하게 파탈(擺脫)하라!

끝으로 총명한 인상을 주는 스피치 방법은 적절한 단어를 고르기 위해 조금 천천히 이야기하는 것이다. 그렇게 하면 생각이 깊다는 인상을 줄 수 있다.

힘 넘치는 강한 인상을 주는 스피치 방법은 짧고 간결하게 알기 쉬운 문장으로 표현하는 것이다. '진지하게 그렇게 생각한다!'라는 느낌을 주도록 한다. 쓸데없는 접속사나 형용사, 부사 등은 사용하지 않도록 하는 것도 하나의 요령이다.

고상한 인상을 주는 스피치 방법은 딱 끊어지게 '네', '아니요'라고 대답하지 않도록 하는 것이다. 한마디를 추가하는 것만으로도 인상을 바꿀 수 있다. 예를 들어 '아니요, 저는 안 봤어요!', '네, 저는 그녀를 알고 있어요.' 등 조금은 반복하는 듯한 느낌을 주는 것이 고상한 인상을 주게 된다.

'확실한 사람이다.'라는 인상을 주는 스피치 방법은 단어의 마지막 음을 강하게 발음하는 것이다. 그리고 다음 단어의 발음에도 이어간다.

자신감 넘치는 인상을 주는 스피치 방법은 항상 허리를 곧게 펴는 것이다. 마치 왕관을 쓰고 있는 자신의 이미지 그려 보면서 말이다. 또 일을 할 때 팔이나 다리를 좌우로 흔들지 말아야 하며, 팔꿈치와 무릎은 항상 몸의 중심에서 멀리 떨어지지 않게 하면 된다.

표현하지 않는 사랑은 사랑이 아니다

우리나라 사람은 대체로 표현력이 부족하다. 왜 그럴까? 그 원인으로는 여러 가지가 있겠지만 '암탉이 울면 집안이 망한다, 남자는 자고로 과묵해야 한다, 자신의 속을 있는 그대로 표현하는 것은 경망스럽다.'라는 식으로 자신의 표현을 자제하도록 하는 풍토에서 살아왔기 때문이다.

특히 남자는 가부장으로서 집안에서 권위를 세워야 하는 처지이니 자신의 감정을 그대로 표현하기가 어려웠을 것이다. 하지만 요즘은 자신의 요구나 바람을 잘 표현해야 한다. 그렇지 않으면 자신이 원하는 바를 제대로 얻을 수가 없다.

삶의 패턴이 바뀌고 복잡해진 데다가 인간관계 역시 얽히고설켜서 복잡해지다 보니 감정이나 사고, 심리 역시 복잡해졌다. 그런 복잡한 감정이나 사고를 표현하지 않고서는 상대가 도저히 알 방법이 없는 것이다.

스티븐 코비의《성공하는 사람들의 7가지 습관》에 나오는 어떤 부부의 예를 들어 보면 신혼 초부터 줄곧 남편이 빵의 가장자리의 딱딱한 부분을 자신의 부인에게 주고 자신은 항상 안쪽의 부드러운 부분만을 먹었다. 부인은 그것이 못내 불만스러웠지만 수십 년을 참고 지내다가 어느 날 드디어 분노가 폭발하고 말았다.

부인의 처지에서는 그런 사소한 것을 걸고 넘어지는 것이 남편에게 속좁은 여자로 비춰지는 것 같아서 참고 살았을 것이다. 그런데 아내가 화를 내며 남편에게 따지자 남편은 의외의 대답을 하는 것이었다. 사실 남편은 빵의 딱딱한 가장자리 부분을 더 좋아했다. 그래서 자신의 아내도 그 부분을 좋아할 것이라고 생각하고 매일 그 부분을 주었고 아내는 그것에 대해 아무런 표현을 하지 않았기 때문에 당연히 좋아하는 줄로 알고 있었던 것이다. 그런데 사실은 그게 아니었다. 서로가 표현하지 않아서 그런 갈등 상황이 생긴 것이다.

인간관계에서 서로의 입장이나 생각을 정확하게 표현하지 않아서 생기는 갈등이 얼마나 많은가?

직장, 학교 등을 비롯한 모든 집단에는 표현하지 않기 때문에 곪아 터지는 관계들이 비일비재하다. 심지어 매우 가까운 가족 간에도 그런 일이 상당히 많다.

사회생활을 원만하게 하기 위해서는 관계가 좋아야 하고 관계가 좋기 위해서는 표현을 적절하게 해야 한다. 그런 면에서는 서양인들이 자신의 표현을 잘하는 편이다. 이는 어릴 때부터 학교에서 늘 발표하는 기회를 많이 하는 교육을 받고 자랐기 때문이다. '내가 이런 말을 하면 상대가 나를 어떻게 생각할까?'라는 고민을 동양인들보다는 훨씬 적게 하는 편이다.

사회에서 성공하는 덕목 중의 하나가 타협과 설득의 탁월함이다. 그런 설득이나 타협은 자신을 잘 표현하는 것에서부터 비롯된다. 또한 좋은 관계를 유지하기 위해서는 역시 좋은 감정을 적절하게 잘 표현하여야 한다.

가족에게조차 미안하다, 사랑한다는 말을 하지 못한다면 다른 사람에게 어떻게 자신을 표현할 수 있겠는가?

'내가 표현하지 않아도 상대가 알아주겠지 또는 알아서 다 해주겠지, 그 정도 살았으면 내 취향과 감정, 생각을 알겠지.'라는 판단의 오류로 인해 갈등을 쌓는 일은 이제 그만 해야 한다.

시시각각 바뀌는 것이 사람의 감정인데 아무리 오랫동안 같이 살았다고 해도 상대가 그것을 어떻게 다 파악할 수겠는가?

아무런 표현 없이 상대가 알아서 해주기를 바라는 것은 상대에 대한 배려심의 부족이다. 생일이나 특별한 기념일에 받고 싶은 선물이 있으면 솔직하게 말해야 한다.

자신이 원하는 바를 표현하지도 않고 상대가 해주지 않은 것에 대해 우회적으로 자신의 불편한 심기를 표현하는 것은 어린아이 같은 행동이다.

몸에 배지 않아 서툴겠지만 지금부터 표현해야 한다.

'사랑한다.'

'고맙다.'

'감사하다.'

'미안하다.'

'나는 이런 것을 혹은 이렇게 해주기를 원한다 등등….'

혹 상대가 기분이 상할 수 있는 말은 정말 꼭 해야 할 필요가 있는지 몇 번을 곱씹어 보고 하고, 좋은 말, 칭찬하는 표현은 지체하지 말고 바로바로 한다면 아마 전보다 더 가슴이 뿌듯해지고 행복한 관계가 이루어질 것이다.

표현하는 방법 역시 매우 중요하다. 같은 말이라도 어떻게 표현하느냐에 따라 전달이 달라지기 때문이다.

내 자녀들 역시 표현에 익숙해지기 위해서는 가정뿐 아니라 학교에서도 표현하는 스킬을 배울 필요가 있다. 국제사회에서 타협과 설득을 통한 이익을 최대화하기 위해서라도 그런 교육은 시급하다고 본다.

맛깔스럽게 살갑게 넉살스럽게 게걸스럽게 표현하기

점잖은 척 체면 같은 것 차리지 말고 가볍게 수다스럽게 감정을 표현하고 상황을 묘사하려면 뻔뻔함을 바탕으로 넉살스럽게 말해야 한다. 배가 고프면 코치, 눈치 안 보고 게걸스럽게 먹는다고 하는데 말도 역시 이것저것 눈치 보지 말고 게걸스럽게 말할 필요가 있다. 게걸스럽게 말한다는 뜻은 무아의 경지에 빠져 열정적으로 말하는 모습이기도 하다. 일상적 소재(slice of life)를 넉살 좋게, 뻔뻔스럽게, 리얼하게 표현해 보자. 그래야 맛깔스러워진다. 그리고 친근하게 말하고 무대뽀로 들이대 보자. 그래야 살가워진다. 그래야 가까워진다.

신이 인간에게 부여한 특권은 세 가지다. 그것은 웃음과 눈물과 망각과 사랑이다. 자, 그렇다면 하나하나 설명해 보자. 우리는 기쁠 때 웃고 슬플 때 운다. 그런데 가만 보면 웃음과 눈물은 동질적인 것이다. 왜냐하면 웃다가 웃다가 기쁨이 극에 달하면 엉엉 울게 되기 때문이다. 웃음의 하이라이트는 울음이다. 가장 아름다운 웃음은 눈물인 것이다. 슬플 때 우리는 엉엉 운다. 울다가 울다가 끝내는 허탈한 표정으로 허허 웃는다. 가장 슬픈 눈물은 웃음이다. 이처럼 웃음과 눈물은 동격이다. 이 축복을 신이 인간에게 부여했는데 왜 참는지 모르겠다. 슬플 때 울고 기쁠 때 웃자. 어떤 이는 의문이 생길 것이다. '어, 짐승도 웃는데….'라고 말이다. 그렇다 소, 돼지, 강아지들도 웃기는 웃는다. 다만 희귀현상일 뿐이다. 그래서 정치인들이 선거전을 치를 때, 마타도어(흑색선전)를 하거나 상대방을 비방할 때 가끔씩 '소도 웃을 일이다.'라는 말을 쓰곤 한다.

필자가 강의할 때 '쪼개야 산다'라며 시작할 때가 있다. 그 의미는 세 가지다.

첫째, 쪼갠다는 의미는 웃자는 뜻이다. 인생 얼마나 살 거라고 인상을 찌푸리며 살아야 한단 말인가? 낙하산처럼 쫘악~ 펼쳐야 일이 잘 풀린다. 그래서 쪼개야 산다는 뜻을 가지고 있는 것이다.

둘째, 쪼갠다는 의미는 잘게 나눈다는 뜻이다. 말을 할 때 뜬구름 잡듯이 말을 하면 잡히는 것이 없다. 구체적으로 조목조목 나열해야 와 닿는다. 하여 총론적이거나 거창하게 표현해서는 설득력이 떨어진다. 나누고 나눠서 자근자근 표현해야 설득력을 높일 수 있기에 쪼개야 산다는 뜻이다.

셋째, 쪼갠다는 부순다는 것을 의미한다. 파탈(破脫)을 의미한다. 부수고 일탈한다는 뜻이기도 하다. 잠깐 문제 하나를 내보겠다. 가로 3cm, 세로 3cm 정도의 정사각형을 그려 보라. 그리고 그 정삼각형에 색칠을 해 보라.

그러면 대부분 모두 정삼각형 안에 색칠하기에 바쁘다. 그런데 제품 디자인을 하고 마지막 색상을 입히는 단계를 렌더링이라고 하는

데 밖에서부터 쫙쫙 색칠을 한다. 이렇게 박에서부터 색칠하는 방법도 있다. 자, 이 문제에서 생각해 볼 것은 '내가 규정해 놓은 틀에 나를 가둬 놓고 있는 것은 아닌지 생각해 볼 필요가 있다. 우리는 자신의 생각의 틀을 부수고 경이롭고 새로운 방법으로 생각하고 행동하고 표현할 수 있지 않을까?

뻔한 스토리는 바로 식상해하고 질려 버린다. 이제 뻔한 이야기를 집어치워야 한다. 새롭고 의외의 사건 사연, 경이적인 이야기를 해 보자. 그것이 필자의 주장이다.

다음은 망각이라는 특권을 주셨다. 이 축복도 누려야 한다. 한데 사람들은 망각을 스트레스로 받아들인다. 잊어버릴 수 있는 것 축복이다. 만약에 잊어버릴 수 없다면 이것은 재앙이다. 머릿속에 좋지 않았던 일들이나 스트레스나 갈등 등을 다 담고 있어야 된다고 생각해 보자. 얼마나 끔찍한 일인가. 잊을 건 잊고 기억할 건 기억하자. 혹 염려스러우면 메모장에 적어 놓고 챙기면 되는 것이다. 어떤 이들은 건망증 초기 증상 아니냐고 걱정한다. 아침에 출근하려는데 자동차 열쇠를 안 가지고 와서 차 문을 열려고 하다가 다시 엘리베이터를 타고 다시 올라가서 차 키를 가져온다. 그런데 이번에는 스마트폰을 놓고 와서 다시 올라간다. 이 정도라면 좀 심한 건망증이겠지만 인간은 컴퓨터가 아니다. 잊을 수 있다. 그 사실을 인정하면 우리는 망각 증상조차 즐길 수 있지 않을까?

다음은 인간에게 사랑이라는 특권을 주셨다. 이렇게 얘기하면 또 반문할지 모른다. '아니 짐승들의 모성애나 부성애를 모르시나요? 가시고기, 사자, 호랑이 모두 자식 사랑이 얼마나 큰데 그렇게 말씀하십니까?'라고 말이다. 그러나 사랑하는 방식이 전혀 다르다.

필자가 어렸을 때 소를 교미시키는 것을 본 적이 있다. 암소를 서까래로 든든하게 하체를 고정한 후 힘센 황소를 데려다가 교미를 시키는데 육중한 황소가 뒤에서 씩씩대며 교미하는 것을 보았다. 이처럼 소나 돼지 강아지는 모두 뒤에서 사랑을 나눈다. 사람만이 얼굴을 마주 보고 사랑을 나눈다. 얼마나 큰 특권이며 축복인가? 그런데 어떤 인간들은 그 특권을 특권인 줄 모르고 짐승을 따라하고 있으니 이해가 가지 않는다.

신이 인간에게 부여한 특권인 '사랑, 눈물, 웃음 그리고 망각'을 마음껏 누려야 건강하게 오래 살 수 있다.

자신에 대해 말하기_ 자신에 대해 말하기는 자신이 말한 것에 책임을 진다는 것이다. 그 결과 나의 의견은 다른 사람들이 듣기에 더 명확하고 이해하기가 쉬워진다. 즉 사람들은 나의 말을 내가 경험한 것으로 받아들이게 되고 나의 생각, 감정, 바람을 무시하지 않게 된다.

예) "내 생각은 이 차를 사면 당장은 돈이 나가지만 운전을 위해 술을 덜 마시겠어요."

"당신의 대답은 정말로 나를 기쁘게 하네요."

감각 정보 묘사하기_ 감각 정보를 묘사하는 것은 외부 세계로부터 얻은 보고 듣고 느끼고 맛보고 냄새 맡아 지각하게 된 것들을 그대로 말로 표현한다는 것이다. 이것은 보통 어떤 사물 또는 누군가에 대한 정보를 말한다. 감각 정보를 묘사할 때는 자신이 경험한 특정한 장소와 시간의 구체적인 예를 제시해야 한다.

예) "지금 당신 목소리가 아주 쾌활하게 들리네요."

"당신의 안색을 보니 좋지 않군요. 뭔가 마음 상하는 일이 있
나요?"

생각 표현하기_ 자신이 생각하고 있는 것, 즉 믿고 해석하고 또는
기대하는 것 등을 말하는 행위다.

예) "나는 그 집을 사면 새롭게 단장하여 집을 편안하게 만들고 싶
었어요. 그리고 그것은   우리 가족이나 나 자신의 건강에 아주
중요한 일이라고 믿어요."

감정 표현하기(나누기)_ 자신의 감정들을 직접적으로 말하는 것이
다. 자신의 솔직한 감정을 이야기하되 그러한 사실에 화가 나거나 분
노한 것이 아니라 자신이 그 사실로 인해 상처를 받았다는 것이나 슬
펐다는 것을 표현하는 것이다.

예) "당신이 담배를 끊는다고 말하고서는 지키지 않으니 당신의 건
강이 상할까 봐 몹시 걱정되고 두렵네요."

"점심시간에 전화했는데 당신이 없어서 몹시 걱정되었어요."

소망 이야기하기_ 소망과 바람을 밝힘으로써 자신이 되고 싶고, 하
고 싶고, 갖고 싶은 것을 다른 사람들에게 알리게 된다.

예) "나는 좀 더 속도가 빠르고 기억 용량이 큰 컴퓨터를 갖고 싶어
요."

"나는 이번에 돈을 아껴 여름휴가 때 제주도에 가고 싶어요. 제주도는 한 번도 가본 적이 없어 이번에 꼭 제주의 푸른 바다를 보고 싶어요."

행동 진술하기_ 당신이 했던, 하고 있는 행동은 앞으로 할 행위들에 대해 말하는 것이다.

예) "어제 오후에 안부 전화를 했었는데 응답이 없더군요."

"제가 다른 생각을 하느라 당신의 말을 유심히 듣지 못했어요. 죄송하지만 다시 얘기해 주시겠어요?"

듣기 기술
(상대방 배려하기)

■ **주의 기울이기**(바라보기, 듣기, 따라하기)

배우자의 이야기에 주의를 기울일 때 몸과 마음을 다하여 들음으로써 자신의 관심을 상대방에게 충분히 보여 주는 것이 된다. 따라서 산만한 행동은 중지해야 한다.

비언어적인 것 관찰하기

＊ 상대방의 얼굴과 몸의 움직임뿐만 아니라 호흡하는 자세까지도 주시한다.

＊ 음성 듣기: 말의 어조와 억양, 소리와 음높이까지도 귀를 기울인다.

■ **상대방의 경험 인정하기**

다른 사람의 메시지를 인정하는 것은 당신이 그와 함께하며 그의 인도를 따라가고 있다는 것을 언어적/비언어적 표현을 통하여 그 사람에게 알려 주는 반응이다.

상대방이 말하고 있는 것에 대해 관심과 존경심을 보인다면 비록 상대방의 말에 완전히 동의하지 않더라도 상대방의 경험이 무엇인지 알게 된다.

■ 더 많은 정보 요청하기

요청하기는 부드러운 지시나 진술, 질문의 형태를 취하여 배우자가 무엇이든지 당신에게 더 많은 것을 말할 수 있도록 하는 것이다.

■ 정확성을 위해 요약하기

요약하는 기술은 상대방에 대한 자신의 이해의 정확성을 확인하는 데 도움이 된다. 요약하기 기술은 자신과 상대방을 서로 알게 하며, 중요한 것은 자신과 상대방의 메시지를 공유하는 것이다.

＊ 상대방의 요점에 대해 들은 것을 자신의 말로 반복하기

예) "당신은 어제 친구와 돈 문제로 언쟁이 있었군요. 그래서 기분이 몹시 상했군요."

＊ 자신의 요약 내용을 확인하거나 명료화하기 위해 배우자에게 질문한다.

예) "당신은 지금 가사 분담을 제의하였지요? 방법은 아직 결정하지 않았군요. 같이 의논하자는 얘긴가요?"

■ 개방적인 질문하기

개방적 질문은 보통 '누가, 무엇을, 어디에서, 언제, 또는 어떻게'라

는 어휘로 시작된다.

단답적인 대답이나 반응보다 상대방의 더욱 다양한 생각을 이해하고 상대방에 대한 더욱 많은 정보를 얻기 위한 방법으로 이를 통해 서로를 이해하는 정도를 높이기 위해서이다.

예) "이번 주말 여행 계획을 말해 주겠어요?"

예) "직장을 옮기는 것에 대해 어떤 생각을 하고 있어요?"

＊ 명확하지 않은 정보와 혼돈된 정보를 명확하게 하기 위하여 사용한다.

예) "당신, 기운이 없어 보이는군요. 무슨 일이 있어요?"

＊ 인정 또는 사과의 정확성을 검토하기

예) "당신은 나 때문에 정말 화난 것 같군요. 어떠세요?"

＊ '왜'라는 질문 피하기('왜'라는 말 삼가기)

'왜'라는 질문은 보통 진술을 가장하며 억양이 부정적·추궁적이며 강압적이다.

예) "왜 전화했어요?"

예) "당신은 왜 내가 하라는 대로 하지 않지요?"

이 대화법은 부부관계에서뿐만 아니라 부모-자녀 관계, 직장 동료와의 대화 등 모든 인간관계에서도 그대로 적용된다.

이론적 근거를 잘 이해하고 설득할 수 있도록 상황을 들어 잘 설명해 보자

언제부턴가 연말이 되면 TV에서는 의례적으로 진행하는 행사가 있

다. 그것은 '옷을 가장 잘 입는 사람' 즉 베스트 드레서를 뽑는 행사다.

물론 대중에게 직간접적으로 영향력을 미치는 연예인이나 정치인 혹은 명사라 불리는 각계의 인사들 중에서 의상을 맵시 있게 입는 사람을 뽑는 일은 흥미롭다. 하지만 이는 자칫 사치나 외형적인 것에 가치를 두는 풍토를 조성하지 않을까 하는 우려를 낳게 한다. 더구나 폭발적 정보로 인해 다양성이 요구되는 새로운 세기에는 사람과 사람의 마음을 연결할 수 있는 커뮤니티의 중심에 있는 사람이 누구인가에 더욱 많은 관심을 가져 봄 직하다.

따라서 필자는 베스트 드레서를 선발하는 것은 구시대적 눈요기 행사가 아닐까 하는 걱정을 하는 한편, 사람을 움직이고 다스리는 강력한 파워를 가진 베스트 스피커가 누구인지를 선발하는 행사를 열어 보자는 제안을 하고 싶다.

시대를 이끄는 것은 역시 베스트 드레서가 아닌 베스트 스피커의 몫이기 때문에 많은 사람에게 영향력을 행사하고 있는 사람을 뽑는 일은 무엇보다 가치 있고 흥미진진한 일이라고 할 수 있다.

우리가 흔히 전달하고자 하는 메시지를 상대방이나 청중에게 정확히 전달한 다음 이해·설득시키고, 감동시킬 줄 알아야 한다. 그런 다음 마음의 변화를 가져오게 하여 스피커(화자)의 말에 따르거나 동조하도록 하는 언변을 가지고 있을 때 베스트 스피커라 할 수 있을 것이다.

전달하려는 메시지는 이론과 설명으로 구성되어 있는데 스피커(화자)는 우선 이론적으로 무장되어 있어야 한다. 전달하는 사람이 전달하고자 하는 사람보다 이론적으로 우위에 있을 때만이 그 말을 신뢰하고 믿고 따를 수 있기 때문이다.

그렇다고 이론적으로만 전달하여 설득하려 한다거나 이해시키려 한다는 것엔 한계가 드러나고 만다. 그 이론적 근거를 잘 이해하고 설득할 수 있도록 상황을 들어 잘 설명할 수 있어야 한다는 것이다.

수사법(修辭法)을 사용하라

자녀들에게 '공부 좀 해라, 공부….'보다는 '학문(항문)을 익히시지요, 학문(항문)을 닦으시지요.'라고 해 보세요. 받아들이는 느낌이 달라질 겁니다.

베스트 스피커가 되기 위해서는 말하는 공식 몇 가지를 암기하여야 한다. 이런 공식들을 적절히 사용하면 꽤 수준 있는 스피치, 공감적인 스피치, 설득력을 더하는 스피치, 감동적인 스피치를 할 수 있게 된다.

대화와 스피치의 균형미를 주어 정돈된 기분과 유쾌한 가락을 느끼게 하는 동시에 전체가 잘 어울려야 한다는 '조화의 원칙', 나타내고자 하는 내용을 보충 표현함으로써 그 내용을 더욱 충실하게 하거나 풍부하게 하고 암시성을 불어 넣어 듣는 이에게 상상의 기회를 제공하려는 '증의(增義)의 원칙' 그리고 보다 더 구체화함으로써 명확하고 확실한 인상을 주거나 실감을 나게 하려는 '구상(具象)의 원칙' 등을 연구하여야 훌륭한 스피치를 할 수 있다.

이것을 대화의 표현 수사라고 하며, 한 사물을 다른 사물에 빗대어 표현하는 '비유법'과 이야기의 가락을 강하게 하여 듣는 이에게 깊은 인상을 주는 '강조법' 그리고 이야기의 단조로움을 피하고 듣는 이가 흥미롭게 듣도록 하는 '변화술' 등 세 가지로 크게 분류할 수 있다.

비유법에는 다시 10개의 구체적인 법칙이 있으며 강조법은 11개, 변화술은 10개로 나눌 수 있다. 이 수사법을 자유자재로 구사할 수 있으면 그는 명(名) 스피커로서의 자격을 갖춘 것이다.

말을 아름답고 조리 있게 하기 위해서는 수사라고 하는 표현을 적당히 구사할 수 있어야 한다.

이야기를 생동감 있게 하기 위해서는 역시 '비유법'을 써야 한다. 비유는 이야기를 구체적으로 한다거나, 이해하기 쉽게 하기 위해서는 빠뜨릴 수 없는 것이다.

이것을 능숙하게 사용하면 이야기는 실로 생동감이 넘치게 된다.

직유(~와 같은, ~처럼), 은유(산더미 같은 빚 → 빚더미), 활유(의인법; 꽃의 미소, 새의 노래), 청유(의성어, 의태어) 등을 적극적으로 활용하면 큰 도움이 된다는 점을 밝혀 둔다.

표현하고자 하는 사물을 분명히 다른 사물에 직접 비교하여 그 뜻하는 바와 인상을 실감적이고도 명료하게 형용하는 기법으로 '같이, 듯이, 처럼, 마치, 가령, 양, 꼭, 마냥, 모양, 인양, 흡사, 다름없이, 말하자면, 예를 들면, 이것을 비유해 말씀드린다면' 등의 말이 연결되어 있는 것이 그 특징이며 비유법 중에서 가장 초보적인 단계다.

비슷한 두 가지 사실을 견주어 말을 꾸미는 방법으로 '마치 …와 같이, …처럼' 등의 말을 넣어 쓰게 된다.

- 마치 족제비 상과 같이 생긴 도요토미는 마침내 임진왜란을 일으키고야 말았다.
- 강철 같은 근육과 부싯돌 같은 마음
- 마치 악마와 같이 우락부락한 인상은 상대방의 마음을 삼킬 듯이 위압감을 주었다.

비유의 말을 생략하여 두 사실을 동일체로 당연하듯이 표현하는 기법이다. 직유법과 같은 연결 없이 직접적으로 두 개의 유사한 사물을 비유하여 훨씬 강력하고 긴밀하며 생기 있는 표현을 하는 데 효과가 크다.

직유법에 쓰이는 말을 넣지 않고 서로 비슷한 두 가지 사실이나 모습을 견주어 수식하는 방법이다.

- 밤 바다에서 뱃길을 밝혀 주는 것은 등대요, 우리의 갈 길을 밝혀 주는 이는 위대한 영도력을 가진 애국자다.
- 인생은 나그네길이요, 고난의 길이요, 빈 술잔과도 같은 것이다.
- 어물전 망신은 꼴뚜기가 시킨다.

무생물과 동식물 또는 비정(非情)의 사물에 사람의 의지, 감정, 사상 등 인격적 요소를 부여하여 표현하는 기법이다. 생명이 없는 것에다 생명을 불어넣어 수식하는 방법이다.

- 이제 봄이 온 모양이다. 꽃은 웃고 나비는 춤을 추며 날아다닌다.
- 천지여! 말하라. 산천이여! 대답하라.
- 야속한 가을 바람은 내 마음을 흔들어 놓고야 말았다.

모습이나 움직임을 그 느낌이나 특징을 따라 표현하는 기법이다. 이것은 모든 물체의 자태를 느낀 그대로 나타내기 때문에 듣는 이에게 많은 실감을 던져 준다.

- 여성의 아름다움을 흔히 반짝반짝하는 눈매에서, 방실방실하는 웃음에서 혹은 포동포동한 살결에서, 보들보들한 입술에서 찾는다.

사물의 소리나 사람의 음성을 그대로 흉내 내어 상태를 더욱 실감 있게 나타내는 기법이다. 이것은 듣는 이로 하여금 지루한 설명 따위가 따르지 못할 만큼 더욱 생생한 느낌을 맛보게 하여 인상에 큰 효과를 가져다 준다.

- …바로 그 순간이었다. 벽시계가 '땡땡땡' 하고 3시를 알리자 쾅쾅 대문 두드리는 소리가 났다.
- 찌르릉 찌르릉 비켜나세요.

비유하는 말만 제시함으로써 듣는 이로 하여금 그 본뜻을 추측토록 하는 풍자적 기법이다. 정면에서 자기의 주장과 소신을 직접 나타낼 수 없는 정치적인 발언을 하는 데 가장 효과가 크며 남을 설득하거나 비꼴 때 많이 사용한다. 우화, 유머 등을 써서 본래의 뜻을 이해시키는 방법이다.

- 근면과 성실을 '토끼와 거북이의 경주'에 비유한다든지 착하고 악한 행동을 '콩쥐 팥쥐'에 비유하는 일 등은 풍유법
- 지렁이도 밟으면 꿈틀한다. 이제 우리 민족이 이만큼 짓밟혔으니 분기할 때가 온 것이다.

남의 글이나 말을 인용하여 자기의 주장을 이해시키는 방법이다. 대중 스피치에 가장 많이 쓰이는 방법이다.

(예) 소크라테스는 네 자신을 알라고 했다.

나타내려는 사물의 명칭을 다른 명칭으로 대신 사용함으로써 은연 중에 본래의 사물을 나타내는 기법을 대유법이라고 하는데, 그 가운데 사물의 일부분만을 보여 전체를 대신하는 것을 제유법이라고 하며, 사물의 전체를 보여 일부분을 대신하는 것을 환유법이라고 한다.

- 풍전등화와 같은 조국의 운명 앞에 이순신 장군이 나타나면 얼마나 기쁘겠는가?
- 아무런 기술도 없는 염전이 미국에 이민을 가면 돈을 모으기는 커녕 굴뚝에 연기 낼 것도 없게 되기 쉽다.

말하는 이가 표현하려는 본의(本意)의 것을 숨기고 암시하는 것에만 그치는 기법이다. '비둘기'가 '평화'를 생각하듯이 하나의 낱말이나 구절이 상징성을 내포하도록 표현하는 것이다.

- 인생이란 화려한 장미를 꺾으려다 앙상한 낙엽을 안고 돌아오는 물거품에 비길 수 있다.

한 말이 두 가지 이상의 다른 뜻을 곁들여 기지적(機智的)으로 나타내는 기법이다. 대화에 특이한 변화와 매력을 주어 듣는 이로 하여금 뜻깊은 여운을 느끼게 한다.

- 그는 음식점에서 갈비탕을 먹고 돈을 내지 않고 뺑소니 친 뒤 버스 안에서 돈 30만 원을 소매치기했으며, 어느 실직자로부터 취직을 미끼로 5백만 원을 받았다가 쇠고랑을 찼다.

서로 모순되는 말의 연결로 특별한 의미를 비유하여 표현하는 기법이다. 반대의 의미가 연결되어 오히려 박진감을 주며 듣는 이에게 미묘한 뉘앙스를 던져 준다.

- 나는 그 친구가 평소와는 달리 지나치게 친절한 태도로 공개된 비밀을 귓속말로 소근대는 것을 보고 정나미가 뚝 떨어졌다.

영탄법(詠嘆法)_ 크게 감명을 받거나 비통한 경우를 당했을 때, 억제할 수 없이 일어 나는 벅찬 기분이나 감정의 흥분을 감탄어(감탄사, 감탄형 어미, 감탄형 조사 등)를 사용해서 표시하여 듣는 이에게 강하고 깊은 인상을 남기는 기법이다.

- 오호라! 민족의 청사여!

너의 이름은 파란 많고 눈물 많은 단군 역사 5천 년인가 하노라!

이것은 몹시 슬프거나 애절한 느낌, 통쾌한 일, 감동, 감격했을 때 이를 솔직하게 나타내어 청중에게 호소하거나 관심을 끌게 하는 방법이다.

과장법(誇張法)_ 어떠한 사물을 사실보다 크게 표현하거나 작게 표현하는 기법이다. 중요한 부분이나 주장하고 싶은 부분을 과장함으로써 말하는 이의 기분을 실감 나게 느낄 수 있으며 듣는 이에게 흥미와 공명을 불러일으키게 한다.

과장법이란 어떤 사실을 실제보다 크게 혹은 작게 나타내어 이해를 깊이 하는 방법이다.

- "아니 쥐방울 같은 놈이 벌써 술을 마셔⋯."
- 주먹 같은 밤이 후둑후둑 떨어지자 조무래기들은 번개처럼 달려들었다.
- 인간은 신이 아니기 때문에 실수를 할 수 있는 법이다.
- 티끌만큼도 잘못이 없는 사람은 없을 것이다.

점진법(漸進法)_ 말 한마디 한마디가 마치 층계를 오르내리는 것처럼 점차적으로 그 뜻이 강해지거나(점층법) 약해지는(점강법) 기법으로, 듣는 이를 설득하거나 감동시킬 때 많이 이용한다. 대중 스피치에서는 이것을 클라이맥스(Climax) 또는 앤티-클라이맥스(Anti-Climax)로 애용하고 있다.

- 여러분은 성냥을 살 권리가 있다. 따라서 성냥을 켤 권리도 있다. 불을 켤 권리가 있으면 물건을 태울 권리도 물론 있다. 그러므로 여러분의 권리 행사는 마치 성냥을 들고 켜는 것과 마찬가지로 여러분 자신의 자유에 있는 것이다.
- 민족이 은인을 잃고, 학도가 스승을 여의었으며, 교우가 목사를 잃고 친구들이 흉금을 펴놓을 곳을 찾지 못하게 되었으니, 폐허

로 뒤덮인 이 강산에 수운이 서리고, 고독한 우리의 가슴에 메우지 못한 공허가 느껴지나이다.

작은 것에서부터 큰 것으로, 낮은 곳에서부터 높은 곳으로 차차 올라가는 형식이다.

역설법(逆說法)_ 이치에 어긋난 듯한 표현으로 숨은 진리를 강조하거나 비난, 경멸로 찌르는 표현이다. 하나의 궤변(詭辯)이라고도 할 수 있는데 우리는 간혹 이 궤변(아이러니, 패러독스)을 진리와 같이 여기는 경우가 많으며 또한 이 궤변에도 다른 각도의 진리가 포함되어 일리(一理)가 있기 때문에 상대방을 공격하거나 역습할 때 효과적이다. 역설법은 모든 사람이 옳다고 혹은 진리라고 믿고 있는 사실을 뒤집어 반대하는 주장을 관철하는 방법이다.

- 속도 위반을 능사로 아는 세상에서 20살을 넘은 여대생치고 어디 처녀가 있겠습니까?

대조법(對照法)_ 나타내고자 하는 사물과 반대되는 사물 혹은 고저 강약의 한도가 서로 다른 사물을 비교시켜 표현하여 사물의 본질을 뚜렷하면서도 인상적으로 드러내는 기법이다.

- 충언(忠言)은 벗을 만들고, 감언(甘言)은 벗을 잃게 합니다.

열거법(列擧法)_ 비슷한 말의 구절이나 내용상 긴밀성이 있는 말을 연결하여 되풀이하거나 나열해 놓는 기법으로서 말하려는 바를 다방면으로 표현하여 전체적으로 강력한 효과를 거둘 수 있다.

- 흔히 아이들은 전차 차장이 된다거나 마을의 순경이 될 것을 꿈 꿉니다. 특히 기차 기관수의 자리에 앉고 싶어 합니다.

반복법(反復法)_ 두 번, 세 번 같은 구절, 같은 말을 되풀이해서 인상을 깊게 하는 표현 기법이다. 뜻을 강조하고 흥취를 돋구는 데 효과가 크다.

- 나는 비범한 문재(文才)가 내게 있기를 원한다. 나는 참으로 절세(絕世)의 대학이 내게 있기를 원한다. 그러나 나는 그보다도 백 배, 천 배 더 원하는 것이 있으니 그것은 바로 고도의 열애(熱愛)다.

미화법(美化法)_ 사물을 구체적으로 묘사하지 않고 아름다운 것은 더욱 아름답게, 추한 것도 아름답게 미화하는 표현 기법이다.

- 원스턴 처칠이 몹시 화가 나서 상대방 의원을 '거짓말쟁이'라고 하여 의장으로부터 발언을 취소하라는 요구를 받았다. '거짓말쟁이'라는 말은 비의회적 언사의 전형적인 것이었다. 그는 정중히 발언을 취소한 다음 이렇게 고쳐 말했다.
"언사상 부확성의 제공자"라고….

억양법_ 말의 높낮이를 처음엔 일단 올렸다가 나중에 내리거나, 먼저 내렸다가 나중에 올림으로써 본래의 내용을 강조하는 기법이다. 또 처음엔 칭찬으로 추켜세운 다음에 내려깎거나, 처음에 내려깎은 다음에 칭찬해 주는 것이 이 수사법의 묘미로서 상대방을 공격하거나 변호할 때 많이 애용된다.

- 그는 재주는 비상하지만 인간성이 나빠요.
- 저 여자는 아주 못생겼지만 마음씨만은 그만이에요.

단절법(斷絶法)_ 접속되는 어구를 일부러 짧게 자르고 하나하나 독립시킴으로써 강조의 효과를 나타내는 기법이다.

- '애수'라는 영화를 보았다. 사랑이란 얼마나 고귀한가를 깨달았다. 지금껏 잊히지 않은 그 여인을 찾아가기로 결심했다.

인용법_ 격언, 고사, 명구, 속담, 남의 말 등을 끌어다가 자기의 주장에 권위를 주거나 정확성을 증명하거나 내용의 충실성을 기하는 기법이다. 이것을 다시 직접 인용하는 명인법과 간접 인용하는 암인법으로 나눌 수 있다.

- "불행에 대한 특효약은 없다."라고 헉슬리는 말했다.
- 우리는 알몸으로 이 세상에 왔다. 그러기에 알몸으로 이 세상에서 떠나지 않으면 안 되는 것이다. 그러기에 인간의 부귀영화는 한낱 헛된 꿈에 지나지 않는 것이 아니겠는가?

생략법_ 말을 간결하게 줄여서 그 핵심이 되는 부분만을 요령 있게 이야기함으로써 말에 '함축의 미'와 '여운의 멋'을 풍기는 기법이다. 이 방법은 말을 많이 하는 것보다 오히려 더 풍부한 인상과 효과를 줄 수가 있다.

- 왔노라! 보았노라! 이겼노라!

도치법_ 바른말의 순서를 뒤바꾸어 강조하려는 부분을 앞에 놓는 기법이다. 이것은 듣는 이의 흥미를, 관심거리를, 분노를 도치 또는 유도하여 이야기의 목적으로 삼는 방법이다.

- 어머님의 가장 어여쁜 아들, 나는 왕이로소이다.
- 잊어버립시다. 꽃이 잊히듯이….

설의법(設疑法)_ 의심의 여지가 없는 말을 고의로 의문 형식을 취해 듣는 이로 하여금 생각할 여유를 주어 스스로 결론을 내리게 하는 기법이다. 의문형의 어미로 표현되어 듣는 이의 주의를 끄는 데 효과가 있다.

- 여러분 가운데 먹지 않고 살 수 있는 사람이 있겠습니까? 잠 자지 않고 살 수 있는 사람이 있겠습니까?

문답법_ 사물의 설명을 두 인물의 대화 형식으로 엮어 표현하는 기법이다. 처음에 정의를 세워 놓고 나중에 물어보는 형식으로 말한 뒤 다시 그 물음에 답하는 식의 표현법이다.

- 인간의 정신이다. 정신이란 무엇이냐? 정신이란 자기다. 자기란 무어냐? 자기 자신에 의한 관계다.

경귀법_ 기발한 말귀로 사람을 놀라게 하거나, 익살·암시·교훈의 뜻을 내포시키는 기법이다. 이 수사법의 특징은 기발한 몇 마디 속에 참과 진리가 깃들어 있는데 속담, 격언, 명언 등이 거의 이 기법에 포함된다.

• 나무에 잘 오르는 놈은 떨어져 죽고, 헤엄 잘 치는 놈은 빠져 죽게 마련이지요.

완곡법(婉曲法)_ 간단히 말할 수 있는 것을 일부러 빙빙 돌려서 말하거나 노골적이지 않게 표현하는 기법이다. 이 수사법은 말하는 이의 교양과 에티켓을 돋보이게 하는 효과가 있다.

• 플랫폼에서 흰 것을 흔들며 떠나는 그녀의 애틋한 마음을 사랑을 해 보지 않은 사람이 어찌 이해할 수 있겠습니까?

불판법(不板法)_ 같은 말의 반복이나 이야기의 평탄함을 피하여 기복과 변화로 표현하는 기법이다. 단조로움을 피함으로써 듣는 이의 흥취를 돋구어 준다.

• 시가 나오고 그림이 이루어지고, 음악이 나래를 폅니다.

연쇄법(連鎖法)_ 앞의 말이나 뜻을 이어받으면서 쇠사슬처럼 얽어매어 나아가는 기법이다. 말의 뜻과 어조를 인상 깊게 하는 표현법으로서 '고리잡이법'이라고도 한다.

• 권태로운 여성보다 더 불쌍한 것은 슬픔에 싸인 여인이다. 슬픔에 싸인 여인보다도 더 불쌍한 사람은 불행을 겪고 있는 여성이다. 불행을 겪고 있는 여성보다 더 불쌍한 것은 병을 앓고 있는 여인이다. 병을 앓고 있는 여인보다도 더 불쌍한 여인은 버림받은 여성이다.

비약법(飛躍法)_ 이야기해 나가던 화제를 돌연 다른 화제로 바꾸거나, 시간적·공간적으로 또는 상상으로 비약시키는 기법이다. 듣는 이가 지루한 표정을 지을 때 이 수사법이 자주 이용된다.

· 명동 거리는 화려했다. 나는 적막한 오솔길을 거닐고 있었다.

감정을 집어넣어라

아나운서(announcer)의 announcement를 보고 감동을 받았단 사람 봤는가?

또, 청산유수처럼 쏟아 놓는 약장수의 말솜씨를 칭찬하는 사람 봤는가?

왜 그들의 말이 감동적이지 못하고 칭찬을 받지 못하는 것일까?

그것은 아나운서의 말엔 혼(자기 주장, 자기 몰입)이 들어 있지 않기 때문이다. 단지 객관적으로 사실이나 정보만을 전하는, 드라이한 스피치이기 때문이다.

청산유수처럼 말을 퍼붓는 약장수는 새로움 없이 판에 박힌 말만을 늘어 놓는 앵무새에 지나지 않기 때문이다. 또한 약장수의 말엔 깊이 있는 사상이나 피와 눈물과 땀이 어린 감정이 들어 있지 않기 때문이다.

그러나 우리나라의 위대한 화가들 중 한 명인 김기창 화백이 한국 화단에 불멸의 자취를 남기며, 87세 나이로 타계하였는데 그는 귀가 들리지 않는 청각장애자였다. 그래도 다행스럽게 뒤늦게 당신의 어머니의 지극한 정성으로 언어를 그럭저럭 구사할 수 있게 되었다.

그 화백의 말은 물론 부정확한 발음과 호흡으로 알아듣기 힘들 정도인데도 그분의 말을 들으며 공감하고 감동했던 이유는 무엇인가?

그분에겐 넘볼 수 없는 그만의 세계를 갖고 있기 때문이다.

말 속에 무엇보다도 깊이 있는 사상과 세상을 꿰뚫는 예지와 관찰력을 겸비한 박식한 이론과 다양한 체험에서 우러나오는 인격과 혼이 담겨 있으면 사람들이 열광하거나 공감할 수 있을 뿐더러 믿음을 가질 수 있다.

말에는 사상이 녹아 있어야 한다. 말에는 예리한 관찰력으로 추출된 남다른 식견이 담겨 있어야 한다.

말에는 뜨거운 가슴으로 내뿜는 열정이 담겨 있어야 한다.

그것은 말하는 이가 그 주제에 몰입할 수 있을 때, 가식적이거나 수사적인 표현이 아닌 진솔한 마음을 담았을 때 가능한 것이다.

그럴 때 우리는 그 말 속에 그 화자의 혼이 담겨 있다고 표현한다.

〈장애 이겨낸 불굴의 예술혼을 불사른 운보 김기창 화백〉

'붓만 대면 무엇이든 그림이 된다.' — 어느 영역에도 구애됨이 없는 천의무봉(天衣無縫)의 화필로 독창적인 경지를 이뤘던 운보 김기창(雲甫 金基昶) 화백이 23일 타계했다.

지난해 말 미당 서정주(未堂 徐廷柱) 시인의 운명(殞命)에 뒤이은 부음(訃音)이니 불과 한 달 사이에 한국 시단과 화단의 두 거목이 우리 곁을 떠난 것이다. 실로 한 시대를 떠나보내는 송별(送別)이요, 쉬이 그 빈자리를 메울 수 없는 아쉬운 석별(惜別)이다.

운보 선생은 지난해 12월 북에서 내려온 막내동생 기만(基萬, 북한 공훈 화가) 씨와 병상에서 50년 만의 안타까운 '필화(筆話) 상봉'을 했다. 이제 동생은 북녘에서 형님의 부음을 듣고 통곡할 터이니 형제의 짧은 만남과 긴 이별은 민족 분단의 아픔을 다시 한번 되새기게 한다.

7세 때 장티푸스로 청력(聽力)을 잃은 운보 선생의 일생은 귀먹고 말 못하는 장애의 고통을 딛고 일어선 위대한 '인간 승리'였다. 선생은 18세 때인 1931년 조선미술전람회에 입선한 이래 '침묵의 심연' 속에서 무려 1만여 점의 작품을 남겼다. 더욱이 선생은 10년을 주기로 자신의 작품 세계를 혁신하는 놀라운 창조성과 활화산 같은 정열을 보였다.

세필(細筆)에서 시작해 한국 산하의 정기를 수묵(水墨)의 농담(濃淡)과 단순한 색상으로 힘차게 그려낸 '청록산수', 조선 시대 민화의 정취와 익살을 대담하고 해학적으로 표현한 '바보산수'를 거쳐 말년의 '걸레 그림'에 이르기까지 실로 구상과 추상의 세계를 붓 가는 대로 넘나들었다.

"바보란 덜된 것이며 예술은 끝이 없으니 완성된 예술은 없다. 그래서 바보산수를 그린다."라던 운보 선생의 말씀은 대가(大家)의 금언(金言)이 아닐 수 없다. 비록 일제강점기 말의 친일 행적이라는 한 가닥 오점이 있다고는 하나 그것이 선생의 빛나는 업적을 가릴 수는 없을 것이다.

듣지 못하고 말하지 못했던 운보 선생은 장애인 복지에도 남다른 관심을 기울여 1979년 한국농아복지회 초대 회장을 맡았고, 1984년에는 충북 청원에 '운보의 집'을 세워 농아들에게 도자기 기술을 가르쳐 자립할 수 있도록 돕는 등 청각장애인의 권익 옹호에 앞장서 왔다.

청각장애의 한(恨)을 그림으로 승화시킨 운보 선생의 생애는 그 자체가 후세 사람들에게 주는 값진 교훈이다. 또한 선생이 생전에 보인 불굴의 예술혼은 길이 귀감(龜鑑)이 될 것이다.

순발력을 키워라 (말의 공식을 만들어라)

억지로 꿰맞추려는 것부터가 '썰렁'이다.

구름에 달 가듯 흐르는 자연스러움이 있어야 한다. 공간에 터 있는 기를 잡는 것이다. 그것은 다시 말해 순발력을 동원한다는 것을 의미한다.

결국 말을 잘하고, 못하고의 결정적인 포인트는 '순발력이 있느냐/없느냐'로 압축될 수 있다. 말의 순발력을 키우는 일, 그것이 바로 말을 잘할 수 있는 지름길이란 것이다.

말에 공식을 만들어 보라. 그리고 몇 번 반복해서 사용하거나 연습해 보라. 그래서 순간적으로 활용할 수 있는 순발력을 키워가는 것이다.

'말의 공식?'…. 이런 것이다.

(과거 있는 남자)는 용서할 수 있어도, (미래 없는 남자)는 용서할 수 없다.

괄호 안에 대체 문구를 얼마든지 만들어 낼 수 있다(점층적인 내용이든, 점강적인 내용이든).

(대머리 남자)… (머리 빈 남자)…

(눈 작은 남자)… (젊고 예쁜 여자 보면 눈 돌아가는 남자)…

(과거 있는 여자)… (뚱뚱한 여자)…

'끼'를 발휘하자

사람들은 평범한 것보다는 새로운 것, 튀는 것에 관심을 많이 가진다. 평범한 말보다는 새로운 시각에서 바라보는 말이 빛을 발한다. 그렇다고 어거지로 꿰어맞추는 식은 '역겨워요!'라는 말을 듣게 되므로 그냥 흐르는 대로 보여 주되 자기만의 색깔과 내음을 가져야 한다.

그러기 위해선 심오한 사상과 인격을 가져야 한다. 그렇다. 스피치(말)는 그 사람의 인격이며 사상이다. 깊이 있는 사상과 인생의 체험이 있는 말은 뚝 던지는 말에도 무게가 실린다.

자기만의 소신과 배짱 있는 말!

깊은 믿음을 바탕으로 고하는 일갈!

남에게 양보할 수 없는 고집스러운 가치관과 세계관 속에서 흘러나오는 말들은 '끼' 있는 언어란 생각을 한다.

그런 말을 구사한다면 세기적인 스피커가 되리라 확신한다.

대화를 나누듯 자연스럽게 표현하라

자신이 정해 놓은 카테고리(고정관념)의 틀에서 벗어나는 순간, 사람들에게 가깝게 접근할 수 있다.

"잘해야 되는데… 어떻게 하면 잘 보일 수 있을까?"

이처럼 체면에 체통을 생각하는 순간 당신의 몸과 마음은 굳어져 버린다.

그런 상황에서 제대로 된 말을 할 수 없는 건 당연하다.

솔직하게 자신을 표현하는 것, 자연스러운 것, 마음 가는 대로, 분위기 흐르는 대로 자신을 노출시키는 것…. 그것이 베스트 스피커의 조건이라 생각한다.

공자께서는 "40을 '불혹', 50을 '지천명', 60을 '이순'이라 하고, 70이 넘어서야 '종심소욕불유구(從心所慾不踰矩)'라 하여 마음이 하고자 하는 대로 하여도 법도에 어긋나지 않는 경지에 이르렀다."라고 했는데….

마음먹은 대로 말하여도 이치에 어긋나지 않고, 법도에 벗어나는 일이 없고자 한다면 사람이 얼마 정도의 나이를 먹어야 할까?

결국 적당한 연륜이 필요하단 얘기다. 세상의 모든 일이 그런 것처럼…. 그러니까 조급하게 생각하지 마라.

때론 세월이 약이다. 물론 마냥 기다리는 세월이 아닌 밭에 씨앗을 뿌리고 김을 매고 가꾸는 그런 정성어린 세월이 필요하단 얘기다.

혼이 담긴 말을 하라

나를 아는 모든 분께 감사를 드리고 싶은 정점에 위치한 것을 실감하게 된다.

자기표현력을 향상하기 위한 욕구를 가진 많은 분께 좀 더 겸손한 마음으로 성실하게 임할 것을 다짐드리고자 한다.

이 시점에서 앞으로 좀 더 가치 있는 말, 친근감이 있는 말, 가슴에 전율을 전하는 Best speech로 '세상을 좀 더 아름답게 변화시키고, 사람과 사람의 마음을 따뜻하게 연결시켜 주는 말'에 대한 연구과 훈련을 쌓아가는 Toast-Master 클럽을 운영해 나가고자 한다.

전국에서 내 강의를 듣고 계신 회원님들의 관심을 원동력으로 삼아 추진해 나가고자 한다.

네티즌 여러분의 많은 참여를 부탁드린다(업라이프 게시판& 동호회란 참조).

스피치는 스피커가 가지고 있는 지식이나 경험이나 정보를 전달(의사 전달)하는 1차적인 단계를 거쳐 사람들을 이해시키고 설득시키는 과정을 통해… 듣는 사람들을 동감하게 하고, 감동시켜 그들의 마음을 움직이게 하고… 삶의 태도를 변하게 하는 언권(언어의 힘)을 가져야 한다.

사람들은 1단계인 의사 전달만을 위한 스피치나 2단계인 이해·설득시키는 것만으로 언어의 능력을 제한하는 우를 범하는 경우가 많다. 그러나 스피치의 궁극적인 목적은 말을 통해서 사람을 공감하게 하고 감동시켜… 마음을 움직이고 행동을 유발해 삶의 모습을 변화시키고자 하는 데 있다.

따라서 '토스트-마스터'는 감동을 전하는 말, 사람을 움직이게 하는 말을 할 수 있어야 한다. 따라서 말속엔 말하는 사람의 혼이 담겨 있어야 한다.

혼— 그것은 무엇을 의미할까?

정신이다.

정신 곧, 사상이 깃든 말이 혼이 담긴 말이다.

남의 얘기만으로 풀어가는 말엔 정신이 담길 리 만무하다.

그 말엔 웬지 설익은 듯한 느낌을 지울 수 없어 설득력과 감동을 전하기 어려워 상대의 가슴을 열 수 없다.

다시 말씀드리면, 혼이 담겨 있지 않은 언어로는 사람을 움직일 수 없단 말이다.

같은 말이라도 이론적 배경이나 철학적 사상을 바탕으로 우려낸 '자기만의 언어(내면화된 스타일)'를 쏟아 낼 수 있을 때 우리는 그를 가리켜 '토스터마스터'라 할 수 있다.

따라서 우리는 스피치를 기술적인 측면으로만 접근하려는 것은 매우 어리석은 일임을 알 수 있다.

보다 심오한 사상과 이론으로 무장되어 있을 때 공감과 감동을 전할 수 있다는 것이다. 따라서 우리는 말하고자 하는 '내용'에 보다 철저한 준비와 관심이 필요하다.

말하고자 하는 내용이 충실하면 그 말을 담는 하드웨어가 부실해도 크게 문제가 되지 않음을 우리는 경험하게 된다.

그러나 많은 사람이 '말하는 기술 좀 알려 주세요.'라며 하소연해 오는 경우가 많은데 그것은 마치 설익은 음식을 아름다운 그릇에 담고자 하는 어리석음과 같다 하겠다.

사물의 이치를 꿰뚫어볼 수 있는 지혜와 박식한 지식은 말을 빛나게 하는 재료다.

맛있는 음식을 위해선 신선한 재료가 필요하듯이 빛나는 말을 위해선 맛깔스러운 말의 소재가 필요한 것이다.

결코 남을 모방하거나 흉내 내는 방식으로는 Best Speeker가 될 수 없음을 강조한다.

장인 정신과 같은 혼이 깃든 말 속엔 철학적 사고와 심오한 사상이 배여 있다.

빛나는 말을 하고자 하는 사람들에게 말하고자 하는 내용이 얼마나 빛이 나는지를 살펴보는 것이 필요함은 두말할 필요가 없는 것이다.

반응에 따른 순발력을 길러라

오래된 얘기인데 필자의 뼈저린 실패담이다.

옛날하고도 먼 옛날 반공연맹이나 재향군인회에서 주최하는, 6·25를 앞두고 치르는 행사가 있었는데, 반공의식과 안보의식을 고취하기 위한 행사의 일환으로 대전 충무체육관에 3만여 명의 인원이 동원되는 큰 행사에서 '해방둥이'로 연설하는 역할을 맡았다.

연예인들이 1부 행사에서 공연을 했고, 2부 행사가 시작되기 전에 필자가 준비된 연설을 하게 되었다.

열심히 준비된 연설을 시작했다.

전쟁이 어떻고 반공이 어떻고 나라 사랑이 어떻고… 그런데 필자의 연설이 진행되는 동안 청중석에 있는 청중이 웅성거리며 하나둘씩 일어나기 시작하는 것이었다.

행사가 끝나고 본색이 드러났다는 것이다.

이럴 때는 어떻게 했었어야 했나?

연설을 중단했었어야 했나?

아니면 끝까지 외쳤어야 했을까?

필자는 두 다리에 힘을 주고 죽어라 외쳐 댔다. 그 사이 청중의 1/3 이상은 빠져나갔을 것이다.

주최 측에선 죽을 맛이었을 것이다. 아주 아주 난감해했다.

필자에겐 이런 뼈저린 실패담이 있다. 필자가 이런 얘기를 하는 것은 여러분께 두 가지 교훈을 주고 싶어서이다.

먼저 하나는 '설 자리'와 '서서는 안 될 자리'를 분별하는 것이다.

뜨겁게 달군 고깃덩어리를 던져 주면 똥개는 바로 물어뜯지만 영리한 개는 결코 아무 먹이나 입에 물지 않는다는 것이다.

사리를 분별하고 말하는 것이 무엇보다 중요하단 말씀이다.

또 하나는 청중의 반응에 따라 순발력을 발휘해 위기를 넘길 수 있어야 한다는 것이다.

청중의 반응이 썰렁하다면 하던 말이라도 중단하고, 청중이 원하는 쪽으로 화제를 돌릴 수 있는 임기응변이 있어야 한다.

때에 따라서는 말의 수위를 조절할 수 있는 재치와 순발력이 연사가 갖추어야 할 첫 번째 기술이란 점을 강조하고 싶은 것이다.

ice-break기법을 익혀라

썰렁한 분위기를 화기애매한(?) 분위기로 전환할 수 있는 비법

어색한 분위기를 단란한 분위기로 바꿀 수 있는 재치는 베스트 스피커의 첫 번째 상비 기술?

남이 턱을 괴고 있을 때 진지하게 접근할 수 있는 엉뚱한 기질과 남이 심각하게 다가설 때 장난기를 발동할 수 있는 배짱이 유머리스트의 기본 양식이다.

언제 어디서나 통용될 수 있는 상비 유머를 준비하고, 박수를 개발하고, 난센스 퀴즈를 개발하고, 간단한 게임을 준비하고, 자기소개, 신체 접촉 게임 등을 준비해 적절하게 활용하면 만사 OK!!!

그러나 무엇보다 중요한 것은 순발력과 기지다.

알프스산은 외롭지 않다

주말을 이용해 대전 근교에 있는 계족산에 올랐다.

산을 오르다 약수를 마시고 있는데 자기 머리카락과 필자의 머리카락을 살펴보며 누가 더 흰 머리카락이 많은지 비교를 하는지라, "내 머린 모두 새치다."라며 응수했더니 자칭 '산신령'이라며 말을 붙여왔다.

속으로 '당신도 꽤나 허풍쟁이로군….'으로 치부했는데 말을 나눌수록 진국임을 느꼈다.

제일은행장으로 명퇴한 그분은 '잡학의 대가'였다.

풍수지리, 음양론, 지명 해설, 부동산을 비롯한 재테크, 골프를 비롯한 스포츠, 미술… 본인 말씀대로 '잡놈!'

매일 등산을 하며 중간에 있는 팔각정에서 강의를 하신단다.

오늘도 중간 지점에 있는 팔각정(할아버지가 컵라면과 막걸리를 파신다)에서 등산객을 상대로 무료 강의(?)를 펼치신다.

물론 일정한 주제는 없다. 말 그대로 잡학(?) 강의.

〈알프스산은 외롭지 않다!〉

'위용과 아름다움이 있는 한 사람들은 알프스산을 혼자 내버려 두지 않기 때문이다.'

사람도 아름답고 깊은 산과 같이 사람들을 포용할 수 있는 능력(박식함, 사랑, 재미와 유익을 줄 수 있는 인품…)을 겸비한다면 그 주변에 사람이 끊이질 않을 것이란 말이다.

그분의 강의는 무제한이다. 시간적으로는 고금을, 내용적으로는 동서를 넘나든다.

'사물을 꿰뚫는 안목으로… 무제한적 화제로 열정적으로 지론을 펼치고 있는 바에야 어찌 사람들이 현기증을 일으키며 그의 말에 빠져들지 않겠는가….'

주제에 국한되지 말자.

다양한 접근 방법으로 충분한 논리적 근거를 들이밀자.

'명스피커'는 모름지기 '박식'하다 못해 '잡놈(잡학의 대가)'이란 소리를 들어야 하지 않을까?

시공간을 초월한 폭넓은 화제의 전개, 상상을 뛰어넘는 명쾌한 해설…. 그러기 위해서 사전에 충분한 지적 호기심을 발동하여 자료 수집과 공부를 해야 한다는 것은 두말할 필요가 없다.

폭발적인 반응이 따르는 '명 스피치'의 비결은 주제에 국한되지 않는 스피치의 전개에 있다.

주제와 동떨어진 곳에서부터 스피치를 전개한다면 듣는 이로 하여금 이해와 감동의 진동을 한껏 고조시킬 수 있으리라.

산파질문법이나 자문자답법을 활용하라

일방적으로 풀어 놓은 말보다는 질문을 하면 대답을 하든 안 하든 상대방을 이야기의 광장으로 끌어들일 수 있다.

이 이야기는 지하철 1호선에서 본 실화다.

어떤 아저씨가 가방을 들고 탔다. 아저씨는 헛기침을 몇 번 하더니 손잡이를 양손에 쥐고 가방을 내려놓고는 이야기를 하기 시작했는데….

"자 여러분, 안~녕하쉽니까?"

"제가 이렇게 여러분에게 나선 것은 가시는 걸음에 좋은 물건 하나 소개해 드리기 위해서입니다.'

"물건 보여 드리겠습니다."

"자, 프라스틱 머리에 솔이 달려 있습니다. 이게 무엇일까여?"

"칫~솔입니다.'

"이걸 뭐하려고 가지고 나왔을까여?"

"팔려고 나왔쉽니다."

"한 개에 200원씩 다섯 개 묶여 있습니다. 얼마일까여?"

"처~넌입니다. 뒷면 돌려보겠습니다."

"영어가 쓰여 있습니다. 메이드 인 코리아. 이게 무슨 뜻일까여?"

"수출했다는 겁니다."

"수출이 잘 될까여?"

"망했쉽~니다."

"자 그럼, 여러분에게 한 개씩 돌려보겠습니다."

(그리고 아저씨는 칫솔을 사람들에게 돌렸다. 사람들은 너무 황당해서 웃지도 않았다. 그런데 칫솔을 다 돌리고 나서 아저씨는 다시 말을 했다.)

"자 여러분, 여기서 제가 몇 개나 팔 수 있을까여?"

"여러분도 궁금하시죠?" "저도 궁금합니다." "잠시 후에 알려드리겠습니다."

과연 칫솔이 몇 개나 팔렸는지 궁금했다. 결국 칫솔은 4개가 팔렸고, 아저씨는 또 다시 말을 했다.

"자 여러분, 칫솔 4개 팔았습니다. 얼마 벌었을까요?"

"팔아서 4천 원 벌었쉽니다."

"제가 실망했을까여? 안 했을까여?"

"예. 실~망했쉽니다."

"그렇다고 제가 여기서 포기하겠쉽니까?"

"다음 칸 갑니다!"

하면서 아저씨는 가방을 들고 유유히 다음 칸으로 갔는데 남아 있는 사람들은 거의 뒤집어졌다. 색다른 마케팅 스피치였다.

말을 설득력 있게 잘하는 법

세상 사람들은 누구나 말을 잘하고 싶어 한다. 그런데 어떻게 말하는 것이 말을 잘하는 것일까? 청산유수처럼 유창하게 하는 것이 말을 잘하는 것일까?

물론 유창한 말도 좋다. 그러나 화술 박사로서 유창하다고 해서 말을 잘한다고 평가하고 싶지 않다. 말을 잘한다는 것은 상대나 청중과 공감하고 이들을 설득할 수 있어야 함을 의미한다.

그렇게 말하기 위해서는 다음과 같은 방법을 사용해 보면 훨씬 먹히는 말을 할 수 있게 될 것이다.

첫째, 비유와 인용을 해서 말해 보라. 이해를 빨리 시킬 수 있고 설득력을 높일 수 있다. 비유법은 무언가 빗대어 표현하는 것이다. '마치' 총알처럼 빠른 기차, 빨간 장미꽃처럼 아름다운 당신… 그리고 중국 속담 중에 "하늘을 날거나 바다 위를 걷는 것이 기적이 아니라 땅 위를 걷는 것이 기적"이라는 말이 있는데 이는 살아 있다는 것이 기적인 것이고 일상이 소중하다는 의미다. '지식보다 소중한 것은 상상력이라고 아인슈타인이 말한 것처럼…'과 같이 지명도가 있는 사람의 말이나 있거나 명문을 인용한다면 말할 거리도 자연스럽게 끌어 올 수 있고 사회적 증거법칙에 의해 신뢰도를 높일 수 있다.

다음은 위드픽처(word picture)를 자주 사용하라는 것이다. 말을 잘하는 사람은 그림이 그려지도록 말하는 사람이다. 말을 하는데 도대체 그림이 그려지지 않는다면 말을 잘한다고 볼 수 없다. 위드픽처(word picture)로 현장감 있게 생생하게 표현해 보라. 그래야 먹힌다.

다음은 자기적용(Self application)을 하는 것이다. '책에서 읽었는데 성공하려면 그렇게 하라더라'는 식의 말로는 사람을 감동시키거나 움직일 수 없다. 화자가 직접 경험하고 깨닫고 전하는 리얼한 이야기가 먹힌다.

그렇다면 상기의 말하는 방식을 적용해 위기가 기회인 이유란 주제로 얘기해 보겠다.

위기가 오면 진행하던 일들이 멈추거나 일상이 멈추게 된다. 그 멈춘 시간이 괴롭고 힘들겠지만 그 시간을 통해서 자신을 들여다보고 문제점을 파악하거나 성찰하는 시간을 갖게 된다. 내가 얼마 전에 고도원의 옹달샘연수원의 한 프로그램에 참여한 적이 있었다. 연수원에서는 교육생들이 입교하자마자 한 줄로 세워 숲길을 걷게 하였다. 중간쯤 가고 있는데 징소리가 한 번 울렸다. '징~~~~' 그 순간 모두가 그 자리에 멈춰 서는 것이었다. '나는 어디로 가고 있는가? 나의 존재의 의미는 무엇인가?' 등 많은 생각을 하면서 자신을 발견하고 깨닫는 창조적인 시간이었다. 소크라테스가 말했다. "너 자신을 알라."

두 번째 위기의 의미는 강한 자극(각성)을 준다는 것이다. 전기가 흐르는 이유 저항이 있기 때문이다. 사람이 살아서 살아가려면 엄청난 저항을 받게 된다. 그래서 불교에서는 인생은 고해의 바다를 건너는 것이라 했나 보죠. 그 저항에 저항하는 것이 아니라 그 저항을 받아들이고 즐기고 누리는 것이어야 한다. 인생은 결과가 아니라 과정인 것이다. 그 과정의 위기는 하나의 저항이기에, 살아 있다는 증거이기에 즐겨야 한다는 것이다.

다시 정리해보겠다. 살아 움직인다는 것 자체가 저항이며 스트레스야말로 살아 있다는 확실한 근거, 삶의 원동력이다.

남해에서 잡은 청어를 서울까지 싱싱하게 운반하는 방법은 운반 차량에 천적인 메기를 집어넣는 것이다. 무슨 사업이나 일이든 라이벌(경쟁자, 경쟁 업체)이 있다. 그 맞수야말로 우리를 자극하는, 없어서는 안 될 존재인 것이다.

궁즉변 변즉통 통즉구(窮卽變 變卽通 通卽久)다. 배고픈 사람이 밥을 짓고 목이 말라야 샘을 판다. 어린 소년이 불난 집에서 피아노를 들고 나올 수 있는 괴력은 궁(窮)에서 나오는 간절함에서 비롯되는 것이 아닐까.

나는 1998년 8월 15일에 을유문화사를 통해 《인생을 바꾸는 7가지 성공 에너지》란 책을 냈다. 그 당시 좁은 울타리에 갇힌 생활에서 세상 밖으로 나오고 싶은 강한 충동을 느끼고 있던 차에 IMF 외환위기가 발발했고 이는 내 안에 잠자고 있던 꿈을 깨우는 계기가 되었던 것이다.

한국을 비롯한 전 세계는 중국 우한에서 발생한 코로나-바이러스로 인해 아우성을 지르고 있다. 예상치 못한 고난과 위기에 모두가 힘들다고 말한다. 필자는 오래전부터 운영해 오던 유튜브 채널에 동영상을 올렸다. 대전스피치 면접생들을 위한 동영상이었다. 이번에 주어진 위기로 새로운 기회를 맞이하게 되었다. 파워 유튜버가 되기 위해 의욕을 불태우고 있다. 결국 인생은 자기와의 싸움인 것 같다. 끊임없이 도전하고 쇄신하는 삶이 되어야 하지 않겠는가?

같은 말이라도 건조하거나 투박한 말보다는 맛깔스럽게 말하는 게 좋다

하여 3F를 넣어 주었으면 좋겠다. 3F란 Fast, Friendly, Frank를 말한다.

첫째, Fast란 순발력으로 원고나 각본대로 고지식하게 말하지 말고 애드립을 살려서 리얼리티(reality)하게 현장감을 살려야 한다. 둘째 Friendly는 너무 예의를 갖추거나 형식에 얽매이지 말고 좀 더 친밀하게 살갑게 친근감을 발동해야 하고, 셋째, Frank는 솔직함으로 내숭을 떨거나 꿍꿍이로 속 보이는 말이 아닌 진정성을 가지고 호쾌하게 표현하는 것이 훨씬 호감 있게 말하는 것이다.

배철욱 변호사, 그는 이미 준비된 사람이다. 그럼에도 자기를 낮출 줄 안다. 겸손하기 때문이다. 그래서 스폰지처럼 잘 받아들인다. '윤치영' 박사가 그에게 처음 던진 미션(mission)이 '조화석습(朝花夕拾)'이었다. 그 의미를 잘 소화해 '스피치에 포즈(Pause)'를 적용하고 있다. 뜸들이듯 천천히 생각하며 말하는 습관이 필요하다. 3년 동안 공들여도 잘되지 않는 것이 포즈인데… 놀랍다.

그다음 미션(mission)이 '3F' 중에서 '친밀감(Friendly)'이다. 친밀해지려면 격식이나 예의를 너무 차려서는 안 된다. 살가워야 한다. 고등학교 시절 필자는 국어 선생님을 좋아했다. 연세에 비해 센치멘탈(sentimental)하신 분이셨기…. 그 선생님은 수업시간에 책을 들고 책상 줄의 공간 통로를 왔다 갔다 하시며 강의하시는 습관이 있었는데 필자 앞을 지나실 때 어깨로 선생님의 옆구리를 살짝 쳤더니 화들짝 놀라시면서 "자네가 나하고 놀자는 얘기지." 하고 장난기가 발동되어 한참 동안 필자에게 딴지를 걸었던 기억이 난다. 장남스러움이야말로 가깝게 다가설 수 있는 기회를 만드는 것이라 생각한다.

다음은 크레이즈(Craze)다. 무슨 일이든 몰입되어 무아경지에서 일할 때가 가장 아름다우며 성과가 높다. 미친 듯 홀릭 상태에 접어들 수 있다면 청중을 충분히 흥분과 감동의 도가니에 빠져 들게 할 수 있다고 본다.

하여 말을 할 때에는 조화석습(朝花夕拾)의 지혜가 필요하다. 서둘지 말고 빨리 해치우려 하지 말고 침착하게 천천히 가라. 다음은 친밀감(Friendly)이다. 살갑고 익살스럽게 접근하며 풀어가 보자. 훨씬 감칠맛 나는 스피치를 구사할 수 있을 것이다. 마지막으로 미친 듯이(Craze) 분위기와 말하는 주제에 빠져 들어 보자. 울림과 공명으로 흥분과 감동의 도가니를 만들 수 있을 것이다.

분명히 잘 소화해 자기 것으로 체질화할 것으로 믿는다. 왜냐하면 자신이 무얼 채워야 하는지를 알기 때문이다. 의외로 사람들은 자신이 무엇이 부족한지를 모르는 경우가 많다. 그래서 쓸데없이 '근자감'만 높다. '근자감'이란 근거 없는 자신감을 말한다. ㅎㅎㅎ…. 배철욱 변호사는 분명 근거 있는 자신감을 가지고 있다. 그래서 사회적으로 승승장구하게 될 것이다.

말에는 의미와 재미가 있어야 한다. 의미 없는 말처럼 사람을 실망시키는 것도 없을 것이다. 의미 없는 말은 모래 위에 탑을 쌓는 격이다. 말에는 근거와 철학이 있어야 한다. 그래야 공허하지 않아 깨달음을 줄 수 있다. 따라서 위인들의 명언이나 속담 혹은 상식적 이론적 틀을 바탕으로 말을 해야 하며 의미 위에 재미를 덧붙일 수 있다면 당대를 주름잡는 화객(話客)이 될 것이다. 그렇다면 어떻게 재미를 줄 것인가? 재미있는 말이라고 해서 유머를 동원하라는 것은 아니다. 오히려 어줍잖은 유머로 식상하게 하거나 분위기를 썰렁하게 만들 수 있다. 말에는 반전이 있어야 한다. 기대치를 뒤집는 반전이야말로 박장대소하게 하는 묘미가 있다. 그리고 사람들은 자기와 상관 있는 말 속에서 관심을 갖게 되면 반응을 보이게 된다. 반응을 보인다는 것은 곧 재미를 느낀다는 의미이므로 공통 분모를 만들어 마당극처럼 청자(廳者)를 참여하게 해야 한다. 참여하게 하는 것은 질문으로, 들어줌으로, 바라봄으로 가능하며 공통 분모의 화젯거리는 생활의 단편들(slice of life)이나 일상의 소소한 이야기들(small is Power & Beautiful)이다.

말에는 꼭 들어갈 조미료가 있는데 그것은 바로 식견(識見)과 장난기와 마음의 여유(뜸)다. 그렇다면 식견(識見)이란 무엇일까? 사람들이 어떤 사실을 전달하는 데 있어 사실에만 초점을 맞추면 안 된다. 사실을 바라보는 당신의 관점은 무엇이냐가 더 중요하다고 본다. 그 관점으로 사실을 말하는 것이 식견(識見)이다. 식견(識見)이 있어야 살아 있는 말이며 설득력을 갖게 되니 식견(識見) 있는 말을 해야 한다. 다음은 장난기다. 사람들은 정석대로, 교과서 같은 뻔한 내용에는 바로 식상해한다. 기대치를 뒤엎는 반전을 주어야 하는데 그것은 장난기가 없으면 안 된다. 정석으로 가는 것이 아니라 살짝 비틀거나 순서를 바꾸거나 거꾸로 뒤집는 끼가 바로 장난스러운 끼다. 때론 그런 장난스러움이 우리들의 삶을 윤택하게 만들고 말에 재미를 넣는 중요한 포인트가 될 수 있다. 삶에도 그런 장난스러운 상식을 깨는 이벤트를 만들어 보는 것이 어떨까? 그리고 마지막으로 마음의 여유다. 인생은 마음의 게임이다. 사랑도 행복도 성공도 다 마음에서 비롯된다 (happyness, success, Love... Its a mand game). 마음이 조급하거나 들떠 있다면 안정을 찾지 못하고 횡설수설, 갈팡질팡, 두리뭉실, 얼렁뚱땅 때우려고 한다. 세상이 어디 그렇게 만만하던가? 따라서 마음을 가라앉히고 차근차근, 조근조근, 조목조목, 하나하나 증명하고 설명하고 풀어가야 한다. 그것이 바로 Pause로 가능해진다. 뜸을 들여야 숙성되고 발효된다. 그다음 말이 뭐지? 이 정도로 뜸을 들일 때 상대방의 기대감과 호기심을 유발할 수 있게 된다.

한 템포 늦춰서 천천히 말을 하라. 그래야 지혜로운 말을 할 수 있으며 그다음 말을 생각하며 논리적으로 말하고자 하는 방향대로 풀어갈 수 있으니 그렇게 할 수 있는 내공을 길러가야 할 것이다. 그런 것을 바탕으로 말할 거리와 방법들을 제시하고자 하였다.

언어를 시각화하라

말하고자 하는 내용 속에 시각적 요소가 많으면 많을수록 인상을 강렬하게 전달할 수 있다. 사람은 언어를 전달하고 받아들이는 데 동작의 보조를 받는다. 내용을 충실하게 전달하기 위해서는 언어를 동작과 잘 조화시켜야 한다.

다시 말하면 언어의 시각화가 잘 이루어지면 상대가 수월하게 이해할 수 있다는 것이다. 그러나 언어의 시각화란 동작과 조화되지 않는 언어를 가지고 이상한 몸짓만 크게 하는 것과는 다르다. 말을 듣고 동작적인 영상이 머릿속에서 그려질 수 있는 시각적인 언어를 찾아 사용하라는 말이다.

이 시각적 언어에 대한 이야기로는 데일 카네기의 유명한 에피소드가 있다. 한때 카네기가 세일즈맨으로 취직하여 지방을 전전하였는데 어느 날 노스다고타 주의 래드 힐이라는 기차역에서 기차를 기다리게 되었다. 기차를 기다리다 무료해진 그는 역 구내를 빙글빙글 돌면서 섹스피어의 '햄릿' 중 한 대목을 몸짓을 섞어 가며 혼자 읊조리고 있었다. '아, 저기 단검이, 저기 보이는 것은 칼, 자루가 이쪽을 향해서, 자, 빼앗아 쥐자, 쥐어지지 않는구나…' 하면서 중얼거리고 있으니까 갑자기 순경 하나가 달려오더니 "아니, 어째서 당신은 여성을 협박하는 거요?" 하며 꾸짖는 것이었다. 영문을 몰라 어리둥절했던 카네기가 자세히 되묻자 바로 앞집에서 문을 내다보던 여자 하나가 카네기의 제스처를 보고 질겁을 하여 경찰에 신고한 것이다.

이 에피소드를 통해 말의 전달이 시각적 요소에 좌우된다는 것을 쉽게 알 수 있다.

에드워드 헙바드는 "연설에 있어 사람의 마음을 끄는 것은 말이 아니라 태도다."라고 해서 말에 시각적 요소를 가미하려는 노력이 필요하다는 것을 강조했다.

백화점의 CD 코너에서 어떤 CD를 고객에게 소개할 때라면 '이걸 보시죠. 교향곡 전집으로 새로 나온 CD예요.'라고 평범하게 소개하는 데 그칠 것이다. 그러나 이 소개의 말에 시각적 요소를 삽입시킨다면 '이 교향곡 CD 전집은 계절에 관계없이 사시사철 언제나 들을 수 있다는 장점이 있죠.' 한다면 손님의 머릿속에 계절의 다양한 모습이 그려지게 되어 청각에 호소해야 되는 음악이 시각적 흥미를 끌게 된다. 신체적으로 눈과 뇌를 연결하는 신경이 귀와 뇌를 연결하는 신경보다 훨씬 굵다. "백 번 듣는 것보다 한 번 보는 것이 더 낫다."라는 속담은 시각적 요소의 장점을 대변한다.

존 H. 패터슨(주: 내셔널 캐슈 레지스터사 사장)은 자신의 회사 영업사원들에게 "생각하고 있는 것을 이해시키기 위하여, 혹은 주의를 끌기 위하여 말에만 의지할 수는 없다. 무엇을 보일 필요가 있다. 필요한 때는 항상 그림을 보여주지 않으면 안 된다."라고 말했다. 물론 모든 경우에 그림을 보여 말을 도울 수는 없지만, 시각적 동작, 시각적 언어 사용의 중요성을 암시하는 말이다.

말에도 온도가 있다 / 상대의 표정과 몸짓을 읽어라

심리학자인 메라비언 교수는 "침묵의 메시지는 입으로 말한 이야기를 부정하기도 하고 한층 더 강조하는 작용도 한다. 이 경우 모두 침묵의 메시지 쪽이 커뮤니케이션에서 차지하는 비중이 훨씬 크다. 얼굴의 표정과 몸짓, 눈의 움직임, 목소리 등으로 나타나는 침묵의 메시지와 말이 일치하지 않을 때 다른 사람들은 거의 말보다 침묵의 메시지를 믿는다."라고 한다.

자신의 감정을 가장 잘 표현하는 순서를 비율로 나타내면 얼굴이 55퍼센트, 목소리가 38퍼센트, 말이 7퍼센트라고 한다. 이처럼 몸말

(Body Language)이 강한 효과를 나타내는 것을 이용하여 다른 사람을 설득할 경우에 자기가 전달하고자 하는 내용을 말과 일치된 몸짓을 사용하면 효과를 높일 수 있다.

사람의 암시는 눈을 통해서 83퍼센트가 들어온다. 그렇기 때문에 사람의 얼굴을 정면으로 바라보지 못하는 경우는 두 가지다.

첫째는 죄를 지었다든지 뭔가 켕기는 일이 있을 때다.

둘째는 자신이 없다든지 상대에게 심리적으로 압도당했을 때 오는 시선 공포다.

사람의 신체 부분에서 행복과 불행, 기쁨과 슬픔, 희망과 절망의 감정 표현이 가장 많이 나타나는 곳이 바로 눈이다.

이야기할 때 상대방으로부터 시선을 피하거나 다른 곳을 보거나 고개를 숙이는 것은 무언 중에 자신이 없음을 나타내는 것이며, 상대보다 열등하고 나약하다는 잠재 의식적인 표현이다.

닭이나 개가 싸움을 할 때 맨 먼저 두 눈을 부릅뜨고 상대방을 노려보는데 자신이 없는 쪽이 먼저 고개를 숙이고 눈동자를 피한다. 이는 상대방에게 졌다는 항복의 신호가 되는 것인데, 그 후부터는 항상 상대에게 눌려서 살게 된다. 사람을 정면으로 바로 쳐다볼 수 있는 눈이 없는데 어떻게 상대를 제압할 수 있으며, 어떻게 상대를 이길 수 있겠는가?

소심한 사람일수록 상대방과 서로 이야기할 때 시선을 어디에다 두어야 할지 또 손을 어디에 두고 이야기해야 할지 몰라 퍽 어색해한다. 손과 시선이 정리되지 않으면 무척 보기가 싫다.

눈은 입보다 더 많은 말을 하게 된다. 시각은 청각보다 영향력이 12배나 더 세다고 한다. 말없이 서로 얼굴만 바라보아도 서로의 마음을 알 수가 있다고 하지 않는가?

눈을 통해서 상대의 마음을 읽을 수가 있고 눈을 통해서 상대를 이해할 수가 있다. 눈의 표정이 풍부하면 웃음과 유머는 자연히 나온다. 아무리 얼굴에 화장을 곱게 했어도 눈에서 안 되면 소용이 없다.

대체적으로 시선은 목 위로 두면서 적당히 변화를 주며 봐야 한다. 아무리 좋은 이야기라고 하더라도 대화를 할 때 눈을 사용하지 않으면 상대방의 마음을 움직이지 못한다.

대화를 하는 자세에 대해 얘기하자면, 아래를 보고 상대의 말을 듣고 있으면 안 되고 시선을 상대의 정면을 보고 말을 들을 수 있도록 상대의 코나 넥타이의 매듭 근처에 두어야 한다.

＊ 상대의 표정과 몸짓을 읽어라.

화난 사람은 절대로 화났다고 말하지 않는다. 다만 그 말투와 표정 등 바디랭귀지를 통해 진의를 파악할 수 있다. 훌륭한 대화에는 상대방의 심리적인 이해와 공감의 폭을 넓히는 것은 물론 눈과 귀의 접촉을 통해 우리 자신을 정확하게 인식시키는 기술이 필요하다. 상대의 표정이나 몸짓을 읽으면 그 사람의 마음을 간파할 수 있다.

＊ 대화할 때 상대를 보지 않는다.

뭔가 숨기려는 마음이 있는 경우다. 상대에게 시선을 던지는 시간이 30퍼센트 이하이면 그 사람은 무언가 감추고 있는 것이다.

＊ 대화할 때 시선을 이리저리 불안정하게 돌린다.

심리적으로 불안정하고 불성실한 성격의 소유자다. 범죄를 저지른 사람은 자백을 하기 전에 눈동자를 이리저리 돌리면서 가능한 한 시선이 마주치는 것을 피한다고 한다. 이것은 심리적으로 안정되지 않고 떳떳하지 못하기 때문이다.

＊ 상대를 곁눈질로 쳐다본다.

이야기의 내용에 불만이나 의문을 품고 있다는 증거다. 시선의 움직임뿐만 아니라 시선의 방향도 그 사람의 심리 상태를 나타낸다. 남이 부당한 얘기를 할 때 대다수의 사람은 곁눈질을 하는데, 그것은 정면으로 맞서지는 못하지만 못마땅하다든가 석연치 않다는 마음의 표시다.

＊ 상대를 관찰하면서 발을 먼저 보고 그다음에 얼굴을 본다.

상대를 불신하거나 경멸하고 있다는 증거다. 사람을 볼 때 얼굴을 먼저 보는 것이 정상적이다. 그러나 형사나 불량배 같은 사람들은 상대를 아래서 위로 훑어본다. 그건 상대를 불신하고 있기 때문이다.

＊ 눈을 크게 뜨고 상대를 바라본다.

상대에게 강한 흥미를 느낀다는 뜻이다. 보통 우리는 놀라거나 큰 흥미를 느낄 때 눈을 크게 뜨는데, 이것은 자율 신경이 눈동자의 개폐에 관여하기 때문이다. 어떤 연구에 의하면 일반적으로 남자가 여자의 누드 사진을 볼 때는 눈동자가 2배로 커진다고 한다.

* 눈이나 코, 턱 등 얼굴의 일부분을 만진다.

자기의 허약함을 감추려는 의사 표시다. 가축이 병들었을 때는 자기의 몸을 핥는 버릇이 있듯이 인간도 나약해졌을 때는 자기의 얼굴을 만지는 버릇이 있다.

* 가벼운 미소를 짓는다.

완곡한 거부나 난처함의 표시다. 귀찮은 상대나 보기 싫은 손님을 내쫓는 데는 맞장구를 치지 않고 그저 가벼운 미소만 짓는 것이 상책이다. 이러한 미소는 상대를 혹독하게 거절하지도 않으면서 스스로 물러나게 하는 효과를 지닌다.

* 얼굴에 잠시 웃음을 지었다가 곧 웃음을 거둔다.

이런 사람은 지금 속으로 계산을 하고 있으므로 조심해야 한다. 비즈니스로 만난 사람이 만면에 웃음을 짓다가 갑자기 싸늘한 표정을 보이면 만만치 않은 상대임을 간파해야 한다. 왜냐하면, 보통 사람이라면 웃고 나서도 그 여운이 잠시 동안은 표정에 남아 있기 때문이다.

* 머리를 긁적인다.

불만이나 난처함, 또는 수줍음이나 자기혐오 등의 솔직한 표현이다. 우리나라 사람들은 실수를 했을 때 머리를 긁적이며 계면쩍게 웃는다. 당황하거나 수줍음을 타거나 자기의 실수를 인정할 때 이런 행동이 자연스럽게 나오는 것이다.

＊ 자기의 머리를 툭툭 친다.

당황하거나 난처한 처지에 놓여 있다는 뜻이다. 이런 동작은 텔레비전 프로인 '형사 콜롬보'에서 주인공인 콜롬보 형사가 자주 보여 주었다. 일반적으로 이런 몸짓은 당황하거나 난처한 처지에 놓여 있다는 것을 뜻하는데, 세 손가락을 이마에 밀착시킴으로써 정신적인 균형을 극복하려는 시도다.

＊ 머리를 짧게 자른다.

활동적이고 공격적인 성격의 소유자다. 개나 고양이도 화가 나면 털을 곤두세워서 공격 자세를 취한다. 마찬가지로 사람도 머리를 짧게 자름으로써 머리카락을 곤두세워 전투적인 성격을 드러낸다.

＊ 긴 머리를 짧게 깎거나 아예 삭발을 한다.

새로운 전환에 대한 결의를 나타낸다. 중요한 운동 경기에서 선수들이 머리를 깎고 출전하는 것도 승리에 대한 결의의 표시다. 실연한 여자가 머리를 자르는 것도 세상에 대한 새로운 결의의 표시다. 실연한 여자가 머리를 자르는 것도 세상에 대한 새로운 결의의 표명인 동시에 자기 자신에 대한 다짐을 나타낸다. 또 불가에서 출가와 동시에 머리를 깎는 것은 속세를 버린다는 뜻이다.

상대가 하는 말을 건성으로 듣지 말고 진의를 파악하라

한 청년이 일행을 이끌고 중국집에 들어왔다.

이들은 며칠 동안 식사도 제대로 하지 못하고 밤샘 작업을 했기에 배고픔을 참지 못하고 마구 주문하기 시작했다.

"아저씨, 짜장면 둘, 짬뽕 하나, 우동 둘, 만두 셋, 팔보채 하나, 탕수육 하나, 고량주 한 병, 단무지는 많이 주세요!" 하고 말했다.

주인 아저씨는 머리를 긁적거리며 주방으로 갔다.

그러나 주방장한테 단 다섯 글자로 주문을 말하는 것이 아닌가.

"너도 들었지?"

잘 듣는 사람은 세련된 화자 이상의 호감을 얻는다.

"모든 사람에게 너의 귀를 주어라. 그러나 너의 목소리는 몇 사람에게만 주어라." 세익스피어가 이렇게 말한 것처럼 세련된 화법은 듣는 것에서 출발한다. 그러나 듣는 일은 매우 중요하다. 사람은 타인에게 가장 호감을 느낄 때가 자기의 이야기를 들어줄 때라고 한다. 이 원칙에 충실하면 듣는 이가 말하는 사람 이상으로 대화의 이득을 얻는다.

당신하고 친구 사이가 되면 헤어질 수 없게 된다는 철칙을 만들 수 있어야 한다. 그것은 당신에게 이야기하고 나면 마음 놓고 돌아갈 수 있게 하는 것이다. 남의 말에 곧잘 귀를 기울여 주는, 이른바 '듣기 명수'가 되어야 한다.

자기에게 무슨 생각이 있어도 상대의 말을 꺾지 말아야 한다. 흔히 자기 의견을 내세워 상대의 의견을 가로막기가 일쑤지만 그러지 말라는 것이다.

　관심을 나타낸다는 것은 말한 사람에게 경의를 표하는 것이다. 당신은 귀로 잘 들어야 할뿐만 아니라 눈과 손, 자세까지도 동원해야 한다. 당신이 인기를 얻는 확실한 방법은 관심과 동정심이 들어 있는 인사를 하는 것이다.

　대화에 있어서 말한 주제에 대해서 여유 있게 토의하고 많은 질문을 던지면, 말한 사람은 꽃처럼 얼굴이 활짝 피어나는 것을 보게 될 것이다.

　그런데 자주 일어나는 일이지만 당신에게 일어났던 불행한 일을 이야기하면 다른 사람도 즉시 그들이 고생한 비슷한 재난을 이야기하게 된다.

　어떤 모임에서든 천천히 분명하게 말하는 사람이 그 모임을 주도하는 것을 볼 수 있다. 만일 당신이 어떤 그룹에 봉사하게 될 때, 낮고 자제하는 목소리가 항상 가장 많은 존경을 받는다는 것을 명심하라. 신경질적이고 싸우기를 좋아하는 사람들은 주제에 반대해서 돌진해 들어간다. 이것은 마치 파도가 바위에 덤비는 것 같다.

　이야기를 지루하게 이끄는 사람이나 화제를 상당히 비약하는 상대와의 대화처럼 난처한 것도 없다. 일방적으로 이끌려 갈 수밖에 없을 정도로 상대하기조차 피곤하다. 이런 경우에 부딪히게 되면 누구나 상대의 입을 막아 버릴 수 있는 기회를 찾는 데 부심하게 된다.

　상대가 응대하기조차 피곤한 화제를 떠올리고 지루하게 이야기를 계속하면 상대의 이야기 속에서 요지를 파악하여 대화의 기선을 잡아야 한다. 선수를 친다는 것은 이 경우에 있어 상대가 말하고자 하는 내용을 예측하여 먼저 발설함으로써 상대를 어리둥절하게 만들고 이쪽의 페이스에 말려들게 할 수 있는 기회를 갖는다는 것이다

대화 능력이 뛰어나다는 것은 특별히 다른 의미가 있는 것이 아니다. 대화 능력을 돋보이게 하는 것은 상대도 역시 대화에 능숙한 사람일 경우에 그 상대를 압도할 수 있는 자질이 있다는 말이다. 그러므로 대화를 잘하는 사람이라면 기분 좋게 거절할 줄 아는 화법에도 능통해야 한다.

흥미롭지도 않고 도움을 주지도 못하는 화제를 지루하게 엮는 상대에게는 질문으로 화제를 바꿔라. 그러나 이런 경우에 지루한 분위기를 모면하려는 생각이 앞서 무리하게 이야기의 중단을 요구하거나 이야기의 잘못된 점을 지적하여 이의 시정을 요구하게 되면 대화의 중단은 물론 인간관계에 커다란 구멍을 내는 결과를 초래하게 된다.

따라서 상대가 잠시 숨을 들이키기 위해 이야기를 멈췄을 때, '화제를 바꾸어서 이런 이야기는 어때? 그런데 말이야, 이런 경우는 어떻게 하지? 자네 의견을 듣고 싶은데…' 하며 정중하게 새로운 화제를 내밀어라. 그러면 상대는 자기의 이야기가 충분했기 때문에 감명을 받은 것으로 오인하고 새로 등장한 화제에 관심을 쏟게 된다.

상대의 반응(의향)을 살피면서 말을 하라

한 예쁜 아가씨가 시장에 가서 옷감을 골랐다.

"이 옷감 얼마씩 해요?"

남자 직원은 아가씨를 음흉한 눈으로 쳐다보며 대답했다.

"한 마에 키스 한 번씩이에요."

"어머, 그거 좋군요! 열 마 주세요."

직원은 신이 나서 옷감을 재어 포장했다. 아가씨는 옷삼을 집어들더니 뒤에 서 있던 노인을 가리키며 말했다.

"계산은 우리 할아버지가 하실 거예요."

상대의 입에 발린 이야기를 듣는 것은 여간 고역이 아닐 수 없다. 적당한 기회를 봐서 상대의 이야기를 그치게 하려고 마음은 먹지만 적절한 방법이 없을 때, "그 이야기는 듣고 싶지도 않아."

필요하지 않다는 단정적인 거부 자세가 필요할 때가 있다. 그러나 이 말은 대인관계를 중요시해야 될 사람에게는 결코 사용되어서는 안 된다. 완전히 인격을 무시하고 감정적으로 상대에게 모욕감을 주며 재차 상대할 기분도 남기지 않기 때문에, 극단적인 표현을 사용하지 않으면 안 되는 경우를 제외하고는 바람직한 화법이 아니다.

화술은 그 사람의 감정서이며, 사업 관계에서 이만큼 신경을 써야 할 부분도 없다. 화술에 능한 사람은 상대의 의향을 잘 살피고 신중한 말을 고른다. 대화를 자연스럽게 이끌어 나가기 위해서는 상대방의 마음에 들도록 해야 한다. 상대방의 말을 시정하려고 하는 것은 금물이다. 또 도리에 어긋나는 말을 하면 그 후에 무슨 말을 해도 의심을 받는다. 웅변을 늘어놓기보다는 해야 할 말만 정확히 구사하는 것이 좋다. 성공한 사람들의 말을 들어 보면 사람들의 감정의 섬세한 부분까지 살필 줄 알았기 때문에 성공할 수 있었다고 말한다.

그는 아주 작은 일이라도 부하의 심중을 헤아려 적절한 배려를 아끼지 않았기 때문에 추종자가 날로 늘었다는 것이다. 이로 미루어 볼 때 상대의 호감을 얻기 위해서는 상대의 심리부터 파악해야 한다는 것을 알 수 있다.

대화의 묘미란 자신의 감각을 상대의 감각에 접촉시켜 전달하는 데 있다. 감각이 예민한 젊은 층의 사람들이 감각을 자극하는 감각어에 약하듯 감각어를 적절히 구사할 줄 아는 사람은 대화의 성공적 효과를 얻을 수가 있다. 감각어는 지적인 호소력보다는 감정의 심리를 자극하는 말이다.

감각이란 인간이면 누구나에게 있는 것이다. 인간은 단단한 것보다는 부드러운 것, 차가운 것보다는 따뜻한 것을 찾으려 하고 무미건조한 말보다는 감각을 자극하는 정감적인 말을 즐기려 한다는 생각을 가르친다.

지적인 것보다 감정이 앞서는 것은 인간의 속성이다. 더욱 친밀한 관계로 이끌기 위해서는 감각어의 활용이 대단한 효과를 가져다 준다.

상대에게 맞추어서 자연스럽게 움직여야 한다. 상대가 즐거운 얘기를 하고 있을 때에는 즐거운 표정을 하고 귀를 기울이는 태도를 보여야 하는 것이다.

상대방의 눈동자의 움직임, 입술의 움직임, 이야기하는 태도 등은 상대방의 의도를 전체적으로 드러내 주는 귀중한 자료다.

상대에게 속지 않겠다거나 무시당하지 않겠다는 생각으로 신경을 쓰면 이심전심으로 상대도 그 낌새를 알아차려 같은 식으로 응대하기 때문에 마음을 닫아 버리고 만다.

마음을 열지 않으면 상대방의 본심을 알 길이 없는 것이다. 그러므로 누구든지 쉽게 접근할 수 있도록 길을 열어 놓고 그런 배려를 하는 것이 무엇보다 중요하다.

마음을 열어 놓는다는 것은 거짓말을 하거나 숨기려 하지 않는다는 것이다. 있는 그대로 보여 주려는 배려가 그것이다. 그리고 모르는 것은 모른다고 말하고 모르는 것은 스스로 조사해 보거나 남에게 물어 보는 태도가 거짓말을 하지 않는 첫걸음인 것이다.

록펠러는, "누군가 자기 의견에 반대했을 때에는 우선 감정적인 반대인지, 이성적인 반대인지를 간파하는 것이 중요하다."라고 말했다.

상대의 심리, 반대 원인 등을 간파하지 못하면 설득은 영원히 해결을 얻을 수 없는 것이다. 감정적으로 반감을 가지고 있는 상대에게 논리적인 설득을 되풀이한다는 것은 시간의 손실만을 의미한다. 감정적인 설득이 뒤따라야 상대는 마음을 열어 놓을 수 있다.

정말로 실력이 있는 사람은 누구에게도 연연하지 않고, 게다가 겸허할 정도로 조심스럽다. 즉 접촉하는 사람의 신분, 직위, 직업, 생활 환경 같은 것으로 차별하는 행동은 절대로 하지 않는다.

거기서 언제나 생각하는 것이지만 차별 없이 남과 접할 수 있는 사람은 자기를 일류의 정보 인간으로 만들어 가는 것이다.

주변 사람들의 말에 귀를 기울여 보아라. 귀로 듣고 마음으로 들을 뿐 아니라 당신의 가슴을 열고 귀를 기울여라. 다른 사람들이 뱉어내는 말 자체가 아니라 말 뒤편에 숨어 있는 진실을 들을 수 있도록 노력하라. 타인의 머리에서 나오는 문장들을 듣는 동시에 그의 내면적 목소리를 듣고 있다고 상상하라. 당신이 마음을 열면 열수록, 말하기가 그리 어렵지 않다는 것을 알게 될 것이다.

I message 와 You message

사람이 대화를 할 때 I 메시지는 나를 주어로 하여 내 마음을 표현하는 것이고 You 메시지는 상대를 주어로 하여 행동을 지적하는 표현을 하는 것을 말한다.

I 메시지는 부탁, 동의, 호소의 느낌이 들게 하고, You 메시지는 거부, 무시, 경멸의 느낌이 들게 한다. I 메시지에는 사랑의 감정이 담겨 있고, You 메시지는 율법적인 성격을 띤다.

이런 상황의 예를 들어 보자. 남편이 아무 연락 없이 늦게 돌아왔을 때 '여보, 당신이 연락도 없이 안 들어와서 얼마나 걱정했다고요.' 이렇게 말하면 I 메시지이고 '왜 이제 와?, 아예 들어오지 말지 그래. 그러려면 아주 나가서 살아.' 이렇게 말하면 그것이 You 메시지다.

남편이 일찍 들어오기를 바라는 것이 아내의 평소 생각이라면 I 메시지가 효과적인지 You 메시지가 효과적인지는 자명한 것이 아닌가? 그리고 또 이렇게도 생각해 보자. 위의 경우 아내가 You 메시지로 질

책을 하더라도 남편이 I 메시지로 '정말 미안해, 이제 당신이 걱정하지 않도록 일찍 들어올게. 그리고 부득이하게 늦게 되면 반드시 전화할게.' 하는 경우와 남편 역시 You 메시지로 '사람이 일하다 보면 늦을 수도 있고, 연락하지 못할 수도 있지. 그걸 가지고 왠 잔소리가 그리 많아.' 하는 경우의 그 후 상황은 불을 보듯 뻔하지 않은가?

나에게는 옷이나 양말 같은 것을 벗어서 아무데나 던져두는 버릇이 있다. 이때 아내가 You 메시지로 '이 나이 되도록 양말 하나 제대로 벗어놓지 못해요. 한 짝은 이 방에, 한 짝은 저 방에 벗어놓으면 어쩌란 말이에요. 이제부터 당신 양말은 당신이 빨아 신어요.' 이렇게 말하면 미안했던 마음이 싹 가신다. 더구나 양말을 내가 빠는 것 같은 일은 절대로 하지 않는다.

그러나 I 메시지로 '여보, 양말을 벗으면 두 짝을 함께 꼭 화장실 귀퉁이나 세탁기에 넣어 주면 고맙겠어요. 그것이 나를 도와주는 거예요. 부탁해요.' 그러면 정말 미안해지고 고치려는 마음이 생긴다.

부부 갈등이라는 것이 아주 작은 일에서 시작된다는 것은 누구나 알고 있다. 그렇다면 효과적인 부부 대화를 위해 I 메시지 방법을 쓰도록 노력하는 지혜가 필요하지 않을까?

대화의 목적은 공감하는 것

환자에게 암 발병 사실을 알려야 하는 의사를 생각해 보자. 상대방의 입장을 고려하면 도저히 입이 떨어지지 않는 경우다. 그것도 사형

선고나 진배없을 만큼 마지막 단계에 있는 암환자에겐 그만큼 말을 꺼내기가 어렵다. 하지만 이럴 때일수록 상황을 제대로 얘기해줘야 한다. 이런 경우는 숨기거나 거짓말을 하는 것이 오히려 상황을 악화시킬 수 있다. 물론 예외는 있다. 나이가 아주 어리거나 많은 경우, 또는 가족이 암 통보에 반대하는 경우다. 그런 경우를 제외하고는 상황을 제대로 알려야 한다.

"환자가 받을 충격 때문에 가족들이 통보를 반대할 경우에는 '거기가 좀 막혀서 수술을 해야겠네요.'라고 하기도 하죠. 생존을 위해서라도 과장하지 않는 범위에서 최대한 좋은 쪽으로 이야기합니다."

가능하면 상황을 희망적으로 얘기한다. 그러나 지나치게 통계에 치우쳐 환자에게 겁을 주어서는 안 된다. 희망적인 얘기는 사람의 마음을 누그러뜨린다. 희망적인 얘기로 상대의 감정에 영향을 줄 수 있고, 감정을 움직이면 상대는 당신의 설득이나 말을 훨씬 잘 받아들이게 된다. 상사 대신 들어간 간부회의에서 보고를 할 때 '회장님께서 이번 프로젝트가 마음에 안 드신답니다.'가 아니라 '회장님께서 다음 프로젝트에 거는 기대가 크답니다.'고 얘기하는 것이 효과적이다. 전체 상황 중에서 가장 희망적인 부분을 먼저 이야기하기만 하면 된다.

명분을 이해시켜라 | 대화는 설득의 게임이다. 당신의 좋은 의도를 설명하기보다 상대방이 이해할 수 있는 명분을 만들어 줘라. 명분이 생기면 사람들은 어떤 자기합리화를 해서라도 당신의 말을 이해하려 들 것이다. '회사의 이익이 걸린 문제'라는 명분이 가장 잘 통한다.

이익에 호소하라 | 서로 '윈-윈'이 되는 일이라는 것을 명심시켜라.

특히 도움을 청할 때는, 우정이 아닌 이익에 호소해야 한다. '당신이 도와준 은혜를 절대 잊지 않을게.'가 아니라 '이번 프로젝트에 동참한 직원들에게 연봉 인상의 기회가 주어질 거야.'라고 하는 게 효과적이다.

사람이 우선이다 | 논리가 통하지 않을 때는 인간적으로 접근하라. 상대가 늘 당신에게 의존하도록 만드는 것이 핵심이다. 곤란한 상황에 놓인 사람을 극적으로 구해주면 그가 당신에게 의존하게 만들 수 있다. 인간적 접근을 시도할 때에는 합리적인 사고를 잠시 잊어라.

스스로 참여하게 하라

어떤 마을에 배가 고픈 군인들이 머물게 되었다. 허기진 나머지 마을 사람들의 집을 돌아다니며 먹을 거리를 달라고 했지만, 아무도 가진 것을 나누어주지 않았다. 다음 날, 군인들은 마을 한복판에 큰 솥단지를 놓은 후, 돌을 하나 넣고 국을 끓이기 시작했다. 지나가던 마을 사람들이 궁금해서 물었다. "뭘 끓이는 건가요?" "돌국을 끓입니다. 맛이 기가 막히거든요. 근데 양파를 조금만 더 넣으면 훨씬 맛있을 것 같아요." 그랬더니 사람들이 양파를 가져왔다. 또 이야기했다. "훨씬 낫네요, 이제 당근이 조금 더 있으면 완벽할 것 같은데요." 그랬더니 사람들이 당근을 가져왔다. "이제 감자가 조금 더 있으면 좋을 것 같아요." 이렇게 해서 온갖 재료가 다 들어가자 아주 훌륭한 국이 만들어져서 군인과 마을 사람 모두 배불리 먹었다. 이것이 이야기다. 내가 일단 뭔가 만들어 일을 시작하고, 결과가 아주 멋질 것임을 보여 주면, 사람들이 재료를 조금씩 던져 주기 시작한다는 것이다.

재미도 있지만 정말 의미가 있는 이야기라고 생각했다. 일의 범위가 커질수록 내가 모든 것을 다 할 수 없는 경우가 많기 때문에 다른 사람들로부터 도움을 얻어야 한다.

일을 분할해서 다른 사람들에게 편리하게 나누어줄 수 있으면 좋겠지만, 사실 그렇지 않은 경우가 더 많다. 말도 마찬가지다. 너와 나 함께 만들어 가는 것이다.

내 힘만이 힘이 아니다_ 한 소년이 정원에서 놀고 있었다. 그 아이의 옆에는 아버지가 앉아 그를 지켜보고 있었다. 아이는 정원 한구석에 있는 바위를 발견하고 그것을 들어올리려 했다. 그러나 그것은 너무 커서 아이의 힘으로는 들어올릴 수가 없었다. 아이는 땀을 뻘뻘 흘리며 애를 썼으나 바위는 꼼짝도 하지 않았다.

그런 아이를 보고 있던 아버지가 말했다.

"너는 네 힘을 모두 사용하지 않고 있구나."

아이가 말했다.

"아니에요. 나는 모든 힘을 쓰고 있는 걸요. 더 이상은 할 수가 없어요."

아버지가 말했다.

"너는 나에게 도와 달라고 청하지 않았잖니. 그것도 역시 너의 힘이란다. 내가 여기 앉아 있는데도 너는 나에게 도와 달라고 하지 않는구나. 그것이 네 힘을 다 사용하지 않는 것이 아니고 무엇이냐?"

사람들은 자신의 취향이 아닌 사람을 만나면 갑자기 입이 굳어져서, 도무지 상대를 하고 싶지 않은 기분이 되곤 한다. 그러나 인간관계를 원만히 이끌 수 있고 주변의 누구와도 잘 어울릴 수 있다면, 당신은 절반의 성공을 손에 쥐고 있다고 생각해도 무방할 것이다. 처음부터 타인과의 관계를 원만하게 이끌어 나가고, 더 나아가 그들의 리더가 되는 능력을 타고난 사람은 없다. 주변에 지도력이 뛰어난 사람들을 가만히 살펴보면 그들의 타인에 대한 배려와 노력에 깜짝 놀라게 될 것이다. 그가 뒷짐을 지고 가만히 앉아 있는데 사람들이 그에게 몰려드는 건 아니라는 사실을 깨닫고는, 그동안의 무관심과 당신 자신만을 생각했던 이기심을 되돌아보게 될 것이다.

혼자서 무려 1만 3,000대의 자동차를 팔아 기네스북에 오른 미국의 유명한 자동차 세일즈맨 '조 지라드'는 고객 한 명을 250명으로 보라고 말했다.

이 말은 한 사람이 영향력을 발휘할 수 있는 사람이 250명 정도가 된다는 사실을 말해 주고 있다.

사람들은 보통 단 한 번 명함을 건네받았을 뿐인 유명 인사의 이름을 고이 간직하고 해가 바뀔 때마다 수첩 앞쪽에 적어 놓지만 상대방이 기억하고 있는지 확인해 볼 필요가 있다. 적어도 전화를 걸었을 때 '이거, 오랜만이군! 자주 연락하며 지내야 하는데 미안해.' 하고 말할 수 있을 정도는 되어야 한다.

사람이 곧 재산이다. 나이를 먹어가면서 주위 사람들로부터 점점 더 멀어지는 인간이 되지 말아야 한다.

모든 사람의 관심을 살 필요는 없다

사람이 만나는 사람마다 모두 마음에 들게 한다는 것은 불가능하다. 누구에게나 사랑받고 싶다는 생각을 버리는 것이 마음의 건강에도 좋다. 무리를 해서까지 공평하게 교제하지 않으면 안 된다는 생각은 이상적인 생각일 뿐, 결국 사람에게 지쳐서 노이로제가 생기고 만다.

자기는 공평하게 사귈 생각이 있어도 사귀는 상대의 받아들이는 태도는 여러 가지이므로 선의가 그대로 받아들여지지 않고 역으로 오해나 중상이 되어 되돌아오는 일이 있을 수도 있기 때문에 결과적으로 인간에 대한 불신에 빠져서 노이로제에 걸릴 수도 있다.

어느 누구에게나 관심을 끌고 인기를 얻을 수도 없고 또 그럴 필요도 없다.

역시 노력과 시간이 들더라도 한 사람 한 사람의 마음 구석구석에 쐐기를 박는 것이 착실하게 상대의 신뢰를 얻는 방법이란 사실을 터득하게 될 것이다.

어느 소극장에서 연극을 보던 한 신사가 옆 사람에게 속삭였다.

"저 여배우, 연기가 형편없지요?"

"저 여배우는 제 아내입니다."

"아유, 이거 실례가 이만저만 아닙니다. 저, 다시 생각해 보니 연기자가 못하는 것이 아니라 극본에 문제가 있는 것 같군요. 엉터리 작가의 작품을 연기하다 보니 그럴 수밖에 없겠지요."

그러자 옆 사람이 퉁명스러운 말투로 이렇게 말했다.

"그 작가가 바로 접니다."

모든 사람에게 마음에 들게 하려고 팔방으로 신경을 쓰는 타입은 그 노력에 비해서 이렇다 할 효과를 보지 못하고 만다.

주체성을 갖고 자기다운 삶을 추구하는 사람이라면 자기와 뜻이 맞지 않는 사람과의 접촉을 피해 가거나 자신을 굽히는 일은 하지 않는다.

지각 있는 사람들은 적당히 비위만 맞추려고 무의미한 행동을 일삼는 이런 타입의 사람을 신용할 수 없는 사람으로 간주해 버리는 경우가 많다. 그런 사람은 대개 자기 과시욕이 강하고 눈에 띄고 싶어 하기 때문이거나 누구에게나 호감을 받도록 행동하는 것은 자기를 상대에게 맞추지 않는 한 불가능하므로 주체성이 없는 사람이기 때문이다.

장단을 잘 맞춘다는 것은 그 장소나 상황에 맞는 말을 하고, 분위기를 이끌어간다는 것인데 그러다 보면 중요한 정보가 누설될 우려가 있다.

실제로 모두가 눈에 띄고 싶어 하는 장소에서 습격하는 식으로 갑자기 자기 자신의 신변에 대한 이야기를 해 나간다면 상대방은 완전히 기득권이 침해된 것처럼 본능적으로 반발하게 되어 곤란한 처지가 된다.

우리는 이제 처음 만나는 사람과 명함을 주고받는 일이 일상화되어 있다. 당신은 처음 만나는 사람과 주고받은 명함을 얼마나 활용하고 있는가? 그저 명함을 교환하고 물러나는 것만으로는 아무런 의미도 찾을 수 없다. 사귀고자 하는 상대와 접촉이 되었다면 상대의 마음에 쐐기를 박을 정도의 그런 열의가 필요한 것이다.

구체적인 이익을 제시하라

어느 돈 많은 사장이 비서와 함께 요트를 타고 바다를 여행하다가 폭풍을 만났다. 폭풍 때문에 요트는 흔적도 없이 부서졌지만, 두 사람은 헤엄쳐서 간신히 가까운 섬에 도착했다.

비서는 섬을 살펴본 뒤 무인도라는 것을 알고 절망에 빠져 있는데, 사장은 나무 밑에 앉아 편안하게 휴식을 취하고 있는 것이었다. 비서가 화가 나서 소리쳤다.

"이것 보세요. 사장님! 우린 무인도에 갇혔어요. 아무도 우릴 못 찾을 거예요. 우린 여기서 죽을 거라고요!"

그러자 사장이 말했다.

"이봐, 걱정하지 말고 내 말을 들어봐. 난 5년 전부터 많은 자선단체에 기부금을 내고 있어."

"그래서 어쨌단 말이에요?"

"올해도 낼 때가 됐거든. 그들이 나를 못 찾아낼 것 같아?"

인간은 어디까지나 현실적이다. 무엇인가 뚜렷한 이익이 없다면 머뭇거리게 된다. 여기서 말하는 이익이란 단순한 경제적 이익만을 의미하는 것은 아니다. 자신이 그것을 했을 때 얻을 수 있는 만족감,

충만감, 상쾌함 등도 이익에 속한다.

상대방을 설득할 때에는 감정적인 이익이든 정신적인 이익이든 경제적인 이익이든 그것으로 얻을 수 있는 이익을 구체적으로 제시하라. 자신에게 분명한 이익이 있다고 생각하면 반드시 설득에 따를 것이다.

유머 감각이 있는 사람을 좋아한다

용하다는 점쟁이 집에 옷을 곱게 입은 귀부인 한 사람이 찾아왔다.

"선생님, 제 딸이 하라는 공부는 하지 않고 맨날 놀러만 다니고, 남자 친구랑 못된 짓을 해서 엊그제는 산부인과도 갔다 왔어요."

"선생님, 도대체 제 딸이 왜 그러는 걸까요?

누굴 닮아 그런 걸까요?"

"(눈을 지그시 감고) 한번 봅시다."

"잘 좀 봐 주세요."

딸랑딸랑….

"누굴 닮아… 누굴 닮아… 누굴 닮아… 누굴 달마… 누굴 달마… 누굴 달마… 누굴 달…"

촤르르르르…….(동전 훑는 소리).

"결과가 나왔습니까?"

"혹시 집안에 외국인이 있습니까?"

"아뇨, 왜요?"

"이상하다… 따님이 외국인을 닮았다는 점괘가 나오는데…."

"그럴리가요, 사돈에 8촌까지 아무리 생각해도 외국인은 없어요."

"다시 한번 보죠, 뭐."

딸랑딸랑… "누굴 닮아… 누굴 닮아… 누굴 닮아… 누굴 달마… 누굴 달마…"

차르르르르…….

"결과가 나왔습니까?"

"아무리 해도 외국인을 닮았다는 점괘밖에 안 나오는군요."

"제 딸이 닮았다는 그 외국인 이름이 도대체 뭡니까?"

"댁의 따님이 그렇게 공부도 하지 않고 놀기만 하는 것은 바로… Jiemy(지에미)라는 사람과 닮아서 그렇다고 점괘가 나오는군요."

여자들은 낯선 남자들과의 대화에서 자신을 더 웃긴 남자를 다시 만나고 싶어 했다는 연구 결과가 있다. 여성은 유머 감각이 있는 남성에게 본능적으로 끌리게 된다는 것이다.

처음 만난 사람이라도 재미있는 농담을 잘 구사하면 서먹서먹한 느낌이 금방 사라져 친해지기 쉽고, 상대방에게 좋은 첫인상을 남기게 마련이다. 유머 감각이 있는 이들은 사람들로 하여금 자신에게 주목하게 만들고, 부지불식간에 모임의 분위기를 주도해 무리의 리더 노릇을 하는 경우가 많다. 직장에서, 친구들과의 만남에서, 연애할 때, 혹은 부부지간에도 유머 감각이 있는 사람은 단연 돋보이는 존재이며, 인간관계를 수월하게 만들어나간다.

진정한 유머는 남들에게 유쾌한 웃음을 선사하는 것인데, 그러려면 기본적으로 사람들에게 애정과 존중심을 가져야 한다. 다른 사람의 외모나 신체적 결점, 동료의 실수를 비꼬는 우스갯소리는 별로 좋은 유머가 아니다. 설혹 그런 것을 소재로 삼는다 하더라도 무시나 조소(嘲笑)를 담아서는 안 된다.

아무리 순발력과 말재간이 뛰어난 사람이라도 마음이 급하고 감정이 격해지면 절대로 유머다운 유머가 나오지 않는다. 매사에 느긋하고 여유 있는 심경을 유지해야 좋은 유머를 구사할 수 있다. 분노에 제압당하지 않고 유머러스한 답변으로 어려운 상황을 반전시킬 수 있다.

관심 분야가 다양하고 지식이 풍부한 사람일수록 훌륭한 유머를 구사할 수 있다. 대화에 꼭 필요한 유머 감각은 자신감과 지식에서 나온다. 유창하고 능숙한 말솜씨, 풍부한 어휘력 등을 길러주는 독서는 유머의 원천이다.

일상에서 만나는 웃음의 소재는 참으로 다양하지만 사람의 기억력에는 한계가 있다. 그래서 우스운 이야기를 듣거나 소재를 접하면 메모하는 습관을 들이는 게 좋다. 그리고는 그것을 응용하고 변형시켜 새롭게 창조해본다. 낱말의 순서나 발음 바꾸기, 한자어 뜻 변형하기 같은 것은 쉽게 도전해볼 만한 유머다.

사물이나 상황으로부터 떠오르는 이미지를 활용하는 연상 습관도 도움이 된다. 언어 연상, 동음이의어, 형태 연상, 이미지 연상 등의 방법이 이에 해당된다. 또한 비교와 비유를 효과적으로 활용하면 기본적인 유머는 구사할 수 있다. 이것은 대상의 특징을 정확히 파악해야 가능하다. 하루에 한 가지씩 머릿속에 사물을 떠올려 그 특징을 최대한 많이 나열해보고, 그다음엔 하나라도 같은 특징을 지닌 사물, 하나라도 반대되는 특징을 가진 다른 사물을 떠올려보는 식으로 훈련한다.

유머를 잘 전달하려면 몇 가지를 주의해야 한다. 우선 서론과 설명이 너무 길면 안 된다. 결론을 듣기도 전에 듣는 이가 질려 버리기 때문이다. 분명한 목소리로 말하는 것도 중요하다. 상대방이 못 알아들어 중간에 말을 끊고 되묻는다면 김이 새기 마련이다.

또한 자신이 내용을 정확하게 파악하고 있어야 한다. 얘기하다 말고 중간에서 내용이 가물가물하면 안 하느니만 못하다. 웃음을 참는 인내력도 필요하다. 유머를 들려주면서 얘기하는 사람이 먼저 웃느라 정신을 못 차리면 듣는 이는 아직 내용도 모른 채 어안이 벙벙해진다.

제스처와 표정, 목소리의 톤, 사투리 등을 적절히 활용하는 지혜도 필요하다. 이런 '보조수단'을 통해 유머의 내용을 실감 나게 전달할 수록 효과가 클 것은 불문가지다. 장단과 완급을 조절하는 테크닉도 필요하다. 유머는 너무 길면 지루하다. 결정적인 말을 들려주기 직전에 잠시 뜸을 들인다든가, 필요한 대목에 강조점을 둬 부각하는 것도 좋은 방법이다.

유머를 구사할 때도 예의는 반드시 지켜야 한다. 남을 불쾌하게 하거나 수치심을 유발하는 유머는 안 하느니만 못하다. 웃긴다고 다 유머가 아니다. '예의'를 갖춰야 제대로 된 유머이며, 예의는 단순한 말재간과 유머를 구분 짓는 중요한 기준이다.

매너 있는 유머를 위해서는 시간, 장소, 상황(TPO, Time, Place, Occasion)

을 충분하게 고려해야 한다. 가령 아침에는 사람들이 막 일과를 시작하는 때이므로 한두 마디의 간단한 농담을, 점심 때는 비교적 긴 유머를, 저녁에는 재미있고 엉뚱하며 야한 유머까지 동원하는 등 시간대에 따라 유머의 종류와 길이도 달라져야 한다.

1. 어린아이와 같은 천진스러운 눈으로 세상을 보아라.
2. 상대방의 예측을 무너뜨려라.
3. 말하고자 하는 내용을 과장하거나 비약해라.
4. 세태를 통렬하게 풍자하라.
5. 단어를 이리저리 비틀어라.
6. 독특한 표정과 몸짓을 개발하라.
7. 비교와 비유를 효과적으로 활용하라.

통통 튀는 사람이 좋다

사람을 만나다 보면 왠지 끌리는 사람이 있다. 탁구공이나 정구공(테니스를 예전에는 정구라 했고 공도 고무로 된 소프트한 공이었다.)처럼 탄력성이 있는 공은 바닥에 닿는 순간 통통통 튄다. 사람도 그처럼 튀는 사람이 좋고 왠지 끌린다. 그 이유는 무엇일까?

무슨 말을 하거나 행동을 할 때 즉각적인 반응을 보이는 사람은 통통 튄다는 느낌이고 탄력성이 있어 보여서 젊어 보이고 왠지 끌리기 마련이다. 리액션이 강한 사람이 바로 그런 사람이다. 고집불통이거나 반응을 하지 않는 사람과 대하려면 왠지 부담되고 짜증까지 난다. 상대방을 배려하지 않고 아무 말이나 잘 내뱉는 사람이라면 피하게 된다. 긍정적·적극적인 리액션이 필요하다. 이 탄력성이나 리액션은 잡담이나 수다를 떨 때도 중요하지만 비즈니스나 상담 혹은 영업 등 어디에서든 필요한 필수품인 것이다. '톡톡 튀어야' 산다.

톡톡 튀기 위해서는 파탈(破脫)적 사고와 행동이 필요할 듯하다. 형식과 규정된 틀을 깨고 나와야 계란 후라이가 아니라 새 생명인 병아리로 태어날 수 있다.

흔히 숙제처럼 살지 말고 축제처럼 살라는 말이 있는데 어떻게 사는 것이 축제처럼 사는 방식일까? 이 또한 파탈(破脫)적인 방식이 필요하지 않을까 한다. 그 방식이 삶의 현장에 보물딱지 숨겨 놓듯 E-Fact(Entertainment-Fact)를 숨겨 놓으라는 것이다. E-Fact란 오락적 재미(Entertainment)를 삶의 현장에 숨겨 놓으면 살아가면서 툭툭 튀어나오는 재미가 쏠쏠할 테니까 말이다. 대표적 E-Fact란 이벤트를 만들어 놓는 것이다. 생일이나 기념일처럼 특별한 날을 정해 이벤트를 기획해 놓으면 하루하루가 의무감으로 사는 숙제가 아니라 축제처럼 살아가는 것이 될 터이니 말이다.

살아가노라면 때론 문제에 직면하기도 하고 스트레스를 받기도 한다. 살아가는 데 문제나 스트레스가 없다면 어떨까? 살맛이 날까? 전기가 흐르는 것은 저항이 있기 때문이다. 우리 삶에도 저항이 있어 살아가는 의미를 갖게 되는 것 아닐까? 삶의 현장에 돌발적으로 나타나는 문젯거리들과 스트레스를 받게 하는 것들이 삶의 촉진제이지 않을까? 살아가는 데 아무런 문제도 저항도 없다면 과연 천국일까, 지옥일까? 하루하루가 최적의 상태라면 자극이 없는 상태일 것이다. 다람쥐 쳇바퀴 돌 듯 그날이 그날이라면 무미건조한 시간들 속에 의미를 잃어버릴 것이다.

그런 의미에서 중용적 삶의 방식을 제안한다. 중용이란 흑과 백의 중간색인 회색이 아니라 최진석 교수가 주장하는 삶의 죽음의 경계에 선 삶의 방식인 것이다. 어쩌면 우리는 순간순간 목숨을 걸고 살아가고 있는지도 모르겠다. 하여 죽음과 삶의 경계에 서서 살아가듯 깨어 있는 자세로 긴장된 상태로 살아가는 삶이 멋지지 않을까요?

사람들이 열심히 살아가는 목적은 무엇일까? 아무도 행복을 얻기 위함이지 않을까? 동의하신다면 그다음 문제에 당면하게 된다. 그렇다면 언제 가장 행복한가?

여러 가지 대답이 나오겠지만 뇌는 원시적이라서 맛있는 음식을 먹을 때라 한다. 그 음식을 아름다운 풍경을 보며 좋아하는 사람과 수다를 떨며 먹을 때라고 한다. 이처럼 수다는 행복을 얻는 도구이자 비즈니스와 일상의 필수품임에 틀림없다. 거기에다가 수다를 떨고 나면 마음이 거뜬하고 홀가분해지는 이유는 마음이 정화되기 때문이라고 한다. 수다를 떨기 위한 잡담력은 그래서 필요한 것이다.

재미가 경쟁력이다. 재밌게 말하는 사람이 성공한다

요즈음은 유튜브가 대세다. 청소년들에게 희망 직업을 물으면 아이돌, 건물주, 유튜버다. 그중에서 가장 가능성이 큰 직종이 유튜버로서 청소년들에게 유망 직종이기도 하다. 그들은 유튜브를 통해 많은 정보를 얻기도 하는데 어떤 동영상을 선호할까?

물론 유익한 정보를 찾아 검색하고 시정하지만 결국 재미있는 유튜브 채널을 찾는다는 것이다. 심지어는 동영상에 유익한 정보가 전혀 없어도 재미가 있으면 본다. 이처럼 재미는 이 시대의 경쟁력이고 성공에 꼭 필요한 요소가 되어 버렸다. 재미가 채널을 고정하듯 사람의 마음을 사로잡는다.

방송에서 성공하려면 스토리만 가지고 될까? 그렇지 않다. 어떻게 구성을 해야 재미있게 전달될 수 있을까를 고민해 봐야 된다. 거기에 진행자의 애드립이 합쳐질 때 정말로 웃고 즐길 수 있는 콘텐츠가 되는 것이다. 그래서 사건·사연 중심으로 순서를 바꾸어 보는 것도 좋다.

'어떻게 하면 재미있게 말할 수 있을까?'라고 묻는다면 '반전을 주거나 기대치를 뒤집으라'고 답하고 싶다. 폭죽이 터지기 위해서는 도화선이 있어야 하는데 일상적인 이야기를 전개하면서 반전을 줄 때 폭죽처럼 빵 웃음이 터지게 된다. 아, 저런 이야기가 나오겠다 싶은데 그것을 꼬아서 우리들의 예상을 벗어나는 이야기로 웃게 만드는 것이다. 재미있는 이야기를 하는 사람들을 생각해 보면 그들이 말할 때는 항상 예상하지 못하는 이야기가 나오기 때문에 사람들이 웃는 것이다.

너무 진지하거나 뻔한 얘기로는 사람을 끌어들일 수 없다. 따라서 대화를 할 땐 우선 가벼운 대화 주제를 선택하는 것이 좋다. 너무 무겁고 진지한 것보다는 가벼운 얘기, 일상적인 얘기로 관심을 끌어들여라. 일상의 궁금증, 구체적인 공통점, 경제, 스포츠, 취미, 핫한 화제… 일상의 잡담으로 공통 분모를 만들고 공감대를 형성할 수 있다. 누군가와 공감할 수 있는 사람이 자신의 삶을 재미있게 꾸밀 수 있다. 리액션도 공감하기에 좋은 방법이다. 말할 거리가 생각나지 않거들 랑 상대의 말의 꼬리를 물고 받아쳐라. 매끄럽지 않아도 된다. 자존심을 내려놓고 솔직하게 감정을 떨쳐놓아라. 형식 없는 수다가 곧 잡담이다. 생각하는 대로 말하라. 일상생활에서의 사건사고는 좋은 잡담거리다. 잡담이야말로 수다 떨기에 좋은 말의 방식이다. 또한 잡담에 능한 사람은 공감력이 강한 사람이다.

김창옥 교수의 강의엔 의미가 있지만 재미도 있다. 김창옥 교수의 강의 내용은 거창하지 않다. 가족 이야기, 일상적 이야기를 소재로 하고 있다. 그리고 혼자 말하지 않고 질문을 함으로써 청중을 끌어들이 거나 알게 모르게 협업하듯 강의를 풀어간다. 그리고 더 중요한 것은 그 시간을 즐기고 있다는 것이다. 즐기는 자를 이겨낼 재간이 없다는 것을 알 것이다. 스피치든 일이든 인생이든 참지 말고 때우지 말고 즐기길 바란다.

화술경영 윤치영 스피치 명인은 재미있게 말하려면 세 가지 필수 요소가 필요하다고 말한다.

1. 재미를 주는 인버션(Inversion, 반전, 反轉)이 있는가?

   기대치를 뒤집는 것이 반전이다. 이 격차가 클수록 웃음 폭발력이 강하다.

2. 현장감을 살리는 질문(Question)이 있는가?

   질문만으로도 얼마든지 웃길 수 있으며 듣는 이를 주인공으로 만들어야 한다.

3. 감정을 이입하는 제스처(Gesture)는 있는가?

감정이입에 되어야 살아 있는 스피치를 구사할 수 있으며 웃음의 신선도를 유지할 수 있다.

스피치를 시작하기 전에 정중한 인사로 박수를 받아내라. 탄탄한 로직(Logic)을 바탕으로, 호쾌한 솔직함과 촉촉한 감성으로 말하라. 그리고 뻔뻔(FunFun)해져라. 그래야 거침없이 말할 수 있게 된다. 다음은 좀 고전적이지만 재밌게 말하기 위해서는 격차이론과 수사반장과 가위바위보 법칙을 기억해야 한다. 격차이론이란 말의 흐름(말의 기대치)을 뒤집는 격차만큼 웃음이 폭발한다는 이론이고 수사반장이란 수집하고 사용하고 반응을 읽어서 장점을 살려가는 법칙이며 가위바위보란 상식을 가위로 잘라버리고 고정관념을 바위로 깨며 보자기로 사람을 감싸 준다는 법칙이다. 여기서 사람의 신체 부위나 약점을 이용하는 유머는 블랙 유머이며 상대를 존중하는 마음으로 구사하는, 뒤끝이 깨끗한 유머가 좋은 유머라고 할 수 있다.

살구나무집을 좋아하는 이유

오늘 공교롭게도 모임이 세 군데나 겹쳤다. '어디에 참석해야 할까?' 하고 고민한 끝에 번거롭지 않아 편안한 곳을 택하기로 했다. 그 결정에는 걸쭉한 성격의 소유자인 여사장의 몫도 있었다. 강의 중에 가끔 이 여사장의 이야기를 하곤 한다.

대전 용문동에 있던 살구나무집이 충남대 앞으로 이전했다. 살구나무집은 한정식으로 유명하다. 각 계절에 나는 나물, 생선, 된장을 넣고 푹 끓인 시래기국이 일품이지만 그에 못지않게 여사장의 걸쭉한 입맛 또한 빼놓을 수 없다. 저녁 7시 예약된 룸에 손님이 꽉 찼을 때 여사장이 룸을 한 바퀴 돌면 방마다 웃음소리가 폭발한다. 그 비밀이 무엇일까?

여사장은 걸쩍걸쩍한 성격에 뒤집어 말하는 기술을 가지고 있다. 말을 뒤집을 때마다 웃음이 폭발한다.

생후 4~5개월 된 젖먹이에게 온 가족이 손뼉을 치면서 성원을 보낸다. 그 애는 젓 먹던 힘까지 다해서 배 뒤집기에 성공한다. 그땐 온 가족이 환호한다. 우리 일상생활에 예상을 뒤집고 반전하는 것을 모두가 선호한다. 천하장사 씨름판에서도 막판 뒤집기에 관중이 열광한다.

사람이 살아가면서 수많은 기회를 포착해 반전을 하는 것은 자신뿐만 아니라 주변 모두를 열광시킨다. 삶에도 반전이 있어야 생기가 돈다. 말에도 역시 반전이 있어야 귀를 기울인다. 삶이든 말이든 뒤집으면 뒤집힌다.

변명은 어떠한 경우에도 도움이 되지 않는다

인간이라면 누구나 잘못을 범하기 마련이다. 그릇된 생각이나 잘못된 행위는 사람이라면 언제나 할 수 있다. 잘못을 저질렀을 때 그 자리에서 깨끗하게 자기의 잘못을 인식하고 빨리 사죄하는 것이 극히 현명하고 또한 타당한 일이다. 이와 반대로 자신조차 나쁘다는 것을 알면서도 쉽사리 이것을 인정하려 하지 않고 이러쿵저러쿵 변명하여 피할 곳을 찾고 심지어 여러 가지 사리에 맞지 않는 까닭을 붙여 도리어 이것을 정당한 것처럼 꾸미려 드는 경우도 있다. 이렇게 되면 그 사람 자신에게도 이보다 더 괴로운 일이 없을 것이며, 다른 사람이 보더라도 이처럼 보기 싫은 일은 없을 것이다.

변명을 하고 별의별 구실을 달아 책임만 지지 않으면 된다는 잔꾀를 부리는 사람은 머지않아 들통 나고 만다.

자기의 잘못을 변호하는 것은 어떠한 어리석은 사람이라도 할 수 있는 일이다. 자기의 잘못을 그 자리에서 깨끗하게 인식하는 것에는 용기와 점잖은 품성이 필요하기 때문에 누구나 쉽게 행할 수 없는 일이지만 만일 현명하게 행한다면 뜻하지 않는 호감을 살 수도 있는 것이다.

아인슈타인은 유태계 독일인으로 독일의 울름에서 태어났다. 그는 1916년 '일반 상대성 이론의 기초'를 발표하였으며, 1922년에는 노벨 물리학상을 받았다.

아인슈타인이 상대성 이론을 발표하여 세계적으로 이름을 떨치자 미국의 여러 대학으로부터 강연 요청이 쇄도했다. 그는 바쁜 와중에도 거절하지 않고 이 대학 저 대학을 다니며 강연을 하였다.

어느 날 대학의 강연을 위해 가던 중 운전사가 아인슈타인에게 장난스럽게 말을 걸었다.

"박사님, 저도 벌써 박사님의 상대성 원리에 대한 강연을 100회 이상 들었기 때문에 이제는 모두 암송할 수 있을 정도가 되었습니다. 박사님은 연일 피곤하실 텐데 오늘은 제가 박사님의 옷을 입고 대신 강연을 하면 어떨까요?"

아인슈타인은 운전사의 말을 듣고 선선히 그렇게 하라고 대답하고는 대학에 도착하였다.

가짜 아인슈타인은 강연장에서 아주 훌륭하게 강연을 하였다. 정말 성공적으로 강연을 마치고 박수를 받으며 연단에서 내려오다가 한 교수로부터 질문을 받게 되었다.

가슴이 쿵 하고 내려앉은 사람은 진짜 아인슈타인이었다. 운전사 복장을 하고 있으니 나서서 질문을 받아 대답할 수도 없고 정말 난처했다.

그런데 단상에 있는 가짜 아인슈타인이 빙그레 웃으며 대답했다.

"그런 질문이라면 아주 간단합니다. 그 정도라면 제 운전사도 대답할 수 있습니다. 어이, 여보게나. 이분의 질문에 대답해 드리게나."

그 말에 진짜 아인슈타인은 안도의 숨을 내쉬며 설명을 마칠 수 있었다.

때에 따라 사람에게는 순간적으로 위기를 모면할 수 있는 재치와 임기응변이 필요하다.

변명은 자신이 한 실패나 과실에는 정당한 이유가 있다고 주장하는 것이다. 세상에는 변명으로 자신의 행동을 정당화하려는 사람이 많다. 그러나 변명을 하면 그만큼 당신의 인격이 낮아지게 된다는 사실을 알아야 한다.

평소 변명을 늘어놓는 사람들 중에는 변명을 하면 이제는 자신의 입장이 확보되었다고 생각하는 사람이 많은데 그것은 착각이다.

정직하게 자기의 잘못이나 시행착오를 인정하고 대오각성하는 자세가 훨씬 인간적이며 발전적인 처세다. 누구라도 실패하는 것은 싫어한다. 그런데 그 실패가 있어야만 결국 성공할 수 있다는 것을 생각하면 '그렇게 하면 좋았을 걸' 하는 식의 반성 과잉형 인간의 변명은 전혀 의미가 없다. 따라서 변명을 하지 않는 엄한 훈련을 통해서 인간관계를 좋게 하는 기술을 조용하게 체득해 가야 한다.

훌륭한 사람은 어떠한 경우에도 절대로 변명을 하지 않는다. 스스로 비굴하지도 않고, 교만하지도 않은 자세가 필요하다.

좋은 대화법 8가지

옛날에 어느 사람이 길을 걷고 있었다

길을 걷는데 저기 멀리서 곰 한 마리가 오는 것이었다.

예전에 어느 사람이 죽은 척을 한 덕분에 곰이 그냥 지나가서 살았다는 소리를 어디서 들은적이 있어서 그 사람도 죽은 척을 했다.

그런데 그 곰은 아주 착한 곰이었다.

길을 가다가 보니 어느 사람이 쓰러져 있는 것이었다

그래서 착한 곰은 양지바른 곳에다가 그 사람을 묻어 주었다.

웃음 한번으로, 친절한 말 한마디로, 따뜻한 눈길 한번으로, 누군가의 마음에 맺힌 원한을 조금이라도 씻어 줄 수 있다면 한번 해볼 만하지 않아? (양순자, 《인생 9단》)

친구와의 약속시간에 너무 늦었을 때 '늦어서 너무 미안해.'라고 말하지 말고 '기다려줘서 정말 고마워.'라고 말하세요. 우리는 미안하다는 말에 더 익숙해져 있지만, 고맙다는 말이 더 상대방을 행복하게 한다는 걸 시간이 지날수록 깨닫게 될 거예요.

나도 옳고, 너도 옳다(긍정적이고 적극적인 사람)

비판적이고 부정적인 사람은 지식인처럼 아는 척 하는 사람들이다. 자신을 인정하고 상대를 인정할 줄 아는 사람이야말로 언제 어디서든 편안함을 주게 마련이다.

리액션이 강한 사람이 좋다

반응이 없이 무덤덤하거나 무표정한 사람의 속을 알 수가 없어 답답하다. 그리고 예측 불허다. 좋은 인상을 줄 수 없는 사람일 수밖에요. 작은 변화에도 강한 리액션을 할 수 있다면 그야말로 호감형이랄 수 있다.

상대방이 힘들어할 때는 말이 필요 없다. 꼭 안아줘라

"꼭 끌어안아 주는 게 바람직하며, 무슨 위로의 말을 해주느냐는 그리 중요치 않아. 그저 힘껏 꼭 끌어안아주는 것만으로도 족해. 난 내가 힘들 때 누가 날 꼭 끌어안아 주면 좋겠어."

눈물을 흘리는 사람에게 손수건을 건네는 것은 바보 짓이다. 눈물은 눈이 흘리는 게 아니라 가슴이 흘리는 것이다. 가슴속을 닦아주는 손수건이 없다면 말없이 꼭 안아줘야 한다 그 사람의 가슴이 따뜻해질 때까지 내 가슴을 빌려줘야 한다.

에둘러 말하지 말고 Yes/No를 확실히 하라

나는 명확한 Yes나 No가 에둘러 표현하는 대답보다 훨씬 바람직하다고 생각한다. 정확하게 의사를 표시한다면 상대방이 불필요하게 처음부터 기대도 하지 않을 것이고, 나중에 오해 때문에 관계가 나빠질 이유도 없기 때문이다.

진정으로 미안하다는 말은 마법과 같다

진심으로 하는 미안하다는 말은 마법과 같은 힘을 발휘한다. 그 말은 다음과 같은 메시지를 동시에 전달한다. '내 탓이다.', '당신을 존중한다.', '우리의 관계를 소중하게 생각한다.'

물질적인 것으로 보상하라

물론 말 한마디로 천 냥 빚을 갚을 수도 있다. 그러나 가장 강력한 말은 물질적인 것으로 보상해 주는 것이다.

공감력을 높여라

흔히 '성격 좋은 사람이 좋은 사람이다.'라는 말을 한다. 어떤 사람이 좋은 사람일까? 그냥 좋은 사람이 좋은 사람이다. 그냥 좋은 사람? 그렇다. 그냥 좋은 사람은 웬지 통하는 사람을 말한다. 그래도 잘 모를 것이다. 공감력이 좋은 사람은 왠지 끌리게 마련이다. 주는 것 받는 것 없이 그냥 좋은 것이다. 그런 사람들은 아래와 같은 사실을 이해하고 실천에 옮기는 사람들이다.

사람들은 감정에 의해 움직인다

사람들을 대할 때 상대방을 논리의 동물이라고 생각한다면 큰 오산이다. 상대방은 감정의 동물이며 편견으로 가득 차 있고 자존심과 허영심에 의해 움직인다는 사실을 명심해야 한다. - 데일 카네기,《데일 카네기 인간관계론》

사람은 이성에 의해 움직이는 것처럼 보이지만 실은 감정에 많이 좌우된다. 상대방이 자신의 의견을 반대하는 이유는 이성적인 데 있지 않다. 감정의 골에 따라 움직이고 있다는 사실을 인정하서야 한다.

맞장구와 제스처

누군가 당신이 이야기할 때, '그래 맞아', '듣고 보니 그런걸'. '넌 정말 대단해.', '어떻게 그런 생각을 할 수 있니?'. '니 잘못이 아냐, 그 애가 나쁜 거야.', '내가 힘이 될 수 있다면 도와줄게.'. '그게 잘못된 거야. 니가 옳아.'

이런 식으로 맞장구를 쳐준다면 기분이 좋을 것이다. 그리고 맞장구 쳐 주는 그 사람에게 호감이 갈 것이다.

이런 심리를 여자에게 응용하는 것이다. 앞에서도 언급했지만 여자는 소외를 무척이나 두려워한다.

이것은 거꾸로 편들어 주기가 여자에게 얼마나 큰 효과가 있는지 알게 해 주는 것이다.

데이트할 때 1분 말하고 2분 듣고 3분 맞장구 쳐주면 그 데이트는 성공이라는 말도 있다.

어쨌든 그녀 편에 서서 맞장구를 쳐주고 그녀 편이 되어 준다면 그녀는 어떠한 일이 있을 때마다 당신을 찾아와 위로를 받거나 수다를 떨 것이다.

그러다 정작 그녀가 힘들어하는 일이 생겼을 때 당신이 그녀에게 정말 힘이 되어 준다면 그녀는 당신에게 어떠한 것이라도 바칠 것이다. 그만큼 맞장구는 중요하다.

심리학 용어로 친근한 사람끼리의 자세나 행동 일치를 인터러큐서널 싱크로니즘 INTERLOCUTIONAL SYNCHRONISM라고 하는데 이는 상대의 행위나 말투 등을 따라함으로써 상대에게 호감을 줄 수 있다는 것을 뜻한다.

맞장구의 효과도 이런 원칙에 따르는데 그 응용 방법이 숱하지만 그중에서 몇 개만 예를 들어 보겠다.

그녀가 상사에게 꾸중을 듣고 와서는 휴게실 의자에 팔장을 끼고 앉아 시무룩해 있다면 당신도 그녀 곁에 가서 팔장을 끼고 시무룩한 표정으로 다음과 같은 식으로 위로를 해 보자.

'박 과장은 원래 그래요.', '너무 신경 쓰지 말아요.', '미스 리가 잘못한 것 없어요.', '그 사람 괜히 트집 잡으려고 그러는 거예요.'

만약 그녀가 교수님에게 리포트를 내러 갔다가 다시 작성해오라는 말을 듣고 분노와 억울함을 느끼고 있을 때 '그 교수 정말 나빴다. 이름이 뭐야? 정말 재수없어.' 이런 식으로 그녀의 맞장구를 쳐주는 것이다. 물론 그녀가 취하는 제스처까지 그녀가 눈치 채지 못하게 몇 초씩 시간 간격을 두고 따라하면서.

그럼 그녀는 알게 모르게 당신을 참 좋은 사람이라고 판단한 관념을 가지게 될 것이다. 그리고 당신과 친해지고 싶을 것이다.

유쾌한 대화 파트너가 되는 법

어느 사무실에서 여직원이 섹시한 미소를 지으며 커피를 들고 팀장에게 다가왔다. "팀장님, 저처럼 예쁘고 말도 잘하고 일도 잘하면 네 자로 뭐라고 하는지 아세요?" 그녀가 기대하는 대답은 금상첨화였다. 그러나 팀장은 망설이지 않고 과감히 말했다. "과대망상!" "아니 팀장님 저를 보고 제대로 말해주세요." "자화자찬!" 그녀는 힌트를 줬다. "금 자로 시작하는 거예요." "아, 금시초문!" 이쯤 되면 아무리 여직원이 강심장이든가 얼굴이 꽤나 두껍더라도 난색을 표할 것이다. 이런 상황에서 센스 있는 팀장이라면 "금상첨화"라고 맞장구를 쳐주어야 하지 않을까?

필자가 KBS 교양강좌에서 서두에 말을 풀어가면서 돌발퀴즈를 냈다. "제 나이를 알아맞춰 보세요. 맞히시는 분께 선물을 드립니다."라고 했더니 방청석에서 "52세!", "60세!", "45세!"… 막 쏟아져 나왔다. 그러다가 방청석 중간에서 "39세!"라고 외쳤다. 필자는 그 순간 "좀 더 인심을 세 보세요." 했더니 "29세!"라고 외치는 방청객이 있기에 나오라고 해서 선물을 주었다. 우리는 살아가면서 어떤 상황이든 칭찬과 격려 그리고 긍정적 맞장구에 인색한 편인데 돈 들이지 않고 상대방에게 좋은 느낌을 받는다면 인색할 필요가 어디 있겠는가?

'나는 말재간이 없어', '무슨 얘기를 해야 할지 모르겠어!' 하는 사람들에게는 말은 곧 관심이라고 말해 주고 싶다. 주변 사람, 주변 사물에 대해 관심이 많은 사람이 결국 표현도 잘할 수 있다. 간단한 몇 가지 키워드만 기억하면 당신도 유쾌한 대화 파트너가 될 수 있다.

• **첫말을 가볍게 풀어가라_** 사람들의 사소한 변화를 눈치 채고 '머리 스타일이 바뀌었네요.'라든가 '오늘따라 표정이 밝아 보이시네요.' 하고 첫마디를 던지면 그것만으로도 수다를 유연하게 이끌어갈 수 있다. 처음 만나는 상대에게는 '인자해 보이시네요.' 하는 식으로 느끼하지 않을 정도의 칭찬을 던진다.

• **잘 들어야 잘 말할 수 있다_** '철수 엄마는 4남 4녀를 두었다. 그 아이들의 이름은 일남이, 이남이, 삼순이, 사순이, 오남이, 유남이, 칠순이다. 그렇다면 막내 아이의 이름은 무엇일까?' '정답은 철수다.' '왜냐하면 처음에 철수 엄마라 말했으니까….'

이 문제는 경청하는 것이 얼마나 중요한가를 엿보게 해준다. 이는 듣는 것이 곧 답이라는 말이 된다. 특히 서비스 현장에서 고객의 클레임이 있을 경우 회사의 규정이나 업무 매뉴얼에 대한 설명보다는 그저 고객의 불만을 들어주는 것만으로도 충분히 감정을 누그러뜨릴 수 있으며 설득할 수 있다는 결과는 우리에게 시사하는 바가 크다.

• **명함에서 접한 상대의 정보를 활용해 이야기를 풀어가라_** 상대방과 나의 공통점에서 시작하는 것도 효과적인 방법이다. 직장이 있

는 위치나 인근 지역 명소 등에 대해 이야기를 시작하면 어색한 분위기가 금방 풀린다. 그러나 다짜고짜 '결혼은 하셨나요?' '서울대 나오셨죠? 학교 후배네.' 하는 식으로 이야기를 시작하면 거부감을 주기에 충분하다. 신상에 대한 과한 질문은 삼가는 것이 좋다.

• **단답형 대화로 대화를 끊지 말고 대화를 이어가라**_ 예를 들자면 상대방에게 '부산행 영화 보셨나요?' 하고 물었을 때 상대방이 '안 봤는데요.' 한다고 입을 닫아버려서는 안 된다. '봤다'는 답에는 '이런 장면 좋았죠?' 하는 식으로, '안 봤다.'는 사람에게는 '볼 기회가 생기면 이런 점에 관심을 가져보세요.' 하는 식으로 이야기를 이어가는 것이 중요하다.

• **농담은 농담으로 응수하라**_ '지난번에 설악산에 갔었는데 어떤 녀석이 흔들바위를 설악산 아래쪽으로 던져 놓았다더군.'이라고 허풍을 떠니까 듣고 있던 친구 녀석이 '아! 그래. 내가 던져 놓았는데 어느 녀석이 다시 갖다 놓았더군. 그놈이 네 놈이었더냐?' 친구들 사이에 농담이 농담으로 연결되어 웃음을 자아내게 하거나 분위기를 한껏 고조시킬 때가 많다. 농담을 센스 없게 받으면 어처구니없는 상황이 초래될 수도 있다.

• **과하지 않은 칭찬으로 수다의 '기선'을 잡아라**_ '김 양은 예쁜 게 죄라면 교수형 감인 거 알아!' '김 양 아버지는 도둑이셨나 봐요?' '왜요?' '하늘의 아름다운 별을 훔쳐다 눈에 심으셨잖아요.' 이쯤 되면 말 한마디로 부하를 흥분시키고, 열정으로 가슴을 뛰게 한다. 비록 유머일지라도 칭찬이면 기분 나빠할 사람이 어디 있겠는가? 상대방의 말에 장단을 맞추고 간단한 질문을 던질 수 있을 정도만 돼도 대화가 훨

씬 편해진다. 처음 보는 사람과 말하는 데 어려움을 겪는 사람들의 대부분은 잘 보이려 하기 때문이다. 똑똑해 보이려, 재밌어 보이려 노력하지 말고 일단 솔직히 자신을 드러내라. 요즘 자신이 몰두하고 있는 주제부터 이야기를 시작해 보라. 상대방과 눈을 맞추며 이야기를 집중해 들어주는 것만으로도 좋은 '수다 멤버'라는 인상을 줄 수 있다. 상대방의 이야기에 가끔씩 맞장구를 쳐주되 최신 유행어나 적절한 유머를 섞을 수 있다면 금상첨화다. 단, 상대방이 진지하게 나올 때는 이쪽에서도 진지하게 응해야 한다는 점을 잊지 말아야 한다.

제2장

화제를
만들어라

화제를
만들어라

돌발퀴즈 하나. '강의를 못 하는 강사와 홀로된 할머니가 공통점은 무엇인가?'

목사님들이 설교를 준비할 때 그분을 만나기 위해 기도하고 기도한다고 한다. 간절히 기도하다 보면 그분을 만나게 된다고 한다. 영접한 그분을 면밀히 관찰하고 자료를 수집해서 하나의 설교를 만든다는 것이다. 그분은 누구실까?

감이 안 온다면, 강의를 못하는 강사와 홀로된 할머니에게는 이분이 안 계신다. 누구실까?

그 답의 주인공은 필자를 행복하게 한다. 이분을 만나면 부자가 되는 느낌이다. 그것을 받아 적고 메모해 두었다가 살을 붙이면 좋은 글이 되고 말이 된다. 이분은 쉽게 찾아오지 않으므로 바로 적어서 메모해 놓아야 잃어버리지 않는다.

아래 문장들을 읽다 보면 아마도 그분을 만나게 될 것이다. 그분을 귀히 모셔주기를 바란다. 아직 답을 못 찾으신 분들을 위해 힌트를 드리겠다. 이 책의 다음 장(제3장)의 소제목에 있는 단어다.

　사이가 좋지 않은 부부가 있었다. 그런데 어느 날 남편이 교회에 다녀와서부터는 집안 일도 도와주고 부인을 사랑하는 모습을 보이는 등 갑자기 달라졌다. 부인이 고마워서 그 교회 목사님을 찾아가 고맙다고 인사를 하며 "오늘 '아내를 네 몸 같이 사랑하라'라고 설교하셨나요?" 하고 물으니 목사님 하시는 말씀, "아니요, '원수를 사랑하라'고 했는데요." 이 글을 보고 웃지 않는 사람은 수다지수가 낮은 사람이다.

　영어 'coffee'와 '잡담', '수다'를 뜻하는 독일어 'klatsch'가 합쳐진 'coffee klatsch'가 당당히 사전에 오르게 된 것도 커피 한잔 마시면서 나누는 잡담이 일상의 긴장을 풀고 삶을 윤택하게 만드는 데 큰 도움이 되기 때문이다.

　수다와 잡담은 여자들 못지않게 남자들에게도 필요하며 그들도 이를 즐기고 있다. 여자가 남자보다 더 말이 많기에 코밑에 수염도 나지 않는 거라고 믿어온 사람들은 상식이 배반당한 데 대해 깜짝 놀랄 것이다. 여자 셋이 모이면 장독이 깨진다고 하지만 남자 셋이 모이면 세상을 들었다 놨다 한다. 남자도 기쁘면 기쁜 대로 슬프면 슬픈 대로 감정을 표현할 필요가 있다. 수다를 떨다 보면 자신도 모르게 친구들한테서 정신적 위안을 얻게 된다.

　정신의학계에서는 이런 수다를 하나의 공공 영역으로 끌어들여 적극적으로 이용한다. 오래전부터 환자 치료에 이용해온 '그룹치료'가 그중의 하나인데, 의사, 간호사, 상담사들이 정신질환을 앓고 있는 환자들과 그저 함께 수다를 함으로써 강박증이나 불안증을 풀어헤치도록 유도하는 것이다.

어느 기업체에서 그룹사 직원 1,400여 명을 대상으로 스트레스에 대한 설문 조사를 실시한 결과 실제 생활에서의 스트레스 해소법으로 31.2%가 〈수다나 잡담을 포함한 대화〉라고 말했다. 또한 직장 생활에서 가장 스트레스를 많이 받는 부분은 '인간관계의 갈등'이라는 답변이 41.8%로 가장 많았다. 이렇게 인간관계로 인한 스트레스를 많이 받고 있지만, 그로 인한 스트레스를 적절히 해소하지 못하고 있다. 사람과 사람과의 건강하고 분명한 커뮤니케이션은 직접적이고 가장 분명한 스트레스 해소책이자 건설적인 방향타가 될 수 있다.

수다든 잡담이든 자기표현이든 언어의 배설이 스트레스를 해소하고 정신적인 건강에 도움이 된다. 말을 하면서 자신을 재발견하게 되고 말을 하다 보면 새로운 사실을 깨닫거나 카타르시스로 마음의 정화가 된다. 많은 행동수정주의 심리학자는 스트레스 관리의 적극적인 해결 방안의 하나로 '자기표현 훈련'을 권고하고 있다. 또한 문제 해결의 열쇠로서의 자기표현 필요하다. 더욱이 말로 자신의 내적 화나 비밀스러운 것을 떨어 놓음으로 나로부터 자유로워질 수 있으며 타인의 시선에 얽매이지 않게 될 수 있으니 대중 앞에서의 공포증을 해결하게 된다. 필자는 수다를 통해 말하고 즐기는 가운데 깨닫고 배우는 사실을 이 책에 소개하고 있다.

내가 호주머니 속에 늘 가지고 다니는 물건 중의 하나가 '피치 파이프(Pitch Pipe)'란 조그마한 악기(?)다. 이것은 악기를 튜닝(Tuning)할 때

쓴다. 절대음이 필요한 경우에는 튜닝이 되어 있는 다른 악기 — 멜로디언, 하모니카, 피리 등 — 나 피치 파이프를 쓰는 것이다.

피치 파이프는 곧 음의 기준음, 음의 절대음, 음의 '모델(model)'이 되는 것이다. 나는 가끔 호주머니에서 이것을 꺼내 바라다보며 '과연 나는 타인의 모델, 즉 표준이 되고 있는가?'라는 질문을 던지곤 한다.

가장 가치 있는 삶 중의 하나가 바로 타인에게 좋은 영향력을 미치는 것, 더 나아가 타인의 모델이 되는 삶을 사는 것이라 생각한다. 자제가 필요하거나 머리가 산만할 때는 이 피치 파이프를 꺼내보며 자신에게 스스로 동기부여를 하곤 한다.

"성공하려면 성공하는 사람의 삶을 모델링하라."는 말이 있다. 본인이 존경하거나 닮고 싶은 위인을 모델링하는 것은 바로 성공으로의 도전을 의미하기도 한다. 나는 숭실대 명예교수이신 김형석 교수님을 모델링하고 싶다. 101세의 고령에도 불구하고 지금도 일 년에 두 권 정도의 책을 집필하시고 전국을 순회하며 삶의 지혜를 나누고 있기 때문이다. '과연 필자도 86세 나이에 그처럼 건강하게 나이를 초월해 타인들에게 유익을 줄 수 있을까?'란 생각을 하다 보면 더욱 존경스러워진다.

나는 산업교육 강사로 전국을 다니며 강의하고 있고 40권의 저서도 있다. 책을 쓰고 강의하면서 얻은 경험과 지식 그리고 새로운 정보를 열정적으로 강의하다 보면 세미나장은 깨달음과 감동의 현장이 된다. 그곳은 누가 가르치고 배우는 곳이 아니라 교학상장(教學相長)의 산실이라 할만하다. 가르치며 깨닫는다. 그 깨달음을 글로 옮겨 매일 아침 전자우편으로 아침햇살 독자들에게 전달한다. 때론 짧은 한 편의 글을 위해 2~3시간 고민하기도 한다. 써 놓고 보면 나누기엔 너무 아깝다는 생각이 들 때도 있다. 새 책에 소개하고 싶은 충동을 느낄 때도 있고 강의 중에 사용해야겠다는 욕심이 들 때도 있다. 그러나 대가 없이 선물함으로써 나누는 참기쁨을 알았다.

이 책의 저술 의도 중의 하나는 '화젯(話題)거리'를 만드는 것이다. 호떡집에 불났다는 화재(火災)가 아니고, '장안의 화젯(話題)거리' 할 때의 '화제(話題)'다. 더 정확히 말하면 상황별 예화 거리인 화제(話題)다.

더불어 삶의 지혜와 미래에 대한 소망을 담을 수 있는 글들이기 때문에 깨달음과 미래의 비전을 줄 수 있는 소재(素材)들이니 독자들께서는 이 책이 단순히 스피치에 관한 책이 아니라 삶의 지혜를 얻을 수 있는 책이기도 하다.

사회가 다양화되어 가면서 일상적인 사회생활에서부터 기업의 전략적 차원에 이르기까지 스피치의 역할은 절대적이라 할 수 있다. 대인관계에서의 대화에서부터 각종 행사장에서의 인사말, 업무 보고, 인터뷰, 기업 홍보, 사업설명회 등 대중을 상대로 하는 프레젠테이션에 이르기까지 스피치에서 가장 중요하고도 기본적인 요소는 말의 '내용'이다. 그런데 많은 이들이 소재의 빈곤감을 느끼고 있다는 데 문제가 있다.

사람을 초대했는데 말할 거리가 없다면 홀짝홀짝 애꿎은 물만 먹을 수도 없고 먼 산만 바라 볼 수도 없고 그렇다고 자리를 박차고 일어설 수도 없는 노릇이지 않은가. 이처럼 당혹스러운 순간도 없을 것이다. 대중 앞에 멋들어지게 등단해 무언가 보여 주어야만 하는 순간에 말할 거리가 없다면 그땐 차라리 죽는 게 낫다는 기분이 들 것이다.

그렇다. 스피치에서 가장 중요한 것은 말할 거리다. 이 책이 바로 그 말할 거리를 제공한다. 게다가 진부한 이야깃거리가 아니라 사람의 시선과 마음을 사로잡을 수 있는 정제된 이야깃거리라는 데 의미가 있다.

저자로서 독자들에게 당부하고 싶은 것은 이 책을 한 번 읽고 팽개치지 말고 읽고 또 읽어달라는 부탁이다. 정갈하면서도 품격 있는 어휘의 사용이나 말발(말의 힘)이 명문을 소리 내어 반복해서 읽다 보면 은연중에 습관적으로 갖추어지기 때문이다.

아무쪼록 책과 강의를 통해 꿈을 이루어 가고 있음에 오늘도 감사하며 필자가 이룬 꿈이 다른 사람의 새로운 꿈이 되기를 희망하여 본다.

무엇을 말할까?
(말할 거리 만들기)

사람들 앞에서 말하고자 하거나 대화에서 말할 거리가 없다는 분이 의외로 많다. 글쎄… 말할 거리가 지천에 널려 있는데 말할 거리가 없다니…. 무엇이 문제일까?

잔잔한 호수에 돌을 던지면 그 돌이 파장을 일으키며 퍼져 나가듯 하나의 키워드를 사고의 바다에 빠뜨리면 그 단어가 파장처럼 퍼져 나간다. 이를 마인드맵 사고법이라 한다. 비슷한 종류로는 계산하거나 따지지 않고 생각나는 대로 생각을 확산하는 사고법인 브레인스토밍이 있다. 말 그대로 폭풍처럼 생각하는 방식이다. 거기에 곡선적, 양면적, 역설적, 총괄적, 파탈적 사고법을 동원하다면 많은 생각을 해낼 수 있을 것이고 그 생각들을 줄로 구슬을 엮듯 생각을 엮어 간다면 좋은 스피치 소재가 될 수 있을 것이다.

생각의 줄거리를 잡아서 말한다

생각한 것들을 낱말로 적고, 거기에서 줄거리를 잡아 또다시 낱말로 추린 것을 생각 잡기라고 말할 수 있다. 스피치를 하려고 할 때 말하기 전에는 할 말이 무척 많을 것 같은데 막상 사람 앞에 서면 하나도 생각이 나질 않는 경우가 많다. 말하려고 하는 생각을 따라잡으려면 생각을 낱말로 적는 수밖에 없는 것이다. 낱말로 적으면 말하려는 것을 잊어버리지 않느냐고 반문할지 모르지만 그 낱말 속에는 여러분의 생각이 다 들어갈 수 있다.

여러분이 바다에 관한 주제로 스피치를 한다고 가정해 보자.

'바다' 하면 너무도 막연해 무슨 말부터 해야 할지 모른다.

그럼 먼저 나와 바다를 연관지어 생각해 보자.

- 내가 가 보았던 바다
- 바다와 해수욕
- 배를 타고 섬여행
- 생선회….

이것 말고도 바다 하면 생각이 나는 게 많을 것이다.

바다, 조개, 파도, 갈매기, 파라솔, 수영복, 돛단배, 파도 타기, 생선회, 모래 등…. 냇가의 징검다리처럼 그 간격이 좁아야 건너기가 좋지만 스피치를 위한 생각 잡기의 징검다리는 그 폭이 넓어야 좋다.

좋은 스피치를 위해서 생각 잡기를 할 때는 생각되는 낱말들을 붙여

놓지 말고 좀 멀게 잡는 게 좋다. 한 낱말만 보아도 고구마 줄기 하나를 걷어올리면 주렁주렁 달려오듯이 딸려 나오는 법이니까 말이다.

말하고자 하는 내용이나 줄거리를 이렇게 연상적으로 구성하면 메모하거나 암기하여 말할 수 있다.

또, 암기법 중에는 이야기를 영상화(映像化)하여 기억하는 방법이 있는데 이는 영상기억법이다. 여러분이 어렸을 때 감동적으로 본 영화를 잊지 않고 잘 기억하고 있는 이유는 그 줄거리를 영상화하여 기억하고 있기 때문이다.

예를 들어 보겠다.

아스팔트길→ 횡단 보도 → 보도 블록 → 화단→ 계단→ 유리 → 바닥 → 흙 → 얼굴 → 문 → 카페트 → 책 → 선생님 → 이야기 → 흥미

위의 15단어를 암기해서 순서대로 말해 보라.

위의 단어들을 스토리화하거나 영상화하면 쉽게 기억할 수 있다. 따라서 조리 있고 논리적인 화술로 사람을 이해·설득·감화시키기 위해서는 다음과 같은 점을 고려하면 좋다.

자기 경험에서 소재를 구하는 것도 좋은 방법이다. 당신의 삶에서 중요했던 순간이나 재미있었던 사건들을 모아 보아라. 그 이야기에서 당신이 말하고자 하는 점이 뚜렷이 밝혀져야 하고, 또 그 내용도 사람들이 흔히 겪어 보지 못하는 것이어야 한다. '그래서 어쨌다는 거야?' 하는 반응이 나올 만한 소재는 당장 버리거나 고쳐야 한다.

우리는 날마다 갖가지 일을 경험하게 된다. 그 상황이 어떠했는지, 어떻게 대응했는지, 그리고 그 결과는 어떠했는지 자세히 메모해 두

었다가 적절히 이용한다. 체험이나 독서 그리고 얻어들은 각각의 소재들을 한 장의 종이에 자세히 묘사하여 다양한 파일을 만들어라.

키 메시지(Key Message)로 말하라

업무 지시, 연설 등 사장이 한 말을 직원들은 얼마나 기억할까?

전부를 기억하는 사람은 아마 단 한 명도 없을 것이다. 심지어 사장이 말하려고 한 바가 무엇인지 아예 알지 못하는 사람도 있다. 그럼 어떻게 해야 할까? 여러 번 말한다? 더 크게 말한다? 더 강하게 말한다? 아니다. 아주 확실한 방법이 있다. 바로 '키 메시지'를 활용하는 것이다.

호랑이는 죽어서 가죽을 남기고 사람은 죽어서 이름을 남긴다? 아니다. 한 시대를 풍미했던 유명한 사람들은 이름과 함께 명언도 남긴다. 링컨은 연설을 통해 "국민의, 국민에 의한, 국민을 위한 정부(government of the people, by the people, for the people)"라는 명언을 남겼다. 이처럼 멋진 메시지 한 줄은 스피치를 빛나게 할 뿐만 아니라 사람들의 가슴에 오래 남는다.

이처럼 말에는 키 메시지(Key Message)가 있어야 한다.

말하고자 하는 핵심, 가장 중심이 되는 아이디어 뼈대가 바로 키 메시지다. 키 메시지가 없는 말은 물에 물 탄 듯, 술에 술 탄 듯, 희미하다 무슨 말을 하고 있는지 종잡을 수 없게 말하는 사람이 있다.

키 메시지가 없어서 그렇다. 설령 키 메시지가 있다고 하더라도 그 것을 중심으로 말하는 요령이 없어서 그런 것이다. 질문할 때는 질문의 요지가 키 메시지다. 질문하는 시간에 질문인지, 진술인지 구분할 수 없는 이야기를 늘어놓는 경우가 있다. 이런 경우에는 말이 끝나면 꼭 질문이 되돌아온다. '말씀하신 질문의 요지가 무엇인가요?' 키 메시지가 확실하지 않은 내용은 듣는 사람에게 혼란을 불러 일으킨다. 반면에 말을 두괄식으로 하면 핵심이 더 살아난다. 중요한 주장이 앞에 오기 때문에 다음에 오는 자세한 내용에 대해서 표지판 노릇을 해준다. 듣는 사람이 옆길로 새거나 혼란에 빠질 염려가 없다. 우선 주장하는 바를 말하라. 말을 할 때는 중요한 부분이 있고 덜 중요한 부분이 있다. 핵심과 지엽을 구분해서 체계적으로 이야기해야 한다. 이렇게 해야 듣는 사람에게 자신이 말하고자 하는 바를 확실하게 전달할 수 있다. 두괄식으로 해야 들으면서 정리가 잘된다. 우선 주장하는 바의 키 메시지를 말한 다음 이에 걸맞은 증거와 사례를 들어야 한다. 아내가 마트에 나가서 물건을 사러 갔는데 엄청 늦었다. 그래서 남편이 "왜 못 사왔어?"라고 묻는다. 아내가 "응, 내가 할인점에 가다가 대학 때 친구를 만났거든. 그런데 그 친구 남편이 나를 알아보는 거야. 그래서…." 하면서 지엽적인 사항을 길게 늘어놓으면 듣는 사람의 인내심을 시험하는 것이 된다. 한두 번이면 몰라도 매번 이런 식으로 답하다가는 듣는 사람이 짜증을 낼 만하다. '그래서 어떻게 됐다는 거야?' 하는 반응이 나오기 쉽다.

모든 메시지에는 핵심과 지엽이 있다

이 두 부분을 먼저 구분한 후에 핵심적인 부분을 강조해 말하고 그 다음으로 지엽적인 사례를 제시해야 한다.

'키 메시지'는 이처럼 하고자 하는 말을 단 하나의 단어나 문장으로 압축하여 나타낸 것이다. 특히 청중이 긴 연설의 내용을 모두 다 기억하기는 어렵다. 그러나 잘 만들어진 키 메시지를 활용하면 청중의 머릿속에 전달하고자 하는 내용을 효과적으로 남길 수 있다. 또한 키 메시지는 스피치를 안정적으로 이끌어가는 중심축이 된다. 핵심 내용을 미리 정해 두었기 때문에 중요한 메시지를 빠뜨리지 않게 되고 따라서 연설이 엉뚱한 방향으로 흘러가는 일도 줄어든다. 그렇다면 키 메시지는 어떻게 만들고 사용해야 할까? 그저 하고 싶은 이야기를 모아 한 줄에 담으면 되는 걸까? 효과적인 키 메시지를 만들려면 세 가지 포인트를 기억해야 한다.

첫째, 키 메시지는 단순하고 강렬해야 한다.
생텍쥐페리는 "완벽함이란 더 더할 것이 없을 때가 아니라 더 이상 뺄 것이 없을 때 완성된다."라고 말했다. 스피치도 마찬가지다. 말이 너무 많으면 전하고자 하는 것의 핵심이 흐려진다. 아무리 중요한 내용이라도 핵심 논지를 흐릴 위험이 있다면 과감히 빼는 것이 좋다.

둘째, 키 메시지는 듣는 이의 감성을 자극해야 한다.
감성을 자극한다는 것이 꼭 감동적인 것을 말하는 것은 아니다. 들는 사람으로 하여금 연설이 자신과 관련이 있는 것처럼 느끼게 해야 한다는 것이다. 오바마가 연설 중에 '106세 흑인 할머니의 인생 스토리를 인용해 청중을 감동시킨 것'이 그 예다.

셋째, 키 메시지는 반복되어야 한다.

바로 키 메시지를 부각하기 위해서다. 이것이 장황한 자료를 늘어놓으며 설명하는 것보다 훨씬 효과적으로 대중에게 호소하는 방법이다.

스티브 잡스는 스탠퍼드 대학교에서 'Stay hungry, stay foolish'라는 말을 3번 반복하며 연설을 마무리했다. 사람들은 그 연설을 'Stay hungry, stay foolish'로 기억한다.

명스피치는 한마디로 기억된다. 연설을 할 때뿐만 아니라 일상적인 업무 지시를 할 때도 키 메시지를 잘 활용하면 무척 도움이 될 것이다. 어떤 상황에서든지 말을 하기 전 말하려는 핵심을 추려내고 단순하면서도 감성적인 키 메시지를 만들어 보라. 그리고 그것을 반복해 보라.

새로운 관점으로 각인시켜라

"여기 500원짜리 주화가 있다. 어떻게 보입니까?"라고 물으면 십중팔구는 "원이다."라고 대답한다. 그 말에 필자가 "다르게 보이시는 분은요?"라고 재차 물었을 때 "동그랗게 보인다." "원이나 동그라미나 같은 것 아닙니까?"라고 응수하면 청중석에서는 웃음이 터진다. "자,

여러분 동전을 세워서 보면 어떻게 보입니까? 직선으로 보이지요.”
“그럼 측면에서 비스듬히 보면요… 타원으로 보이지 않습니까? 그렇다. 어느 쪽에서 혹은 어떻게 보느냐에 따라 동전이 달리 보이듯 어떤 주제에 대해서 접근하는 방법에 따라 달리 해석하고 달리 말할 수 있지 않을까?

색다른 관점에서 말할 수 있을 때 사람들의 관심과 마음을 사로잡을 수 있는 것이다. 정면에서 바라보고 말하는 것은 누구나 할 수 있는 말, 의례적인 말, 고식적인 말, 그래서 고루한 말, 별로 마음이 끌리지 않는 말이 되는 것이지요.”라며 청중을 향해 열변을 토하노라면 모두가 고개를 끄덕인다.

“자, 예를 들어 볼까요. 사랑에 대한 정의(定義)를 내려 봅시다. ○○님, 사랑을 어떻게 정의하십니까?”라고 물으면 “사랑은 주는 것이다…”, “사랑은 존경하는 것이다.”, “사랑은 숭고한 것이다.”라는 식의 대답뿐이다. “그렇군요…. 그런데 그런 정의는 누구나 할 수 있는 정의이고, 그런 관점이 고정적 관점이라 할 수 있으며, 그런 식으로 말을 하는 것은 의례적인 말이 될 수 있다는 것입니다.” “이렇게 정의를 내려 보면 어떨까요? 사랑은 칠판입니다. 왜냐하면 하얀 칠판에 마음껏 그림을 그리거나 새로운 내용을 담을 수 있으니까…. 사랑에는 무한한 가능성이 숨겨져 있다는 것을 의미하지요. 그러나 칠판에는 썼다가 지울 수 있으니 조심해야겠지요. 슬픈 사랑이 될 수도 있으니 말입니다. 그럼 이렇게 정의를 내려 보겠습니다. ‘사랑은 화초’다. ＊＊＊님, 왜 그렇다고 생각하시는지 말씀해 보세요.”라고 질문하면 이제는 고정관념의 틀을 깨고 창의적인 해석이 술술 나오게 된다.

"네, 사랑은 화초처럼 늘 관심을 가지고 물을 주며 가꾸어야 하기 때문입니다. 그러나 언젠가는 시들어 버리니 영원한 사랑이란 있을 수 없습니다."

급기야 "사랑이란 똥입니다!"라는 말까지 하게 되었다. 사랑과 똥의 공통점은 무엇일까? '구려도 베어낼 수 없는 것이 사랑이니까….', '사랑은 더러운 것이니까….', '사랑하는 이를 위해서 모든 영양분을 공급해 주고 찌꺼기만 남는 것이니까….' 등 얼마든지 많은 공통점을 찾아낼 수 있을 것이다. 그러나 결정적인 공통점은 "1960~70년대엔 채소밭에 인분으로 거름을 주었다. 똥은 거름이다. 그렇다. 위대한 성공 뒤에는 아름다운 사랑이 있듯 인생의 밑거름은 사랑이다. 따라서 사랑은 똥이다."라고 할 수 있다.

사랑에 대한 주제로 글을 쓰거나 말을 하라고 하면 어디서부터 말을 시작해야 하는지 또 무엇을 말해야 하는지 막막해하는 사람이 많이 있을 것이다. 그러나 창의력이란 프리즘으로 세상(주제)에 대한 관점을 달리한다면 무한한 화제로 마음대로 말을 구사할 수 있게 된다. 따라서 창의적으로 말하려면 너무 어른의 눈으로 바라보면 복잡해질 수 있으니 어린아이의 눈으로 세상을 바라보라는 주문을 하고 싶다.

아날로그 시대에는 다른 사람들과의 차이가 '왕따'의 이유였다. 동양적인 미덕이 생활화된 우리에게는 튀는 것, 남과 다른 것이 집단에서 따돌림당하는 원인이 되었다. 그러나 디지털 시대에는 남과 다른 무엇인가를 가진 사람이 오히려 대접받는다. 이제 차이가 가치를 생산해내는 시대가 온 것이다. 똑같은 일을 하더라도 남다른 생각이 앞서가는 사람으로 만든다. 말도 마찬가지다. 누구나 할 수 있는 말이나 의례적인 말로는 사람의 마음을 사로잡을 수 없다. 나만의 것, 나만의 향기, 나만의 색깔, 나만의 스타일이 있을 때 사람의 관심을 사고 주의를 끌 수 있는 것이다.

기억법과
명문장

사람들이 많은 사람 앞에서 말하기를 두려워하는 것은 '틀리면 어쩌나.' 하는 기우 때문이다.

사람들이 어려워하는 것이 바로 말할 내용은 많은데 시종일관 원고에 의존하기는 실력이 드러나는 것 같고 그렇다고 암기하기에는 시간이나 암기력에 한계를 느끼기 때문이다.

말하는 이가 말할 내용을 다 숙지하면 그런 기우나 두려움이 반감되는 것은 물론 말에 자신감을 갖게 되어 더욱 설득력 있는 스피치를 하게 된다.

■ 스토리 기억법

한 편의 드라마나 영화의 줄거리를 기억하듯 암기해야 할 부분을 스토리화해 기억한다.

예) 마이웨이- 인생은 마라톤과 같다.

■ **연상 기억법(쿵꽝타 기억법)**

단어와 단어를 릴레이식으로 연결해 기억한다.

에) 지난 여름의 피서지(해운대) — 바다(파도) — 변화(이 시대의 트렌드) — 파렛트법칙(80:20법칙) — 핵심을 찾아 부각하라(생존전략)

■ **영상기억법**

시각적 이미지를 떠올려 기억하는 법

에) 별명과 친구 이름: 오리궁뎅이: 김칠수, 백설공주: 이태원

■ **도식적 기억법**

이야기를 전개해 나가는 과정을 나뭇가지나 생선 뼈의 배열처럼 순차적으로(대주제 → 소주제→ 소제별 사례) 기억하는 법

에) 친절 → 경쟁력 → 고객 응대법 → 성공 사례 → 고객 감동 원칙 → 고객 졸도 원칙 / 실패 사례 → 고충 처리 상담법….

■ **Fegging System**

물건을 순서대로 암기해야 할 경우 일(1)은 일등, 이(2)는 이슬, 삼(3)은 삼팔선, 사(4)는 사자, 오(5)는 오리, 육(6)은 육교, 칠(7)은 칠판, 팔(8)은 팔지, 구(9)는 구름, 십(10)은 십자가란 단어와 연관지어 기억하는 방법이다.

스승께 배운다 (재밌게 즐기는 삶의 방식)

'인생을 어떻게 살아야 할까?'란 근본적인 질문을 깨닫게 해 주신 '방' 자, '강' 자, '웅' 자 교수님!

나의 박사과정 지도교수셨다. '화술경영'이란 장르에서 '스피치 스타일'을 연구하고 논문을 쓰게 해 주셨는데 당시엔 너무 혹독하게 가르쳐 주셔서 야속하고 서운하기까지 했지만 지금 생각하면 그렇게 해주셨기에 논문다운 논문을 내놓을 수 있었고 평생 '박사'란 소리를 들어가면 살도록 해 주셨으니 얼마나 감사한 일인지 모른다. 설파형, 표출형, 논증형, 서술형….

교수님은 약주를 좋아하셔서 주변에서 말이 없는 것은 아니지만 약주를 좋아하신다기보다는 제자들과의 자리를 좋아하시는 것 같다.

지금도 주기적으로 자리를 만들어 모시는데 식사하는 시간은 2시간 정도다. 그 시간 내내 즐거운 웃음 속에서 함께하는데 그 비결이 무엇일까?

교수님은 대단히 솔직하신 편이라서 가끔 깜짝 놀랄 때도 있지만 그런 솔직담백함이 인간적으로 와닿는다. 그 솔직함이 웃음과 공감대를 만들어 주기에 충분한 것 같다.

그리고 교수님은 맞장구를 잘 치신다. 상대방이 웃으려는 기미가 있으면 잘 웃어 주시고 즉각적인 반응을 보여 준다. 반응으로 분위기를 만들어 주시는 것이다.

다음은 재밌어지려는 의도를 가지고 재밌게 표현하시고 행동한다는 점이다. 재미와 의미를 주시는 교수님은 제자들에게 절대로 부담을 주지 않는다. 수육에 막걸리 한잔….

그런 교수님을 존경한다. 사랑한다.

가벼운 인사말부터…

어느 나라 사람이든지 대화의 수준을 보면 문화민족인지, 아닌지를 알 수 있다. 미국이나 영국 사람들은 'Thank you!'라는 말이 자연스럽게 나온다.

일본인들은 어떠한가. 언제라도 일본인을 부르면 '하이!' 하고 경쾌하게 대답하고 뛰어온다. 물론 조금만 감사하단 생각이 들면 '아리가토' 즉 감사하단 말을 입에 달고 다닌다. 어떤 사람은 이 단어를 하루에 300회 이상 사용한다고 하니 우리가 볼 때는 너무 지나치다는 생각이 들 정도다.

반면에 우리나라 사람들은 어떠한가? 지하철을 타다가 승객의 발을 밟았는데도 얼굴을 물끄러미 바라보며 '이걸 어쩐다!' 하면서 당황해할 뿐 정작 미안하단 소리로 사과를 해야 될 상대방한테는 눈치만 살피고 만다.

4천 원짜리 북엇국을 파는 한 북엇국집에는 매일 낮 12시~1시 사이에 수백 명의 손님이 몰린다고 한다. 그렇게 장사가 잘되는데도 친절한 응대에 부족함이 없다. 문 열고 들어서면서부터 종업원이 기운 넘치는 목소리로 "어서 오십시오."에 이어 "앉으십시오", "뭘로 하실까요?", "잠깐만 기다려주십시오."라고 한다.

그 사이 사이 "네."란 복창을 대여섯 번은 듣는다. 얼마 후 "국밥 왔다. 맛있게 드세요."란 말이 나왔고, 그것으로 인사말은 끝날 줄 알았는데 "모자라면 건더기와 국물 더 드릴게요.", "식사 좀 더하시지요." 등의 말을 들을 수 있었다.

식사를 끝내고 계산대에 선 손님에게 전하는 마지막 인사말이 "맛있게 드셨어요. 만2천 원이다. 감사한다."이다. 들어서자마자 퍼붓는 인사말이 바로 이 북엇국집의 영업전략인 것이다.

상대방을 감동시키는 언어도 복잡하고 긴 말이 아니라 '감사하다', '사랑한다', '존경한다', '미안하다', '덕분이다' 등과 같이 짧은 인사말임을 알아야 한다.

아침밥상을 차려 주는 아내에게도, 신발 먼지를 털어 준 딸아이에게도, 출근길 택시 기사분에게도, 직장 동료에게도 짧은 인사말 한마디가 격려의 말이 되고, 축하의 말이 된다는 사실을 기억하자.

웃어넘기는 법을 배우라

사이가 매우 좋고 행복한 부부들을 가만히 살펴보면 대개 양쪽 모두 적당히 웃어넘길 줄 아는 사람들이다. 상대방이 실언을 한 경우에도 유머 한마디로 슬쩍 웃어넘기는 연습을 해 보자. 또한 재미있는 이야기로 남편을 즐겁게 하자. 물론 유머 감각은 쉽게 길러지지 않지만 어눌한 유머조차도 마음을 밝게 만들어 준다.

장수의 비결, 아내 말을 잘 듣는 것이란다_ 모처럼 자리를 같이한 두 남자가 서로 자기 가정생활에 대해 얘기를 하고 있었다. 그들은 둘 다 대단한 공처가였지만 겉으로는 전혀 내색을 하지 않고 있었다.

한 사람이 말했다.

"내 명령은 거의 절대적이어서 아내가 내 말을 거역하는 경우란 있을 수 없지."

"허, 그래?"

"어제만 해도 그래. 내가 물을 데우라고 했더니 아내는 즉시 일어나 물을 데워 주더군."

"그것 한 가지만 봐도 자네가 집에서 얼마나 극진한 대접을 받는지 상상이 가는군."

"그렇다니까. 난 정말 찬물로 설거지하기가 죽기보다 싫거든."

"…."

생각하기 전에 말하지 마라

말은 할수록, 고기는 씹을수록 맛이 난다는 말이 있다. 하지만 말과 고기는 잘못 씹으면 혀를 물리기도 한다. 말을 잘하기 위해서는 먼저 장애요인을 극복하는 것이 중요하다.

우리는 때때로 다른 사람에게 "보기하고 다르다. 혹은 첫인상과 다르다."라는 말을 하는 경우가 있다.

첫인상과 시간이 어느 정도 지난 다음의 이미지가 전혀 다를 때 하는 말이다.

이때 가장 큰 변수는 바로 말이다.

어떤 사람과 대화를 많이 나눠 보기 전에는 상대에 대해 오해를 하는 경우가 많은데, 그것은 말이 그 사람의 사고방식과 가치관을 알 수 있는 수단이기 때문이다.

이왕이면 재밌는 표현을 하라.
FunFun하려면 뻔뻔해져라

한 친구가 공처가의 집에 놀러 갔다. 마침 공처가는 앞치마를 빨고 있었다. "한심하군! 마누라 앞치마나 빨고 있으니…." 친구가 힐난하자 공처가가 버럭 화를 냈다. "말조심하게, 이 사람아! 내가 어디 마누라 앞치마나 빨 사람으로 보이나?" "이건 내 거야, 내 거라고~!"

· **억지로 웃기려고 하지 말 것** — 무조건 상대를 웃겨야만 된다는 중압감으로 저속한 언어를 사용하거나 지나친 모션을 쓰지 않도록 주의해야 한다.

· **상대를 고려해서 사용할 것** — 듣는 사람의 연령이나 성향에 맞지 않는 재밌는 표현은 분위기를 썰렁하게 할 뿐이다.

· **너무 앞서 가지 말 것** — '이것은 아주 웃기는 얘긴데, 결론은 이렇게 된다. 웃기지 않습니까?' 말하는 사람이 이런 식으로 앞서 가면 아무리 우스운 이야기도 실패한 재밌는 표현이 되고 만다.

- **자신이 먼저 웃지 말 것** ─ 웃기는 이야기를 해 놓고 연사가 먼저 웃어버리면 상대방은 얼마나 맥이 빠질까?

- **마음의 여유를 가질 것** ─ 재밌는 표현은 단순한 말재간만으로 이뤄지는 게 아니다. 말하는 사람의 따뜻한 인간성을 전제로 한, 좀 더 세련된 지적 표현이다. 그러므로 옹졸하고 신경질적인 심리 상태에서는 명쾌하고 재밌는 표현이 나올 수가 없다.

- **서론과 설명이 너무 길면 안 된다** ─ 결론을 듣기도 전에 듣는 이가 질려 버리기 때문이다. 분명한 목소리로 말하는 것도 중요하다. 상대방이 못 알아들어 중간에 말을 끊고 되묻는다면 김이 새기 마련이다. 또한 자신이 내용을 정확하게 파악하고 있어야 한다. 얘기하다 말고 중간에서 내용이 가물가물하면 안 하느니만 못하다. 웃음을 참는 인내력도 필요하다. 재밌는 표현을 들려주면서 얘기하는 사람이 먼저 웃느라 정신을 못 차리면 듣는 이는 아직 내용도 모른 채 어안이 벙벙해진다.

재밌는 표현법 세 가지

어떤 사람이 신문을 손에 쥔 채 통곡하고 있었다. 그 신문에는 백만장자가 죽었다는 부고 기사가 실려 있었다. 〈세계 최고의 부호, 영원히 잠들다!〉 이것을 옆에서 보고 있던 사람이 위로하며 말했다. "그가 죽은 건 안타깝지만 당신은 그의 친척도 아니고 아무것도 아니지 않소?" 그러자 울고 있던 사람이 대답했다. "그것이 슬프단 말입니다."

요즘 인기 있는 사람은 재밌는 표현 감각이 뛰어난 사람이다. 재밌는 표현은 분위기가 어색할 때나 곤란한 상황에 빠졌을 때 그 위기를 잘 넘길 수 있도록 해준다. 그래서 재밌는 표현 감각이 있는 사람은 어딜 가나 환영받기 마련이다. 그런데 사람을 웃기는 방법에도 몇가지가 있다. 이를테면 과장법을 이용하여 웃음을 유도하는 방법이다. 단순히 현실이나 상황을 밋밋하게 통상적인 언어로 표현하는 것보다는 훨씬 더 실감 나고 재미있게 과장하여 표현하면 더 재미있는 이야기가 될 수 있다. 또 사람들은 바보가 아닌 사람이 바보 흉내를 내는 것을 보고 웃는다. 때로는 모르는 척, 때로는 질문을 엉뚱하게 이해하는 척하고 엉뚱한 답을 하는 것도 한 방법이다. 이처럼 다양한 방법이 있는데 거기에는 일정한 법칙이 있다.

첫째는 공감대 형성이다_ 총알택시 운전사와 목사님이 같은 날 같은 시각에 죽었다. 그런데 운전사는 곧바로 천국으로 보내지고 목사님은 저승 문 앞에서 대기하게 되었다. 억울한 마음이 든 목사님은 하느님께 따져 물었다. '하나님. 도대체 왜 성직자인 저는 아직 대기 중인데 총알택시 운전사는 바로 천국으로 보내는 겁니까?' 그러자 하느님께서는 이렇게 대답한다. '목사인 당신이 설교할 때 신도들은 모두 졸았지만, 총알택시 기사가 차를 몰 때는 모두 기도를 드렸기 때문이니라.'

나 혼자만 재미있는 얘기여선 곤란하다. 공감할 수 있는 얘기로 재미를 끌어내야 한다. 아무도 재미있지 않은데 혼자만 재미있다고 꺼내는 얘기는 썰렁함을 불러일으킨다. 철 지난 이야기나 남들이 공감하지 못할 얘기는 주의해야 한다.

둘째는 시의적절성이다_ 링컨이 젊었을 때 급하게 시내에 나갈 일이 생겼는데 말과 마차가 없었다. 마침 시내 쪽으로 마차를 몰고 가는 노신사를 발견했다. "죄송하지만 제 외투를 시내까지 갖다 주실 수 있겠습니까?" "그거야 어렵지 않지만 시내에서 옷을 받는 사람을 어떻게 만날 수 있죠?" "걱정하시지 않아도 됩니다. 외투 안에 제가 있을 테니까요."

재치는 눈치에서도 나온다. 적절한 타이밍에 해야지 아무 때나 한다고 재밌는 표현이 되는 게 아니다. 남들 다 진지한데 재밌는 표현이랍시고 잘못 꺼냈다간 분위기만 망치기 쉽다. 분위기를 파악하지 못한 재밌는 표현은 재미가 아니라 재앙이 된다.

셋째는 주제와 연관성이다_ 오랜 친구 사이인 두 할머니가 만나 이야기를 나누고 있었다. 서로의 안부를 물은 후 이런 대화를 주고받았다.

"바깥어른은 잘 계슈?"

"지난주에 죽었다우. 저녁에 먹을 상추를 뜨러 나갔다가 심장마비로 쓰러졌지 뭐유."

"저런, 쯧쯧…. 정말 안 됐네요. 그래서 어떻게 하셨수?"

"뭐, 별 수 있나? 그냥 깻잎 사다 먹었지."

아무리 재미있는 얘길하더라도 주제와 연관되지 않으면 뜬금없는 소리에 불과하다. 그건 그냥 웃기는 얘기일 뿐이며, 자신을 가볍고 실없는 사람으로 보이게 할 수도 있다. 쓸데없이 웃기는 것보다 중요한 순간에 주제와 연관시켜 재미를 줄 때만 재밌는 표현이 아주 강력한 힘을 발휘한다.

이 세 가지를 제대로 지키지 못할 거라면 오히려 재미있는 표현, 유머러스한 대화를 시도하지 않는 게 더 좋다. 공적인 자리에서의 재밌는 표현은 잘해야 본전이다. 비즈니스의 자리나 강연 등 공적인 자리에서 분위기를 반전시키거나 주목을 받기 위해 재밌는 표현을 구사하는 것은 필요한 전략이다. 하지만 재밌는 표현에 자신 없는 사람은 오히려 잘못했다가 분위기를 어색하게 만들 수 있다. 그리고 재밌고 호감을 주는 인상을 남기긴커녕 가볍고 경박한 사람이라는 인상을 남기게 될 수도 있다. 그러니 재밌는 표현은 분위기 봐서 구사하는 것이지, 의욕만 넘쳐서 함부로 구사해선 안 된다. 좀 덜 중요한 자리에서 연습도 해 보고, 다른 사람들의 분위기도 봐가면서 눈치껏 해야 한다. 재밌는 표현은 잘 쓰면 약이지만, 잘못 쓰면 독이 될 수 있다. 그러니 재밌고 넉살 좋은 사람이 경쟁력이 있는 것이다.

재밌는 표현의 원리

• **심리적 격차로 웃음을 만든다.** 트럭으로 온 동네를 누비며 수박을 팔아서 생계를 유지하는 수박 장수가 있었다. 저녁 때가 됐지만 수박은 더 이상 팔리지 않았다. 수박 장수는 장사를 접고 집으로 가고 있었다. 홧김에 신호도 무시하고 과속도 하면서 차를 몰았다. 그런데 뒤에서 빵빵거리는 소리와 함께 사이렌을 울리며 경찰차가 따라오고 있었다. 최고 속도를 내며 경찰차를 따돌리기 위해 안간힘을 쓰는 수박 장수. 포기하지 않고 따라오는 경찰차. 추격전을 벌인 지 20여 분

이 지나자 수박 장수는 결국 경찰 따돌리기를 포기하고 갓길에 차를 세웠다. 차에서 내린 경찰관이 수박 장수에게 달려오며 이렇게 한마디를 한다. "아저씨! 수박 한 덩이만 주세요!!"

우스운 장면이나 재밌는 표현을 보고 듣게 될 때, 기대 결말과 전혀 다른 엉뚱한 실제 결말이 나타날 경우 심리상으로 양자 간의 격차(황당함)가 만들어진다. 그 격차를 크면 클수록 웃음의 폭발력은 커진다. 그러나 그 격차가 거의 없거나 비슷할 경우 웃음을 자아낼 수 없다.

• **사실감(유얼리티)이 클수록 재밌는 표현의 폭발력이 크다.** 아내가 빨래를 널며 말했다. "방 좀 훔쳐요." 난 용기 있게 말했다. "훔치는 건 나쁜 거야!" 그리곤 아내가 던진 빨래 바구니를 피하려다가 걸레를 밟고 미끄러져 엉덩이가 까졌다. 재밌는 표현 내용의 앞뒤가 자연스럽게 연결되거나 재밌는 표현의 내용이 사실과 가깝게 개연성을 지닐수록 실감 나는 느낌을 주게 되어 더 큰 웃음이 나온다. 엉뚱한 결말을 자연스럽게 이끌어낼 수 있는 개연성 있는 연결고리가 있어야 한다(유얼리티).

• **재밌는 표현의 결말을 우회적으로 표현하라. (유즈닝)** 어느 날 저녁 때 남편이 아내를 그윽하게 바라보며 말했다. 여보~ 오늘은 둘이 위치를 바꿔보는 게 어때? 그러자 아내는 무척 기쁘고 반가운 표정으로 대답했다. "그래요! 내가 소파에 앉아서 TV를 볼 테니까…" 실제 결말을 우회적으로 표현하여 상대들이 스스로 의미를 깨닫게 하는 것이 직설적으로 표현하는 것보다 더 큰 재미와 웃음을 준다.

• **성적인 소재를 사용하여 상대방으로 하여금 해방감을 느끼게 하라.** 호텔에 처음 간 신혼부부가 첫날밤을 보내고 체크아웃을 하려고

프런트로 내려갔다. 신랑은 호텔 직원에게 물었다. "사용료가 얼마입니까?" "객실 사용료는 1회 7만 원입니다." 신랑은 그만 입이 딱 벌어져 한참 동안 서 있다가 제 정신이 든 듯 지갑을 열며 투덜거렸다. "젠장, 무지막지하게 비싼 방이로군…. 여기 있어요. 70만 원…." 해방감이란 성적 욕구, 속마음 등과 같은 인간의 본능과 생존을 억압하는 사회·도덕적 금기와 두려움이 깨질 때 통쾌해지고 가슴이 뻥 뚫리는 것처럼 시원해지는 감정을 말한다.

  • **자기를 낮추고 상대방을 높여줌으로써 상대방이 우월감을 가지게 하라.** 또 재밌는 표현이 상대에게 우월감이나 해방감을 느끼게 한다면 그것은 더 큰 웃음을 만들게 된다. 우월감이란 타인이 바보스럽거나 실수하거나 망가지는 것을 볼 때 다른 사람과의 비교와 경쟁에서 이겼다고 느끼게 되는 승리의 감정을 가리킨다. 얼마 전 필자가 제대 군인을 대상으로 '제2의 인생'이란 주제로 강의를 하게 되었는데 '윤치영스피치커뮤니케이션연구소 대표이시고, 인천시 자문위원이시며, KBS, SBS, MBC….' 사회자의 소개가 장황(?)했다. 그래서 필자는 강의에 들어가기에 앞서 "안녕하십니까? 저는 논산 군번 12169691으로 입대해 병장으로 제대한 윤치영입니다. 이곳에서 소령, 중령, 대령으로 예편하신 장교님들을 모시고 강의하게 되어 영광입니다. 충성." 하고 인사하니 웃음이 터져 나왔다. 재밌는 표현을 통해 웃음을 주려면 下下下(하하하) — 자신을 낮추고, 好好好(호호호) — 좋은 감정을 가지고, 喜喜喜(희희희) — 기뻐야 하고, 虛虛虛(허허허) — 마음을 비워야 하며, 解解解(해해해) — 스트레스를 풀어야 한다.

재밌는 표현 감각을 키우려면 평소의 관심과 뱃심이 필요하다

교통사고가 났을 때 미국에서는 제일 먼저 교통경찰이 달려와 사고 경위를 조사하고 처리 결과를 알려 주고 일본에서는 제일 먼저 보험 회사 직원이 달려와 보험 약관과 보험금 지급 내용을 알려주는데 한국에서는 온 동네를 진동시키며 여러 대의 레커차가 달려온다.

이처럼 재밌는 표현은 일상생활 속에 널려 있다. 사소하게 넘어가는 일들도 우스운 내용이라면 반드시 본인이 주인공이 되어 머릿속으로 여러 번 그려보아야 한다. 그냥 웃어넘기는 일 중에서 다음에 유사한 상황에서 적절하게 사용할 수 있는 말이 많기 때문이다. 그러므로 일상생활에서 한번 웃었던 일들을 머릿속에 기억해 두었다가 그와 비슷한 상황이 벌어졌을 때 응용하여 써먹을 수 있게 된다.

재밌는 표현은 단번에 완성하기는 어려우며 평상시 많은 관심을 가지고 자주 써먹어야 한다. 재밌는 표현이 완전히 배어 자기도 모르게 본능적으로 튀어나올 정도가 되어야 하며 그러기 위해서는 평상시 사고방식까지도 재미있어야 한다. TV나 다른 사람, 또는 책으로 보았던 우스운 일들을 항상 머릿속에 기억해 두면 언제 어디서나 분위기에 맞게 약간만 즉흥적으로 편집하여 사용할 수 있으므로 소재가 제한되지 않을 것이다. 그리고 이렇게 말하면 어떻게 평가받을까 고민하지 말고 과감하게 동료나 지인에게 사용해 보아야 한다. 그래야 체득된다.

격차이론

옛날에 고집 센 사람 하나와 똑똑한 사람 하나가 있었다. 둘 사이에 다툼이 일어났는데 이는 고집 센 사람이 4×7=27이라 주장하고, 똑똑한 사람이 4×7=28이라 주장했기 때문이다. 둘 사이의 다툼이 가당키나 한 얘기인가? 답답한 나머지 똑똑한 사람이 고을 원님께 가자고 말하였고, 그 둘은 원님께 찾아가 시비를 가려줄 것을 요청하였다. 고을 원님이 한심스러운 표정으로 둘을 쳐다본 뒤 고집 센 사람에게 말을 하였다. "4×7=27이라 말하였느냐?" "네, 당연한 사실을 당연하게 말했는데, 글쎄 이놈이 28이라고 우기지 뭡니까?" 고을 원님은 다음과 같이 말하였다. "27이라 답한 놈은 풀어주고, 28이라 답한 놈에게는 곤장을 열 대 쳐라!" 고집 센 사람은 똑똑한 사람을 놀리며 그 자리를 떠났고 똑똑한 사람은 억울하게 곤장을 맞아야 했다. 곤장을 맞으면서 똑똑한 사람이 원님께 억울하다고 하소연했다. 그러자 원님은 "4×7=27"이라고 말하는 놈이랑 싸운 네놈이 더 어리석은 놈이다. 내 너를 매우 쳐서 지혜를 깨치게 하려 한다."라고 대답했다.

사람들이 재밌는 표현을 듣고 웃는 이유는 다음과 같다. 재밌는 표현의 전개상 예상했던 결말(정상적인 결말) 대신 엉뚱하고 황당한 결말이 제시되었을 때 그 두 결말 간의 격차는 심리적 불안을 유발하는데, 바로 이 불안정을 해소하기 위한 인체의 반응이 웃음으로 나타나기 때문이다. 예를 들어 '세상에서 가장 많이 쓰이는 말은 영국말이 3위, 중국말이 2위, 그렇다면 1위는?'라는 질문에 대해 '거짓말'이라고 대답했을 때의 경우가 해당된다. 다시 말하면 '영국말, 중국말' 식으로 나가서, 그럼 1위는 과연 어느 나라 말일까 하고 예상 결말을 궁금해할 때 바로 이 예상 결말과 실제 결말 간의 격차가 웃음을 유발한다는 것이다.

수술복을 입은 환자가 병원에서 도망치다가 정문에서 수위와 마주쳤다. "무슨 일이죠?" 환자가 가쁜 숨을 몰아쉬며 말한다. "아! 글쎄, 간호사가 맹장수술은 간단한 거니까 겁내지 말라는 거예요." "그럼요, 겁내지 마세요." "어떻게 겁을 안 내요? 간호사가 의사 보고 그러던데." 재미있고 효과적인 이야기 구성 방법은 결론을 먼저 이야기하고 원인을 나중에 이야기하는 것이다. 여기에서 재밌는 표현의 포인트는 원인이다. 결론을 이야기하는 1단계에서 사람들의 고정관념을 확실히 자리 잡게 할 수 있도록 분위기를 연출하고 상대방이 나름대로의 고정관념에 사로잡혀 누구나 상상할 수 있는 일반적인 원인을 상상하도록 유도를 한 후 그 사람이 생각한 것과 방향이 다른 엉뚱한 원인을 이야기하게 되면 웃음을 유도할 수 있다.

TPO(Time, Place, Occasion)법칙

재밌는 표현은 때와 장소와 상황 등 분위기에 맞춰 활용되어야 한다. 때와 장소, 상황에 맞지 않는 표현은 듣는 사람에게 자칫 불쾌감을 느끼게 하거나 뒤끝이 씁쓸한 블랙 유머가 될 수 있다. 좋은 말이지만 해서는 안 될 말이 있다. 때와 장소와 상황에 맞게 표현하자.

스피치에 있어서 재밌는 표현을 너무 남발하게 되면, 스피치의 격조가 떨어지고 가벼워질 우려가 있다. 그러나 재밌는 표현을 구사할 때 TPO(Time, Place, Occasion)가 적절히 고려되었다면 밋밋한 스피치보다는 청중의 관심을 불러일으키고, 행동의 변화를 촉구하는 데 크게 도움이 될 것은 분명하다.

트럭으로 온 동네를 누비며 수박을 팔아서 생계를 유지하는 수박 장수가 있었다. 그날도 여느 때와 같이 수박을 파는데 수박이 유난히 팔리지 않았다. 저녁 때가 됐지만 수박은 차에 한가득 실려 있었고 더는 팔리지 않았다. 수박 장수는 기분이 좋지 않아 장사를 접고 집으로 가고 있었다. 홧김에 신호도 무시하고 과속도 하면서 차를 몰았다. 그런데 뒤에서 빵빵거리는 소리와 함께 경찰차가 사이렌을 울리며 따라오고 있었다. 최고 속도를 내며 경찰차를 따돌리기 위해 안간힘을 쓰는 수박 장수. 포기하지 않고 따라오는 경찰차. 추격전을 벌인 지 20여 분이 지나자 수박 장수는 결국 경찰 따돌리기를 포기하고 갓길에 차를 세웠다. 차에서 내린 경찰관은 수박 장수에게 달려오며 이렇게 한마디했다. "아저씨! 수박 한 덩이만 주세요!!"

언어의 순서를 역전시켜라

저널리스트 사회에서는 이미 널리 알려진 이야기지만 개에 대한 이야기가 퍽 재미있어 소개하고자 한다. 어떤 경우든지 '개가 사람을 물었다.' 하면 뉴스 면에 게재될 성질의 것이 못되지만 '사람이 개를 물었다.'고 한다면 자못 귀추가 주목되는 이야기가 아닐 수 없다. 이것은 주어와 목적어의 개념이 역전되어 평범한 화제가 쇼킹한 반향을 불러 모은다는 상징적인 말이다. 언어는 이처럼 늘 의외성을 만들 수가 있다. 수평적 사고의 창시자인 에드워드 보노는 신선한 사고의 원동력은 '사물의 관계를 의식적으로 역전시키는 데서 나온다'고 말한다. 여기에서 그는 모든 대인관계에서도 언어의 도치를 활용할 것을 주장했다. 우리가 평소 사용하는 상투어도 단어의 순서를 뒤바꾸어 놓으면 보편적인 개념을 탈피하게 된다. 또한 신선한 기분을 갖게 하기 때문에 이야기의 파급 효과와 전달 효과가 아울러 증대된다.

스피치에 있어서 보편적인 이야기를 하면서 강한 인상을 심어 주려면 언어의 순서를 역전시켜 볼 일이다. 언어의 순서는 항상 일정해서 고착된 선입감일 수도 있으므로 고정관념을 탈피하면 새로운 감동을 얻을 수 있는 신선함을 발휘할 수가 있다.

재밌는 표현을 생활화하라

■ **매사에 호기심을 가져라_** '가로등은 세로로 서 있는데 왜 세로등이라 하지 않고 가로등이라고 하지?' '짐승만도 못한 사람과 짐승보다 더한 사람이 있다면 누가 더 나쁠까?' '화장실 벽에 낙서 금지라고 쓰여 있는 것은 낙서일까, 아닐까?' 이렇게 생뚱맞게 다르게 보고, 유연하게 생각하는 데서 재밌는 표현 감각이 길러진다. 재밌는 표현을 할 수 있는 실력을 쌓으려면 평소에 호기심을 갖고 사물을 다른 각도에서 보라.

■ **재밌는 표현을 발굴하고 수집하라_** 어느 교육장의 한 장면. 강사가 열심히 강의를 하고 있는데 한 교육생이 졸고 있었다. 그래서 "저기 자는 분 좀 깨워 주시지요."라고 했더니 "재운 사람이 깨워야지

요."라고 했다나⋯. 생각할수록 재미있는 장면이지 않은가. 재밌는 표현을 담은 책도 많고 인터넷에도 재밌는 표현이 넘쳐난다. 하지만 실제 쓸 만한 것은 그렇게 많지 않다. 마치 보석을 캐는 심정으로 자기에게 맞는 내용을 발굴해야 한다. 특히 짧고 간단하면서도 재밌는 표현들을 위주로 발굴하라. 너무 긴 재밌는 표현은 오히려 지루한 감을 줄 수 있다. 짧은 넌센스 퀴즈가 순간적으로 웃기기엔 적절할 때도 있다.

- '개가 사람을 가르친다'를 4자로 줄이면(개인 지도)
- 보내기 싫을 때는(가위나 바위)
- 전 세계적인 세 여자는(대서양, 태평양, 인도양)
- 여자가 남자보다 조금 더 오래 사는 이유는(저승으로 떠나기 전에 화장할 시간이 필요하기 때문)⋯.

그리고 반드시 재밌는 표현 메모장을 하나 만들자.

■ **생활 속에서 실현하라**_ 한 사내가 백화점 안내 데스크에 앉아 있는 젊은 여성에게 다가가 말했다. "저, 실례하겠습니다. 제 아내를 찾지 못해서 그러는데 저와 잠시 대화를 나눌 수 있을까요?" 이상한 생각이 든 여성은 되물었다. "뭐라고요? 그게 무슨⋯." 그러자 사내가 말했다. "제 아내는 제가 예쁜 여자와 이야기만 하면 어김없이 나타나거든요."

재밌는 표현이라고 해서 반드시 재밌는 표현 책에 있는 것을 달달 외워서 해야 할 필요는 없다. 생활 속에서 여유로운 마음과 재밌는 표현 감각을 잃지 않으려는 자세로 살면 자신도 모르게 생각지도 못했던 재밌는 표현이 나오기도 한다.

유머리스트에게는 유머리스트가 많아야 한다

가장 행복한 삶이란? '미국식 연봉을 받으며 독일 회사에서 일하고 영국 저택에서 프랑스 요리를 먹으며 일본인 와이프와 사는 것'이라면 가장 불행한 삶이란? "북한식 연봉을 받으며 한국 회사에서 일하고 일본 집에서 영국 요리를 먹으며 한국 남자와 사는 것"이라고 하는데 일본 여자들은 왜 욘사마를 좋아할까?

한 부부가 부부싸움을 했는데 아내가 몹시 화가 나서 남편에게 집을 나가라고 소리를 질렀다. 그러자 남편이 "나가라면 못 나갈 줄 알아?" 하면서 집을 나가버렸다. 그런데 나갔던 남편이 잠시 후 집으로 들어왔다. 아직도 화가 풀리지 않은 아내가 왜 다시 들어왔느냐고 소리를 질렀다. "가장 소중한 것을 놓고 갔어." "그게 뭔데?" 그러자 남편 왈 "바로 당신!" 그 말에 아내는 그만 피식 웃고 말았다.

눈을 만지면서 "아… 눈 아파!" 그럼 아내는 "왜 그래?"라고 묻는다. 이때 이렇게 대답한다.

"아니… 당신이 하도 눈부셔서… 눈이 아파… 하하하하하." 가까운 가족이나 친구에게 혹은 동료에게 재밌는 표현을 하게 되면서 친밀감을 타고 행복이 들어온다.

한참 무슨 생각에 잠겨 있던 여섯 살 난 아들이 말했다. "엄마, 퀴즈 하나 맞춰보세요. 세상에서 바다를 맨 처음 건너간 버스는?" "배도 아니고 바다를 건넌 버스라고? 그게 뭔데?"

그러자 아들이 말했다. "콜럼버~스!"

인삼은 6년째 되는 해 캐는 것이 최고다. 그럼 산삼은 언제 캐는 것이 좋은가? "… … …" "눈에 띄는 즉시….''

◆ **그거야 간단하지** - 돈이 많은 한 70대 노인이 새장가를 들게 되었다. 그 노인을 너무나 부러워하는 친구가 물었다. "여보게 친구~ 어떻게 20대 여자에게 새장가를 들게 되었나?" "여보게 친구~ 그거야 간단하지. 내 나이를 90세라고 속였지!"

◆ **수업시간에 모자를 왜 썼나?** - 한 대학생이 수업시간에 모자를 눌러쓰고 있었다. 그 모습이 언짢은 교수가 그 학생에게 질문을 했다. "학생, 수업시간에 왜 모자를 썼나?" 그러자 그 학생이 교수님께 질문을 했다. "교수님 안경을 왜 쓰셨어요?" "나는 눈이 나빠서 안경을 썼네!" "예 저는 머리가 나빠서 모자를 썼는데요." "… … 허걱."

◆ **공처가의 자존심** - 한 친구가 공처가의 집에 놀러 갔다. 마침 공처가는 앞치마를 빨고 있었다. "한심하군! 마누라 앞치마나 빨고 있으니…." 친구가 힐난하자 공처가가 버럭 화를 냈다. "말조심하게 이 사람아! 내가 어디 마누라 앞치마나 빨 사람으로 보이나?" "이건 내 거야, 내 거라고~!"

재미있게
말하는 법

똑같은 내용을 얘기해도 토크쇼 MC처럼 주변 사람들이 박장대소할 정도로 재미있게 말하는 사람이 있는가 하면, '김빠진 맥주'처럼 참 재미없게 말하는 사람이 있다. 스스로는 재미있다고 생각해서 말한 표현이지만 찬물을 끼얹은 듯 썰렁한 분위기를 만들게 되는 경우도 있다. 사람들과 재미있게 말하기 위해선 어떻게 해야 할까?

대화를 할 때 템포와 리듬을 타자

아무리 수다스러운 말이라도 그것이 수다처럼 느껴지지 않고 그 얘기 속에 빠져들 수 있다면 그 사람은 정말 말을 잘하는 사람이다. 재미있는 말을 하는 방법은 다음과 같다.

첫째, 대화에 리듬을 탈 줄 알아야 한다. 적절한 타이밍에 치고 나가고, 상대방의 얘기를 적극적으로 들으며 맞장구를 치다가 적재적소에 재치 있는 언변으로 대응할 수 있다면 재미있게 말을 잘하는 사람이다. 수다스러운 말은 상대방의 얘기를 귀담아 듣지 않고 자신의 얘기를 하기에 바빠 대화의 리듬을 탈 줄 모르는 말이다. 대화의 주도권을 쥐고 있지만, 주변 사람들을 피곤하게 하는 말이다.

둘째, 재미있는 말은 공감할 수 있는 능력을 가진 말이다. 혼자 흥에 겨워하는 말이 아닌 상대방과 공감하는 대화다. 이를 위해서는 상대방에게 초점을 맞추려는 태도가 중요하다. 상대방과 공유할 수 있는 주제를 선정하고, '내가 하고 싶은 말'뿐 아니라 '상대방이 듣고 싶어 하는 말'을 적절히 조화시킬 수 있을 때 맛있게 비벼진 말이 된다. 예를 들면, 와인에 남다른 취미를 가진 사람이 상대방이 관심 없는 와인에 대해 장황하게 얘기를 한다면 그것이 아무리 좋은 얘기라도 지루함만 줄 것이다. 상대방의 관심사를 먼저 파악한 후 공감할 수 있는 키워드를 뽑아내 대화해야 한다. 말이란 기본적으로 혼잣말이 아닌이상 '대화'를 목적으로 하기 때문이다.

셋째, 재미있는 말을 하기 위해서는 또한 삶의 태도가 긍정적이어서 대화에도 긍정적인 에너지를 담아낼 줄 알아야 한다. 이러한 긍정적인 에너지를 함께 대화에 참여한 사람들에게 전달될 수 있다면, 재미있고 건강한 대화가 될 수 있을 것이다. 한편, 늘 상사나 동료, 회사의 뒷담화나 야한 농담과 음담패설을 일삼는 사람은 아무리 말을 재미있게 하더라도, 진정으로 말을 잘하는 사람이 될 수 없다.

망가지면 더 아름답다

　재치 있고 재미있게 말하려면 상대방과의 대화에서 자신을 낮추는 화법을 구사하고, 재미있는 맞장구를 쳐야 한다고 한다. 예를 들면, "어머, 어쩐대유~!"와 같은 사투리를 섞어가며 하는 맞장구로 상대방과의 친밀도를 높이는 말을 하는 것이다.

　토크쇼의 여왕 오프라 윈프리는 자신의 치부라고도 할 수 있는 성폭력 피해자로서의 경험과 힘든 어린 시절, 다이어트 경험 등을 솔직하게 고백해 더 많은 공감을 살 수 있었다. 토크쇼에서 장수하고 있는 김원희도 항상 자신을 맞추거나 가끔은 망가진 모습을 보여줌으로써 재미있는 토크 분위기를 만드는 사람이다. 재미있게 말하는 사람은 내 것이든 남의 것이든 권위를 내려놓고, 말보다 눈빛과 손이 먼저 나가는 온몸으로 얘기한다. 자신의 단점을 드러냄으로써 그것이 자신의 독특한 캐릭터나 개성으로 만들어질 수 있다.

　우리가 웃는 것은 웃음을 촉발하는 어떤 이유가 있을 때뿐이다. 누군가 조크를 구사하면 그대는 웃는다. 왜냐하면 조크는 그대 안에 어떤 자극을 만들기 때문이다. 조크의 메커니즘은 갑작스러운 변화에 있다. 이야기가 한쪽 방향으로 진행되다가 돌연 변화가 일어난다. 그변화는 예측하지 못했던 것이며, 이야기를 들으면서 흥분이 고조되고 당신은 깜짝 놀랄 순간을 기다린다. 그런데 돌연 그대의 기대를 저버리고 전혀 엉뚱한 방향으로 이야기가 흘러간다. 매우 불합리하고 우스꽝스러운 상황이 전개된다. 이와 같이 조크에는 돌발적인 변화가 있다. 상상할 수도 없었던 방향으로 이야기가 전개된다. 그것이 웃음을 유발하는 이유다. 즉, 조크는 교묘한 심리적 전술인 것이다.

조크는 전혀 논리적이지 않다. 만일, 조크가 논리적이라면 웃는 사람은 없을 것이다. 왜냐하면 조크가 논리적일 때, 당신은 결말을 충분히 예측할 수 있기 때문이다. 그것은 수학적인 삼단논법이 될 것이고, 당신은 벌써 결말에 도달해 있을 것이다.

우리는 자신도 모르는 사이에 심각해지는 경향이 있다. 우리는 가끔씩 종교와 철학, 이론과 체계를 잊고 대지의 품에 안기도록 스스로를 자극함으로써 우리 자신을 계속해서 자연의 대지로 되돌려 놓아야 한다. 그렇지 않으면 그대는 점점 더 심각해질 것이다. 그리고 심각함은 암세포처럼 커진다.

제3장

**인용해서
말하기**

나를 살리는
섬광과 같은 영감들

말에는 각(覺)이 있어야 한다. 각(覺)이란 깨달음이다. 깨달음을 줄 수 있는 말이란 장황한 말보다는 짧고 임팩트 있는 촌철활인(寸鐵活人)과 같은 말이다. 깨달음을 줄 수 있는 임팩트한 말이 사람들의 가슴을 후비고 영혼에 울림을 준다. 그래서 여운이 오래오래 남는다. 어떤 형식의 스피치든 간에 각을 세워라. 그래야 먹힌다. 말을 왜 하는가? 전달하고자 하는 사람에게 수긍하게 하고 행동을 유발하기 위함이다. 행동을 유발한다는 이미는 또 무엇인가? 결정하게 하고, 선택하게 하고, 지지하게 하고, 따르게 하는 것이다.

"보면 믿겠다." 보면 믿을 필요 없다. 보면 본 것이 전부다. 믿음은… 지금 내 눈 앞에 보이지 않는 것을 마치 보는 것처럼 대하는 것이다. - 조정민 증명하려고 하지 말고 생각하는 바를 곧바로 말하는 것이 좋다. 우리가 보여 주려는 '증명'은 어차피 우리가 생각하는 것의

한 단면일 뿐이고. 우리와 생각을 달리하는 사람은 이렇게 하든 저렇게 하든 듣지도 않는다.

애써 서두르지 마라. 자기만의 속도, 자기만의 페이스를 유지해라. 그리고 때로 멈출지언정 결코 포기하지는 마라. 그 걸음으로 꾸준히 가는 거다. 그게 가장 중요하고 제일 무서운 거다. (정진홍, 《마지막 한 걸음은 혼자서 가야 한다》)

인간은 결국 혼자라는 사실과, 이 세상은 혼자만 사는 게 아니란 사실을 동시에 뼈저리게 느끼게 되었다. 모순 같은 말이지만 지금도 나는 그렇게 믿고 있다. 즉, 어쩌면 인간은 혼자서 세상을 사는 게 아니기 때문에, 혼자인 게 아닐까. (박민규, 《카스테라》)

인생은 복잡하나, 진실은 아주 단순하다. 제일 먼저 소중한 사람과 시간을 함께 보내고, 그가 힘들어하면 곁에 있어 주고, 일부러 밥을 먹고 차를 마시는 시간을 내야 한다. 사랑하는 사람과의 끊임없는 사랑과 관심은 인생을 바꿔주는 최고의 힘이다. (신현림, 《시간 창고로 가는 길》)

번지점프를 하는 방법은 오직 한 가지다. 그냥 뛰는 것이다. 생각이 많을수록 뛰기 어렵다. 생각이 많으면 많을수록, 하고 싶은 것을 하지 못하고 힘들고 어렵다는 말만 하게 된다. 그냥 뛰십시오. (혜민 스님, 《멈추면 비로소 보이는 것들》)

꼭 끌어 안아주지. 무슨 위로의 말을 해주느냐는 그리 중요치 않아. 그저 힘껏 꼭 끌어 안아주는 것만으로도 족해. 난 내가 힘들 때 누가 날 꼭 끌어 안아주면 좋겠어. (블레어 저스티스, 《바이올렛 할머니의 행

복한 백 년》)

"우리는 적당히 연극을 하고 있는 것 같아. 온라인 상에서 익명으로 자신을 감추고 포장하듯 우리는 적당히 그 관계를 유지하기 위해 적당히 연극을 하고 있는지도 모르겠어."(요시다 슈이치,《퍼레이드》)

그 당시에는 정말 죽을 만큼 힘든 일이었지만 시간이 지나고 돌이켜보면 인생의 한 페이지에 찍힌 아주 깨알 같은 점이었다는 것을 알게 된다. 지금 내가 하고 있는 고민도 그럴 것이다. 이 순간 또한 지날 테니까 말이다. (심승현,《파페포포 기다려》)

인생에는 직진뿐이다. 좌회전이나 유턴하고 싶은 마음이 굴뚝 같다 해도 그 어떤 경우에도 시간을 되돌릴 수는 없다. 피한다고 피해지는 것도 아니다. 결론은 하나다. 울거나, 즐기거나. (오요나,《내 방에는 돌고래가 산다》)

너무 실망하지 말자. 이 좌절이 훗날 멋진 반전이 되어줄 것이다. 위기가 클수록 반전은 짜릿하다. 포기하지 말자. 내 인생의 반전 드라마는 아직 완성되지 않았다. (김난도,《천 번을 흔들려야 어른이 된다》)

마음의 수다 만들기

'이건지 저건지'의 각국 표현(중국어; 갸우뚱 — 독일어; 애매 — 프랑스어; 알쏭달쏭 — 일본어; 아리까리 — 아프리카어; 긴가 민가…)

오늘 새 아침, 웃으며 시작합시다!

우리의 대부분은 거의 한순간도 쉬지 않고 마음속으로 내면의 대화를 나누고 있다. 마음은 자신에게 분주히 말을 걸면서 삶과 감정, 세계는 물론 우리 각자가 안고 있는 문제들과 타인들에 대해서 끊임없이 이야기를 나누고 있다.

마음속에서 흐르고 있는 말과 생각들이 매우 중요한 의미를 갖는 것도 바로 이 때문이다.

우리가 하는 생각의 대부분은 살아오는 동안 굳어진 낡은 사고방식들을 테이프 리코더처럼 그대로 재생시킨 것이나 마찬가지다. 마음을 다스리는 일은 세상을 살아가는 방법을 개선하는 것과 같은 것으로 플러스 에너지를 생성할 수 있도록 긍정적이고 적극적인 마음으로 수다 연기를 생활화해야 한다.

'무엇을'(What)보다 '어떻게'(How)가 중요하다

시골에서 복덕방을 하는 노인에게 외지 사람이 찾아왔다. "이 동네로 이사를 하려고 하는데, 동네 사람들은 괜찮은가요?" 노인은 빙그레 웃으며 말했다. "댁이 사는 동네 사람들은 어떻소?" "제가 사는 동네에는 온갖 부류의 사람들이 다 살죠. 넌더리가 나서 이사를 생각하고 있습니다." "여기도 마찬가지요. 사람은 다 똑같소." 다음 날 또 외지 사람이 노인의 복덕방을 찾아왔다. "어르신, 지금 살고 있는 곳도 좋지만, 이곳의 발전 가능성이 더 큰 것 같아 이사를 고려하고 있습니다. 동네 사람들은 괜찮은가요?" 노인은 빙그레 웃으며 말했다. "댁은 행운을 잡았소. 이곳 사람들도 댁이 사는 동네 사람들과 마찬가지요. 아주 잘 지낼 겁니다.”

하하하… 이웃이 '누구냐?'가 중요한 것이 아니라 내가 '누구냐?'가 중요하다는 말이다. 세상을 살아가는 데 '무엇을 하느냐?'보다 '어떻게 하느냐?'가 중요하다. 식당을 하든 미용실을 하든 '어떻게 하느냐?'가 중요하지 않은가. 다시 말해서 무슨 일을 하든 잘해서 최고가 되면 된다는 뜻이다. 인간관계도 마찬가지다. '누구를 만나느냐?'보다 '어떻게 만나느냐?'가 중요하다. 아무리 귀한 사람일지라도 형식적인 만남이라면 별 의미가 없다. 또한 능력이나 배경이 그렇게 좋지 않지만 서로 귀히 여기는 만남이라면 인생의 소중한 동반자가 될 수 있을 것이다. 세상을 살아가노라면 경쟁자(라이벌)를 만날 수 있는데 그 경쟁자(라이벌)가 아니라 내 안에 있는 자신이 가장 무서운 경쟁자(라이벌)라는 것이다. 내가 나를 이길 수 있다면 무슨 일이든 두려워하겠는가? 그런 의미에서 세상을 살아가며 본인의 이미지를 높일 수 있는 방법을 정리해 본다.

■ **칭찬을 받아들여라_** 어쩌다 칭찬이라도 할라치면 “별말씀 다 하십니다.”라든지 “아니에요. 전 그런 칭찬을 받을 만한 사람이 아니에요.”라는 식의 반응을 보인다면 칭찬한 사람이 얼마나 무안하겠는가. 지나친 겸손은 다른 사람들을 불쾌하게 할 수 있다. 정말로 성공하는 사람들은 다른 사람들의 칭찬을 우아하게 받아들인다.

■ **언제 어디서는 자신을 좋게 말하라_** 좋게 말할 것이 아무것도 없으면 차라리 입을 다물어라. 자신이 자신을 인정하지 못한다면 누가 당신을 인정해 주겠는가?

■ **자기 자신과 자신의 행동을 분리하라_** 사람의 행동이 그 사람의 가치와 곧바로 연결되어 있는 것은 아니다. 어쩌다 다른 사람의 차를 들이받았다고 해도 그것 때문에 나쁜 사람이 되는 것은 아니다. 그저 실수를 했을 뿐이다. 인격과 행동을 분리하라. 실수가 당신의 인격은 아니다. 과거의 좋은 않은 기억은 빨리 잊어라.

■ **몸을 잘 돌보고 조심해서 다뤄라_** 사람의 몸에는 여분이 없다. 오직 하나다. 우리가 하는 일은 무엇이든 다른 것에 영향을 주게 되어 있다. 그러니 평소 운동도 부지런히 하고 잘 먹어두어야 한다.

■ **어떤 대접을 받고 싶은지 사람들에게 알려라_** '자기 자신을 어떻게 대접하는지를 보여줌으로써 당신들도 이렇게 해달라는 신호를 보내야 한다. 때론 적극적으로 상대방의 기선을 제압하라. Yes Man보다 이유 있는 No Man이 당당하다. 어떤 사람은 자기 생일 즈음에 숨을 죽이고 주변을 살핀다. '음… 내 생일을 얼마나 기억하는지 두고 보자.'는 식이지만 요즘처럼 바쁜 세상에 다른 사람의 생일을 누가 기억하겠는가. 차라리 생일을 예고함으로써 주변으로부터 정당하게 대접받는 편이 현명하지 않겠는가.

■ **긍정적으로 말하라. 그리고 긍정적으로 행하라._** 비싼 밥 먹고 왜 미움을 사려 하는가? 매사 부정적인 사람은 사람을 쫓는 격이 된다. 이왕이면 다홍치마라고 좋게 말하는 사람에게 정이 가기 마련이다.

■ **지적인 것보다는 감정적으로 표현하라._** 사람들은 단단한 것보다는 부드러운 것, 차가운 것보다는 따뜻한 것, 부정적인 것보다는 긍정적인 것, 무미건조한 말보다는 감각을 자극하는 정감적인 말을 좋아한다. 지적인 것보다는 감정이 앞서는 것은 인간의 속성이다. 더욱

친밀한 관계로 이끌기 위해서는 감각어의 활용이 대단한 효과를 가져다 준다.

현대인은 테이블에서든, 연단 위에서든, 회의실에서든, 일상에서든, 스피치가 불가피하다. 각종 모임에서는 자기소개를 해야 하고 때론 건배사를 해야 하고 행사 때는 축사나 격려사를 해야 한다. 직장 생활에서 회의를 하고 발표를 하고 보고를 할 때면 항상 스피치의 필요성과 동시에 중요성을 느끼게 된다. 사석에서도 마찬가지다. 처음 만났건 오래된 지인이든 간에 만나면 소통하고 커뮤니케이션해야 한다. 그런데 문제는 말할 거리가 없다는 것이다. 혹은 말할 거리는 있는데 그 말에 임팩트가 없다는 것이다. 말할 거리가 필요하다. 임팩트 있는 말할 거리라면 더욱 좋다. 노래방에 가서 즐겨 부르는 애창곡이 있듯 일상적 대화나 강의나 연설이나 프레젠테이션에서 적절한 예화 즉, 스피치의 레파토리가 있어야 한다.

아래 문장들은 임팩트 있는 좋은 예화가 될 것이다. 여러 번 읽고 읽어서 자기 것으로 소화해 놓으면 나중에 적절히 인용하거나 말하는 데 비빌언덕(이론적 틀, 말한 건덕지)이 될 것임에 틀림없다.

촌철살인(寸鐵殺人)과 같은 말

짧지만 명쾌한 내용으로 확신과 자신이 넘치는 말이 사람을 감동시킬 수 있다.

중언부언 장황하게 늘어놓으려는 것은 욕심에 지나지 않는다. 말에 욕심을 부리는 것은 음식을 앞에 놓고 식탐을 부리는 것과 같다.

욕심을 부리지 않고 소신껏 핵심적으로 스피치를 전개하는 요령을 터득하라.

역시 스피치에도 '마음을 비우는 일'이 무엇보다 중요하단 것을 알아야 한다.

'어떻게 하면 이번에 내 지식을 자랑할까?'라든지

'이번에 멋지게 프레젠테이션해서 내 이미지를 확 바꿔봐야지.'란 과욕을 가지거나 '잘 해야 될 텐데… 보다 멋지게, 화려하게 장식해야지.'란 생각을 하는 순간 귀하의 스피치는 설득력을 잃고 만다.

욕심을 버리고 소탈하게 접근하는 것이 가장 자연스러운 것이요, 당신을 가장 잘 표현하는 법이다.

인용해서 말하기

가장 쉽게 말하는 방식이 있다. 그것은 인용해서 말하기다. 위인들의 명언이나 고사성어, 사자성어, 혹은 속담이나 명문장들을 인용해서 본인의 의견을 다는 방식으로 말한다면 신뢰도 가고 서두를 쉽게 풀어나갈 수 있어 처음에 헤매지 않고 말을 쉽게 풀어갈 수 있다. 소도 비빌 언덕이 있어야 힘을 쓴다는 속담도 있지 않은가? 이 방식은 '어디서부터 어떻게 말을 해야 될지 모른다. 머리가 하얘진다'는 분들에게는 안성맞춤이다.

고사성어나 명언이 그것이다. 그런데 그런 말만 해서는 살아있는 말이라고 할 수 없다. 그 말에 본인의 관점에서 바라본 생각이나 느낌을 추가해야 살아서 사람의 머리와 가슴에 이해와 울림을 줄 수 있게 된다. 따라서 아래 문장들을 읽고 본인의 관점에서 해석한 생각과 느낌 혹은 철학을 덧붙여 보자. 이 훈련이 되면 관점이 생기고 식견(識見)을 갖게 되어 임팩트가 강한 말로 사람의 심금을 울릴 수 있게 된다.

고도원의 아침편지는 우리에게 삶의 양식을 준다. 그런 양식을 매일매일 주니 고맙기 한량없다. 그런데 그 메시지를 보면 명문을 뽑아 제시한 다음 그 문장의 느낌이나 깨달음을 적어 독자들에게 보낸다. 이번 장인 각(覺)을 세우는 말에서는 제시한 문장을 읽고 본인의 생각이나 느낌을 적거나 말하는 연습을 해 보자. 잡담력이나 수다가 아닌 화력(話力)을 키우는 좋은 기회가 될 것이다. 그리고 평소에 말을 그렇게 하면 된다. 내가 생각한 것들, 본 것들, 느낀 감정, 갈등하고 깨닫고 경험한 것들을 스스럼없이 표현해 보자. 어쩌면 그것이 잡담력이 될 것이고 그 잡담력을 가지고 공감하고 소통할 수 있다면 사랑도 얻을 수 있고 행복도 마음껏 누릴 수 있을 것이며 성공적인 삶을 만들어 갈 수 있을 것이다.

명사를 길러낸 아버지의 한마디

중국 전한(前漢) 말기의 학자이자 황족이던 유향은 아들이 일찍 관직에 오르자 "참으로 영광스러운 일이다. 그러나 이런 때일수록 매사에 삼가고 조심해야 한다. 그래야 재앙을 피할 수 있다."라는 말로 아들을 일깨웠다. 우리나라에서는 고건 전 총리가 처음 공직생활을 시작할 때 그의 아버지인 고형곤 박사가 '누구 사람이라고 낙인 찍히지 말라', '남의 돈 받지 말라', '술 잘 먹는다고 소문내지 말라'는 이른바 '공직삼계'(公職三戒)를 내려 준 이야기가 널리 알려져 있다. 삼성 이건희 회장이 37살의 나이로 그룹 부회장에 올랐을 때 이병철 회장은 그에게 붓글씨로 '경청'(傾聽)이라는 글귀를 써주었다. 주변 사람들의 이야기를 새겨듣고 올바른 판단을 내려야 한다는 이 같은 가르침은 이건희 회장의 경영 스타일에 그대로 녹아들었다. 이 회장은 본인이 직접 나서서 '이래라저래라' 하기보다 귀 기울여 듣기만 하고 말을 많이 하지 않는 것으로 유명하다.

이 세상은 거대한 거울이다

"세상이 변하기를 기다리지 않고 내가 세상을 보는 방법을 바꾼다면 살아가기가 아주 쉬워진다. 세상은 당신의 생각을 반영하는 거울이다."(폴 한나)

당신이 환한 웃음을 띠고 거울을 바라보면 거울도 당신의 환한 미소를 되돌려 준다. 세상을 먼저 바라보기보다는 나 자신부터 제대로 보고 싶다. 세상은 거울이다. 모든 사람에게 자신의 얼굴을 반사시켜 되돌려 준다. 세상을 향해 찡그리면 세상은 당신을 쓸쓸하게 볼 것이고 당신이 세상을 향해 웃으면 세상은 즐겁고 친절한 친구인 것이다. 서로 미소를 보내라. 당신의 아내에게, 당신의 남편에게, 당신의 아이들에게 미소를 지어라. 그가 누구든지 그건 중요하지 않다. 미소는 당신에게 서로에 대한 더 깊은 사랑을 갖게 해 준다.

돌아가는 길의 미학

올곧게 뻗은 나무보다는 휘어 자란 소나무가 더 아름답다. 똑바로 흘러가는 물줄기보다는 휘청 굽이친 강줄기가 더 정답다. 일직선으로 뚫린 빠른 길보다는 산따라 물따라 가는 길이 더 아름답다. 곧은 길 끊어져 길이 없다고 주저앉지 마라. 돌아서지 마라. 삶은 가는 것이다. 그래도 가는 것이다. (박노해, '굽이 돌아가는 길')

누구에게나 유익함을 주는 나눔

농산물 품평회에서 항상 일등을 차지하는 농부가 있었는데 그는 해마다 자기 씨앗들 중에서 가장 좋은 것을 이웃 농부들에게 나누어 주곤 하였다. 어떤 사람이 그 이유를 묻자 그 농부는 "다 저를 위해서입니다. 바람이 불면 꽃가루가 이 밭에서 저 밭으로 옮겨 갑니다. 따라서 이웃 밭에서 질 나쁜 곡물이 자라고 있다면 내 곡물의 품질도 나빠질 수밖에 없지요. 내가 이웃에서 좋은 씨앗을 나누어 주는 이유는 바로 이 때문입니다."라고 대답했다고 한다.

자기 자신을 이길 수 있는 사람이 가장 강하다

세네카는 "자기 자신을 이길 수 있는 사람이 가장 강하다."라고 하였다. 어느 철인은 사람에게 있어서 세 가지의 큰 싸움이 있다고 하였다. 사람과 자연과의 싸움, 사람과 사람과의 싸움, 그리고 자기 자신과의 싸움이 그것이다. 그런데 이 중에서 가장 이기기 어려운 싸움이 자신과의 싸움이다. 가장 위대한 승리는 자신과의 싸움에서 이기는 것이다.

습관을 정복하라

프랑스 파리의 다리 밑에서 살면서 구걸 행각을 벌이던 거지가 있었는데 20억 원짜리 복권에 당첨되었다. 이 거지는 너무 기쁜 나머지 구걸하던 깡통을 발로 차 강물에 떨어뜨리며 환호성을 질렀다. "아! 이제 나에게도 행운이 돌아왔다. 이제 이런 깡통은 내게 어울리지 않아! 깡통이여 안녕~!" 그러나 그동안 음식을 얻으면 으레 깡통에 넣던 습관이 있던지라 그 복권을 깡통에 넣고 강물에 떨어뜨린 것이다. 이를 어찌하랴!

새 습관을 기르는 일

코끼리와 나뭇가지에 얽힌 유명한 이야기가 있다. 인도에서는 코끼리가 도망가지 못하도록 어렸을 때부터 커다란 나무에 묶어 놓는다. 아무리 발버둥쳐도 '커다란 나무'에 묶인 새끼 코끼리는 꼼짝도 하지 못하는데 이런 과정을 거치면서 코끼리는 이른바 후천적인 무력감을 '습득'하게 된다. 달아나려고 무던히 애를 써 보지만 매번 실패하면서 결국 포기하고 만다. 몸무게가 수 톤에 달하는 어른이 된 뒤에도 코끼리는 도망칠 생각을 하지 못한다. 자신의 몸집보다 훨씬 작은 나무에 묶여 있더라도 나뭇가지 하나 움직여 보려는 시도조차 하지 않는다. 버릇은 처음에는 거미줄처럼 가볍지만 머지않아 밧줄처럼 튼튼해진다. 따라서 습관을 정복하는 데 인생의 성공이 있다. 무엇보다 습관은 습관으로만 정복된다. 따라서 나쁜 습관을 근절시키는 최상의 방법은 나쁜 습관과 경쟁이 되는 새 습관을 기르는 것이다.

성숙한 삶의 조건 - 나눔

조금 깨어져 금이 가고 오래된, 못생긴 물항아리가 하나 있었다. 오랜 세월이 지나도록 주인은 깨어진 물항아리를 버리지 않고 온전한 물항아리와 똑같이 아끼며 사용했다. 어느 날, 너무 미안하다고 느낀 깨어진 물항아리가 주인께 물었다. "주인님, 어찌하여 저를 버리고 새로운 온전한 항아리를 구하지 않으시나요? 저는 별로 소용 가치가 없는 물건인데요." 주인은 그의 물음에 아무 말도 하지 않은 채 그 물항아리를 지고 계속 집으로 가고 있었다. 그러다가 어느 길을 지나면서 조용하고 부드럽게 말했다. "애야, 우리가 걸어온 길을 보아라." 그제야 물항아리는 그들이 늘 물을 길어 집으로 걸어오던 길을 살펴보았다. 길가에는 예쁜 꽃들이 아름다운 자태를 자랑하듯 싱싱하게 피어 있었다. 어린 아기는 입에 사탕이 들어 있는데도 엄마의 손에 있는 사탕을 달라고 졸라댄다. 그 아이가 커서 청년이 되면서부터 자기 몫과 남의 몫을 구별할 줄 알게 된다. 그 청년이 성숙한 성인이 되면 자기가 가지고 있는 사탕을 나눠 줄줄 알게 된다. 이처럼 성숙한 삶은 나눔을 아는 삶인 것이다.

Don't give up!

아프리카에 효험이 많은 유명한 무당이 있었다. 그가 기우제만 지내면 꼭 비가 내린다는 소문이 서방 국가에까지 퍼지게 되었다. 드디어 서방국가의 기자들이 그 무당이 기우제를 지낸다는 소식을 듣고 취재에 나섰다. 기우제가 시작되었다. 하루 이틀 사흘…. 드디어 비가 내리기 시작한 것이다. 그 무당의 효험은 어디에 있었을까? 그 무당의 효험은 바로 '한번 기우제를 지내면 비가 올 때까지 지낸다.'는 것이었다. '마이크로소프트사'의 '빌게이츠' 회장은 실패를 경험하지 않은 사람에게는 중책을 맡기지 않는다고 한다. 시련은 성공을 위한 전주곡이며 실패는 새로운 도전을 위한 결정적인 기회다. 많은 사람은 실패해서 성공하지 못한 것이 아니라 중간에 포기했기 때문에 성공하지 못하는 것이다.

사람은 이길 수도 있고 질 수도 있다!

하지만 그 깊이를 이해하고 있다면 설사 졌다 하더라도 상처를 입지 않는다. 사람은 모든 것에 이길 수가 없으니까 말이다. 사람은 언젠가는 반드시 진다. 중요한 것은 그 깊이를 이해하는 것이다. 그렇다! 한때 졌다 해서 영원히 지는 것은 아니다. 오늘 하루 이겼다 해서 내일도 이기는 건 아니다. 사람의 일도, 전쟁도 마찬가지다.

우리 모두는 존중받아야 한다

인디언 말에는 잡초란 말이 없다. 그러나 백인들은 마음에 들지 않는 풀을 잡초라고 부른다. 세상에 잡초라는 것은 없다. 존재 이유가 없는 풀은 없는 것이다. 모든 풀은 존중받아야 한다.

집착하지 말아라

어떤 사람이 캄캄한 밤중에 길을 가다가 언덕 아래로 미끄러졌다. 한참 굴러가다가 간신히 나뭇가지를 붙잡았다. 살려 달라고 부르짖었지만 아무도 구해주는 사람이 없었다. 얼마 후 힘이 다 빠지고 이제는 "에라, 모르겠다." 하고 손을 놓았는데 뜻밖에도 아래에는 20cm도 안 되는 모래땅이 있었다.

전속력으로 달려요

어떤 승객이 택시를 탔다. 그는 택시 문을 닫자마자 몹시 다급한 표정으로 "전속력으로 달려요."라고 재촉했다. 운전사가 물었다. "그런데 어디로 모실까요?" "그것은 알 필요 없어요. 급하니 그냥 전속력으로 달리기만 하세요." 어디로 가는지도 모른 채 그저 앞만 보고 빨리 달리는 것이 최고의 목표인 듯 살아오지는 않았는가? 인생이라는 그 길을…. 사실 우리는 누구나 어느 정도의 꿈은 가지고 있다. 중요한 것은 그 꿈의 크기와 방향이다. 그 꿈을 성취하는 목표다. 그 꿈이 누구에게서 나왔느냐가 중요한 것이다. 꿈의 크기에 따라서 인생의 크기가 달라진다. 꿈의 방향에 따라서 인생의 방향이 달라진다. 속도보다 중요한 것은 방향이다. 그리고 방향을 잘 설정한 사람에게 있어서 중요한 것은 꿈을 잘 키우고 가꾸는 일이다.

더하기보다 빼기를

또 하루가 간다. 어젯밤에 생각한 이런저런 일들, 시작도 안 했는데 그만 또 하루가 가고 말았다. 오늘 밤에는 오늘 하지 못한 일에 새로운 것들이 더해져 생각은 더 복잡해질 것 같다. 대부분의 사람은 밤마다 어제 생각에 새로운 생각을 보태느라 잠을 못 이루고 나중에는 그것에 눌려 괴로워한다. 오늘 밤에도 잠들기 전에 생각을 할 것이다. 하지만 오늘부터는 보태기의 생각이 아니라 빼기의 생각을 해야 하겠다. '무엇을 가질 것인가'가 아니라 '무엇을 놓을 것인가'를 생각하고 '어디로 갈 것인가'가 아니라 '어디에 머물 것인가'를 생각해 보겠다. 나뭇잎이 떨어진다. 나무는 잎을 놓으면서 날마다 조금씩 가벼워진다. 자유로워진다.

여행은 새로운 것들을 찾아가는 시간이다

새로운 땅, 새로운 사람, 새로운 공기를… 여행은 지나간 것들을 돌아보는 시간이다. 지나간 사랑, 지나간 추억, 지나간 역사를…. 그러나 여행은 결국 다시 되돌아오는 시간이다. 사랑하는 내 사람, 내 집, 내 동네, 내 직장으로….

역사는 뒷걸음치는 법이 없다

흐르는 물처럼, 시간처럼 언제나 앞으로 나아간다. 역사는 돌고 돈다고 말한다. 그러나 쳇바퀴처럼 같은 자리를 반복해서 도는 것이 아니라 나사처럼 돌면서 위로 올라간다. 역사는 전진하는 것이며, 위를 향해 발전하는 것이다.

꾸미고 덧칠하는 것이 능사가 아니다

자칫 본래의 아름다움을 망가뜨릴 수 있다. 가장 아름다운 것은, 있는 그대로의 모습이다. 본연의 모습 속에 숨겨진 잠재력을 어떻게 잘 찾아내어 얼마나 갈고 닦느냐가 중요하다. 큰 깨달음이란 곧 큰 체념을 일컫는다. 누구나 어린 날들을 기억할 것이다. 한바탕 속 시원히 크게 울고난 후, 마음속에 오롯이 고여오던 평화를 말이다. 눈물은 아품을 씻어낸다. 슬픔을, 상처를 녹여 준다. 소설이나 명화(名畵)를 보고, 또는 타인의 죽음 앞에서 흘리는 눈물은 자기 설움에 겨워 쏟아내는 눈물이기 쉽다. 울고 싶거든 목놓아 실컷 울어라. 눈물은 체념이 아니라 때때로 인생의 새로운 무지개를 펼쳐내는 마음의 정화수다.

행복은 뭘까?

우리와 함께하는 것들. 숨쉬는 공기, 나무, 하늘, 가족, 친구…. 이에 대한 고마움은 스쳐지나가기가 쉽다. 행복은 우리와 함께하는 것들의 가치를 아는 것이다. (신현림, 《시간 창고로 가는 길》)

우리는 누구나 자기 인생의 마술사다. 스스로 불행의 마술을 걸면 불행이, 행복의 마술을 걸면 행복이 온다. 행복의 마술을 걸어라! 사랑의 마술을 걸어라! 인생은 믿는 대로, 심은 대로 거둔다.

창조의 노력

산다는 것은 끊임없이 자기 자신을 창조하는 일, 그 누구도 아닌 자신이 자신에게 자신을 만들어 준다. 이 창조의 노력이 중단되었을 때 나무건 사람이건, 늙음과 질병과 죽음이 온다. 겉으로 보기에 나무들은 표정을 잃은 채 덤덤히 서 있는 것 같지만, 안으로는 잠시도 창조의 일손을 멈추지 않는다. 땅의 은밀한 말씀에 귀 기울이면서 새봄의 싹을 마련하고 있는 것이다. 시절 인연이 오면 안으로 다스리던 생명력을 대지 위에 활짝 펼쳐 보일 것이다. (법정 스님, 《산방한담》)

창조력은 햇빛 같은 것이다. 정신이 갇혀 있는 곳에서는 살지 못한다. 그것은 아름다움을 믿는 마음에서 자랄 때만이 인류에게 기여한다. 갑자기 떠오르는 좋은 생각은 뛰어난 생각이 아니다. 수련과 반복이 필요한 몰두와 집념이 주는 우연한 선물이다.

저 골짜기에 흐르는 물처럼

단단한 돌이나 쇠는 높은 곳에서 떨어지면 깨지기 쉽다. 그러나 물은 아무리 높은 곳에서 떨어져도 깨지는 법이 없다. 물은 모든 것에 대해서 부드럽고 연한 까닭이다. 저 골짜기에 흐르는 물을 보라! 그의 앞에 있는 모든 장애물에 대해서 스스로 굽히고 적응함으로써 줄기차게 흘러, 드디어는 바다에 이른다. 적응하는 힘이 자유로워야 사람도 그가 부닥친 운명에 굳센 것이다. (공자)

전문가의 경지

어떤 일을 아주 잘하게 되면 일의 진수를 얻을 수 있다. 그것은 다른 사람과 다른 눈으로 그 일을 볼 수 있다는 것을 의미한다. 우리는 그들을 전문가라고 부른다. 남과 다른 눈, 그것은 고정된 정신의 틀을 벗어났음을 뜻한다. 이때 비로소 '연결되지 않는 것들을 연결할 수 있는' 깨달음에 접근할 수 있다.

참다운 자기 계발은 단순한 성공철학으로 끝나는 것이 아니라 본성(자아)을 깨닫는 일이다. 충실하고 성공적인 인생을 사는 열쇠는 '자기가 어떻게 살아가야 하는지를 깨닫는 일'이다.

삶의 팽팽한 긴장감

누군가를 처음으로 사랑하기 시작하였을 때, 바로 그 순간에도 긴장은 우리를 놓치지 않는다. 남녀 간의 사랑이 아름다운 것은 아마도 그 새로운 긴장감이 수많은 게으름뱅이를 변화시키고 둔재를 천재로, 절망을 희망으로, 부정을 긍정으로 바꿔 놓기 때문일 것이다. 삶에 대한 긴장이 남아 있는 시간은 우리가 꿈을 꾸는 시간이다. 삶에 대한 꿈. 우리에게 보다 나은 내일에 대한 소망이 있을 때만이, 그 긴장감은 살아서 숨을 쉰다. 인생이란 그저 그런 것, 어제와 오늘이, 별반 다를 것 없는 시간의 연속이라고 본다면 우리에게 창조의 에너지를 제공하고, 사람을 새롭게 변화시키는 힘을 지닌 삶의 긴장감은 우리를 찾아들지 않는 것이다. 삶의 팽팽한 긴장감이 얼마나 삶을 활기차게 해 주는 것인가를 생각할 때, 그러한 긴장의 순간이 길면 길수록 우리의 삶은 더욱 풍요로워질 것이다.

사랑의 묘약 '도파민'

누구든 사랑을 하면 마음이 예뻐지고 눈이 멀어진다. 왜 사랑을 하면 눈이 머는 걸까. 사랑에 빠진 사람에게 연인의 사진을 보여 주면 마치 불이 켜지듯 두뇌의 보상중추(補償中樞)가 활발히 반응한다. 보상중추란 음식이나 물 또는 금전적 보상이 주어질 때, 또는 성적(性的) 흥분이 일어날 때 활성화되는 영역이다. 흥미로운 사실은 보상중추가 활발히 작용하면 반대로 상대에 대한 부정적 판단을 하는 두뇌 기능이 쇠퇴한다는 것이다. 일단 상대에 끌리기 시작하면 결실을 거두기 위해 성격이나 인간성을 평가하는 욕구보다는 서로에게 더욱 애착감을 느끼려는 본능이 강하게 작용해 연인의 웬만한 허물은 눈에 들어오지도 않게 되는 것이다. 사랑에 빠지면 뇌의 특수 시스템이 작동해 행복감, 현기증, 불면증, 기대감, 불안을 안겨 준다. 뇌에서 화학 흥분제들이 분비되기 때문이다. 사랑을 느낄 때 뇌에서 도파민이라는 화학물질을 분비하는 신경세포들이 활성화된다. 도파민은 만족감과 즐거움을 느끼게 하는 물질로, 사랑이 강렬할수록 이 부위의 활동이 더 활발해진다.

쿨리지효과

쿨리지효과란 용어는 미국의 30대 대통령이었던 캘빈 쿨리지(calvin cooldge) 부부의 일화에서 유래했다. 쿨리지 대통령 부부는 어느 주지사의 농장을 방문했다. 거기서 기르고 있는 수탉 한 마리가 여러 마리의 암컷을 거느리며 대단한 정력을 과시하는 것을 보고 감탄한 쿨리지 부인이 농장 주인에게 "저 수탉은 참 정력이 대단하군요. 저렇게 많은 암컷과 매일 관계를 가지면서도 지친 기색을 전혀 보이질 않는군요. 대통령 각하에게도 이 이야기를 좀 해주시겠어요?"라고 이야기했다. 이 말을 전해 들은 쿨리지 대통령이 농부에게 "그럼 수탉들은 항상 같은 암탉과 하는가?"라고 묻자, 농부는 "아닙니다, 항상 다른 암탉하고 합니다." 하고 대답했다. 그러자 대통령은 "그럼 그 얘기를 내 아내에게 전해주시오."라고 응수했다고 한다. 학자들은 이 일화를 빗대어 암컷이 바뀔수록 성적으로 새로운 자극을 얻는 효과에 '쿨리지효과'라는 이름을 붙였다.

단풍현상

가을에 나뭇잎이 노랗게 물드는 단풍현상은 왜 일어나는 것일까?

서리가 내리기 때문에 단풍이 물든다는 것은 잘못된 생각이다. 단풍이 들기 전에 서리가 내리면 잎이 말라 죽어서 아름다운 단풍을 볼 수 없다. 가을에 단풍 들고 낙엽 지는 현상은 뿌리로부터 흡수되는 수분의 양이 줄어들기 때문에 잎을 희생시켜서 모자라는 수분의 양을 적절하게 유지하여, 말라 죽지 않고 겨울나기를 하려는 나무 자신의 처절한 몸부림이다.

성장의 힘

그리스 신화에 나오는 시시포스(sisyphos)는 제우스를 속인 죄로 아주 혹독한 형벌을 받는다. 몇 톤이나 되는 바윗덩어리를 그의 힘으로 산꼭대기까지 끌어올리면 바윗덩어리는 데굴데굴 굴러서 골짜기까지 떨어져 또다시 처음부터 다시 끌어올리지 않으면 안 된다. 시시포스는 이 일을 영원히 되풀이하지 않으면 안 된다. 이 형벌의 가혹성은 아무리 노력해도 성공할 수 없는 진보의 자취를 확인할 수 없을 것이다. 해마다 똑같은 일을 타성으로 반복하고 조금도 진보의 자취를 확인할 수 없다면 우리도 시시포스와 큰 차이가 없는 생활을 하고 있는 셈이 된다. 시시포스가 되지 않기 위해서는 조금이라도 진보한 자신을 확인해야 한다. 가령 조금이라도 진보한 자기 자신을 확인할 수 있으면 인생의 예금 통장을 바라보는 것과 같은 것이어서 매우 즐거운 법이다.

콜링 1(calling)

직업이란 신성하고 훌륭한 것이네. 그래서 영어로는 '콜링(calling)'이라고 하지 않는가. 신의 부름이라는 의미로 말일세. 난 직업 자체에는 아무런 편견이 없네. 무슨 일을 하는가보다는 어떻게 하느냐가 중요하다는 것이 내 생각이야. (정한용, 《꼬리표를 달고 다니는 남자》)

콩 형제가 있었다

어느 날 형 콩은 콩나물 장수한테 팔려 갔다. 주인은 그를 다른 콩들과 함께 어두운 통 속에 앉혀 놓고 언제고 잠들기 좋게 따뜻하게 방을 덮혀 주었다. 연신 시원하게 물도 먹게 해주었다. 참으로 쑥쑥 커나가기에 즐거운 환경이었다. 반면 아우 콩은 농부한테로 팔려 갔다. 아우 콩의 주인은 그를 햇볕이 내리쬐는 밭에다 심었다. 밤에는 춥고 낮에는 더운 흙 속이었다. 물도 입이 터지게 빨아들여야 간신히 목을 축일 정도였고 정말 고통스러운 환경이었다. 그러나 결과는 반대로 나타났다. 남이 해주는 대로 편히 먹고 자란 형 콩은 사람들의 한 끼 국거리로 그 삶을 마쳤다. 제힘으로 뿌리를 내리고 자란 아우 콩만이 백 배 삼백 배의 후손을 보았다. 현명한 농부는 뿌리 가까운 곳에 너무 많은 거름을 주지 않는다. 뿌리 가까이 거름을 받는 나무는 손쉽게 영양분을 받을 수 있지만 큰 가뭄이나 거센 홍수가 몰아치면 그만큼 쉽게 쓰러지기 마련이다. 반면 자신이 필요한 영양분을 얻기 위해 스스로 뿌리를 뻗어내는 나무는 아무리 강한 바람이나 가뭄에도 쓰러지지 않고 자신을 지탱하는 힘을 갖는다.

감사할 일을 찾는 법

미국의 어떤 목사님이 하루는 기차를 타고 여행을 하게 되었는데 그는 좌석에 혼자 앉아 엄숙히 기도하고 있었다. 그때 갑자기 옆에서 "쿵" 하는 소리에 깜짝 놀라 눈을 뜨게 되었다. 그런데 이게 웬일인가. 덩치가 엄청나게 큰 흑인 여자가 올망졸망한 어린아이를 다섯 명이나 데리고 자기의 옆자리에 비집고 앉는 것이었다. 그는 너무나 기가 막혔다. 하지만 그 와중에도 하나님께 감사를 드렸다. 과연 그는 무슨 감사를 드렸을까? "하나님, 지금 제 옆에 앉은 뚱뚱한 흑인 여자가 저의 아내가 아닌 것에 대해 진실로 감사드립니다."

야생화는 매력

비바람이 몰아치는 높은 산, 바닷바람이 강렬한 해안 절벽, 야생화는 장소를 가리지 않고 뿌리를 내린다. 그런 열악한 환경에서 도대체 어떻게 살아날 수 있을까? 잘 살펴보면 저마다 악조건을 극복하며 생존할 수 있는 지혜를 갖고 있다. 선명한 꽃 색깔과 향기는 그 지혜중 하나다. 바람 불고 비가 오는 외진 곳에 사는 처지라 벌과 나비를 만나기는 어렵다. 야생화는 귀한 손님을 어렵게 만나는 그 기회를 놓치지 않으려고 매력을 한껏 발산한다. 꽃의 짙은 색깔과 향기는 절박한 상황에서 종족의 생명을 이어가기 위한 처절한 몸짓이다.

오늘날의 문명은 지난 날 선조들이 꿈꿔온 산물들이다

미국에서 발간되는 교육잡지에 "한 어린이가 우주선이 발사되는 모습을 바라보는 그림을 그려놓고 그 밑에 당신은 당신의 꿈만큼 성공할 수 있다."라는 미래의 꿈에 대한 이야기가 쓰여 있었다. 그리고 "정신이 가리키는 곳으로 성장은 따르기 마련이다."란 글도 쓰여 있었다. 와트는 끓는 물주전자를 보다가 증기기관에 대한 꿈을 꾸었고 그것을 만들어냈다. 뉴턴은 사과나무에서 사과가 떨어지는 것을 보고 만유인력의 법칙에 대한 꿈을 꾸었고 그 이론을 만들어냈다. 하늘을 나는 꿈을 꾸었던 라이트 형제는 비행기를 만들었다. 사람들이 꾸는 꿈은 위대한 업적의 근원이 되었다. 꿈을 꾸는 사람은 인류가 살아가는 데 필요한 환경과 문화, 그리고 좋은 기계를 만들어내고 있다. 즉 컴퓨터는 우연히 만들어진 것이 아니라 꿈을 꾸는 사람에 의해서 만들어졌다. 우리가 꾸는 좋은 꿈은 놀랄 만한 힘을 가지고 있다.

깨다발 속의 당근

어느 농부가 깨밭에서 깨를 추수하는데 베어놓은 깨다발을 묶으면서 옆의 밭에서 뽑아낸 당근 한 개를 함께 넣어서 묶는다. 이유인즉 깨를 다발로 묶어 볕에 말린 뒤 곧 타작을 하게 되는데, 그때쯤이면 깨다발 속에 있는 당근도 수분이 다 날아가서 쪼그라든다. 이렇게 쪼그라든 당근은 맛이 각별해서 타작을 할 때 먹으면 농축된 당분으로 인해 별미를 먹는 셈. 뜨거운 뙤약볕에서 지친 몸을 가누며 노동을 할 때 당근 한 조각이 피로를 씻어주는 것이다.

무엇이 문제란 말인가?

어떤 가풍 있는 종가의 종부가 드디어 아들을 출산했다. 산후조리도 끝나지 않을 무렵, 그녀는 황당한 광경을 목격하고 만다. 시어머니가 자신의 아들(손자)에게 젖을 물리고 있는 장면이었다. 며느리는 마른 젖꼭지를 억지로 물리려고 기를 쓰고 있는 시어머니를 우연하게 목격하면서 너무 어이가 없어 남편에게 고자질한다. 그러나 손이 귀한 종가의 종손으로 자란 남편은 어떠한 대꾸도 하지 않고 아내의 말을 무시해 버린다. 그날 밤 며느리는 너무 화가 나고 하소연할 데가 없어 인터넷 이곳저곳을 뒤지며 분을 삭이다가 마침 여성 상담 사이트에서 자신이 오늘 있었던 일을 상담할 기회를 가진다. 상담사는 종부의 하소연 섞인 이런저런 내막을 듣고는, 딱 한마디 조언을 한다. "맛으로 승부하세요."

관심은 놀라운 에너지다

관심을 갖게 되면 관심의 대상에게 변화가 일어난다. 관심을 갖게 되면 모든 것이 소생하게 된다. 반면에 관심을 갖지 않으면 그 대상들은 시들어지고 황폐해지고, 무력해진다.

인생의 변화는 관심과 의도가 만날 때 일어난다. 관심은 에너지를 공급하고 의도는 구체적인 변화를 창출한다. 관심을 갖고 의도적으로 변화를 추구한다면 의식적인 변화가 일어난다. 관심을 갖기 위해서는 잠시 멈추어 서야 한다. 그리고 바라보아야 한다. 보고 또 보아야 한다. 관심을 갖게 되면 이전에 볼 수 없었던 것을 보게 되고 들을 수 없었던 소리를 듣게 된다. '작은 소리가 크게 들리고 새로운 가능성을 발견하게 된다.' 세상이 하찮게 여기는 소자(素子)에 관심을 가져 보라. 소외된 이웃에게 관심을 가져 보라. 그를 집중적으로 바라보고 구체적으로 사랑하라! 작은 관심은 기적을 창조하는 것을 경험하게 될 것이다. (유키 구라모토)

도시 유목민 시대

우리는 약 1만 년 동안 정착 사회에서 살았다. 그래서 지금 우리가 가지고 있는 것들, 즉 권력, 민주주의, 예술 따위는 모두 정착 문화의 성격을 강하게 가지고 있다. 뿌리, 땅, 집 등의 소유가 최고의 가치였던 시대의 산물인 것이다. 하지만 그 같은 의식과 습성들이 불편한 점으로 작용하면서 새로운 이동형(型)의 문명이 도래하기 시작한다. 역사를 돌아봐야 할 필요는 그래서 생긴다. 특히 서구 문명이 21세기를 '유목적인 것'으로 천착하는 데 앞장선다. 프랑스의 석학 자크 아탈리는 "부유한 사람들은 즐기기 위해 여행할 것이고 가난한 사람들은 살아남기 위해 이동해야 하므로 결국은 누구나 유목민이 될 수밖에 없을 것"이라고 말한다. 앨빈 토플러도, 기 소르망도 비슷한 주장을 폈다. 이미 휴대폰, 노트북 컴퓨터 등이 사이버 세계의 기마 궁사(말을 타고 활을 쏘던 병사)들을 양산하고 있다.

나를 사랑하는 사람이 이 세상에 있다는 것

일이 잘되지 않고 실수하여 어려움을 겪을 때면 나는 얼른 나를 사랑하는 이가 있음을 기억해 보라. 그러면 나의 부족함이 깨우쳐지고 겸손한 자세로 새로운 다짐과 노력을 하게 된다. 나를 사랑하는 사람이 이 세상에 있다는 것은 나의 가장 큰 힘이다. 외롭고 쓸쓸하다고 느껴질 때면 나는 나를 사랑하는 이가 있음을 기억해 낸다. 그러면 외로움과 쓸쓸함이 썰물처럼 밀려가고 함께 살아가는 이들의 정다운 모습이 밀물처럼 밀려옵니다. 나를 사랑하는 사람이 이 세상에 있다는 것은 나의 가장 큰 힘이다.

윤형방황(輪形彷徨)

알프스에서 길을 잃은 사람이 13일간 방황하다가 구출된 일이 있었다. 이 사람은 매일 12시간씩 걸었는데 나중에 알고 보니 길을 잃은 장소를 중심으로 불과 6km 안에서만 왔다 갔다 한 것이었다. 사람은 눈을 가리면 독자적으로 걷지 못한다. 20m를 걸으면 약 4m 이내의 간격이 생기며 100m를 가게 되면 결국 원을 그리면서 돌게 된다. 이 현상을 윤형방황(輪形彷徨)이라고 한다. 눈을 가리고 가급적 똑바로 걸으려면 두 가지의 비결이 있다. 하나는 자기가 생각한 대로 과감한 보조(步調)로 성큼성큼 걷는 것이며 또 다른 비결은 약 30보 걸어간 후 잠깐 멈추었다가 새 출발하는 기분으로 또 30보를 걷는 것이라고 한다. 인생에도 윤형방황의 버릇이 있다. 여기에서 벗어나는 방법도 눈가리고 걷기와 마찬가지다. 소신대로 과감하게 전진하고 새 출발의 정신을 가끔 갖는 일이다.

0.506127과 0.506

물리학 쪽이나 카오스 이론과 같은 분야에 관심이 있는 분은 순식간에 눈치를 챘겠지만, 이 수치는 기상학자 로렌츠가 카오스 이론에 접근하게 되는 데 큰 영향을 미쳤던 숫자라고 한다. 기후 예측을 하는 데 소숫점 이하의 작은 수치에 의해서 기상학적으로 전 지구에 영향을 미칠 정도의 큰 변화를 초래할 수 있다는 것이다. 즉 북경에서 나비 한 마리가 공기를 살랑거리게 하면 다음 달 뉴욕에서는 폭풍이 발생할 수 있다는 것이죠. 0.506127과 0.506과의 작은 차이가 시간이 흐름에 따라 엄청나게 다른 결과를 가져온다고 한다. 그리고 나비 한

마리의 몸짓이 인류의 운명까지 바꾸어 놓을 수 있다고 한다. 그렇다면 '지금 내가 하는 몸짓 하나는 어떨까?'라는 생각이 든다. 수첩 속에 적어 놓은 이 수치들을 볼 때면 나 자신을 바라보곤 한다. 행동 하나하나, 생각 하나하나, 그리고 말 한마디 한마디, 작은 것이 세상을 바꾼다!

주도적이 되라(Be Proactive)

인간은 선택의 자유가 있고 선택한 것에 대한 책임은 오직 자신에게 있다. 이것을 주도적이 되라(Be Proactive)라고 한다. 주도적인 사람의 특징은 가치관에 따라 반응하고 자기 자신의 행동에 책임을 진다는 것이다. 그러나 대응적인 사람은 자극에 대해서 행동할 때 자기의 가치관이 아니라 기분, 감정, 상황의 영향을 받아서 행동을 한다. 그렇기 때문에 이들은 행동에 대해서 책임을 지지 않는다.

파트너가 라인을 변경할 때 대응적인 사람은 흥분하고 욕하고 심하면 원수까지 된다. 그러나 주도적인 사람은 원인이 자신에게 있는 것은 아닌지 되돌아본다. 그렇기 때문에 이들은 사용하는 언어부터가 다르다. 즉 주도적인 사람은 나 때문이라고 하고 대응적인 사람은 너 때문이라고 한다.

나눔이야말로 아름다운 win-win게임

어떤 부자가 있었다. 집 앞에는 작은 공터가 있었는데 동네 사람들은 그 공터에 쓰레기를 버렸다. 쓰레기장이 되어버린 공터에서는 악취가 풍겼다. 부자는 돈을 들여 '여기에 쓰레기를 버리지 마시오!'라는 팻말을 붙여 봤으나 소용이 없었다. 그러던 어느 날 시골에서 늙은 아버지가 부자 아들을 찾아왔다. 쓰레기장이 되어 버린 집 앞의 공터에 팻말을 뽑아 쓰레기와 함께 태워버리고 삽과 괭이로 공터를 일구어 씨앗을 심었다. 얼마 후 공터에는 새싹이 돋아났고 이내 먹음직한 시금치가 되었다. 늙은 아버지는 '필요하신 분은 조금씩 뜯어 가십시오!'라고 커다랗게 팻말을 써 붙였다. 그 후부터 사람들은 쓰레기를 버리지 않았다고 한다. 나눔은 받는 자에게도 유익이 돌아가지만 주는 자에게도 유익함이 돌아온다.

가장 지혜로운 삶의 방식

가장 이상적인 생활 태도는 물과 같은 것이다. 물은 만물에 혜택을 주면서 상대를 거역하지 않고, 사람이 싫어하는 낮은 곳으로 흘러간다. 물처럼 거스름이 없는 생활 태도를 가져야 실패를 면할 수 있다. (노자)

강하고 큰 것은 아래에 머물고, 부드럽고 약한 것은 위에 있게 되는 것이 자연의 법칙이다. 천하의 지극히 부드러운 것이 천하의 강한 것을 지배한다. 가장 으뜸가는 처세술은 물의 모양을 본받는 것이다. 강한 사람이 되고자 한다면 물처럼 되어야 한다. 장애물이 없으면 물은 흐른다. 둑이 가로막으면 물은 멎는다. 둑이 터지면 또 다시 흐른다. 네모난 그릇에 담으면 네모가 되고 둥근 그릇에 담으면 또 다시 흐른다. 네모진 그릇에 담으면 네모가 되고 둥근 그릇에 담으면 둥글게 된다. 그토록 겸양하기 때문에 물은 무엇보다 필요하고 또 무엇보다도 강하다.

끊임없이 성장하는 일

러시아의 대문호인 톨스토이는 "연말에 이르러 지난 일 년을 돌아보고 연초의 자기보다도 성장했다고 확인할 수 있는 만큼, 행복함을 느끼는 일은 없다."라고 했다. 사람이 자기의 삶을 뒤돌아 보았을 때 제자리 걸음을 하고 있는 모습을 발견했을 때처럼 자괴감에 빠질 때가 없다. 그 자괴감은 삶의 허무함이다. 사람에게 희망이 없다면 단 1초도 지탱하지 못하는 나약한 존재다. 희망이란 오늘보단 내일이 나으리란 기대감이다. 달리는 자전거는 결코 넘어지지 않는다. 하루하루 나아지는 삶, 일보 진전되는 삶이 되어야 한다. 그것이 성숙한 삶의 모습이기도 하다.

겸손이야말로 부적과 같다

굽으려거든 몸을 구부려라. 스스로는 드러내지 않는 까닭에 오히려 그 존재가 밝게 나타나며, 스스로를 옳다고 여기지 않는 까닭에 오히려 그 옳음이 드러나며 스스로를 뽐내지 않는 까닭에 오히려 공을 이루고, 스스로 자랑하지 않는 까닭에 오히려 그 이름이 오래 기억된다. 성인(聖人)은 다투지 않는 까닭에 천하가 그와 맞서 다툴 수 없는 것이다. "구부러지는 것이 온전히 남는다."라는 옛말을 믿어라. 진실로 그래야만 사람은 끝까지 온전할 수 있다.

결단보다 중요한 건 실행력

'핑…. 빙글…. 탁….' 패션 디자이너 삐에르 가르댕이 어떤 일을 결정할 때 동전을 던져 앞면이 나오면 실행하고 뒷면이면 포기했다고 한다. 그는 인생의 중요한 결정을 너무나도 간단한 도박으로 결정했다고 한다. 그런 그가 지금의 성공을 거둘 수 있었던 것은, 한번 결정된 일은 최선을 다하여 해내는 정신이 있었기 때문일 것이다. 인생은 도박과 같다. 하지만 도박은 성실함을 이길 수 없다. 그러나 중요한 것은 선택하거나 결정하지 않으면 아무일도 이룰 수 없다는 것이다. 비록 잘못된 선택이나 결정일지라도 교훈으로 삼을 수 있다면 행동하지 않은 것보다는 낫다는 이론이다.

경청의 중요성

나의 눈은 두 개다. 그리고 귀도 두 개다. 신체 기관의 대부분이 두 개인데 비하여 입이 하나인 것은 말하기를 적게 하고 남의 이야기를 더 열심히 들으라는, 만드신 이의 숨은 뜻일 것이다. 작은 목소리가 더 크게 들리는 세상이면 좋겠다.

갈릴리 호수와 사해의 차이

이스라엘에는 두 개의 유명한 호수가 있다. 하나는 갈릴리 호수이고 또 하나는 사해다. 이 두 개의 호수는 같은 수원에서 물이 흘러나온다. 갈릴리 호수에는 아름다운 나무들이 우거져 있고 많은 생물이 살고 있다. 사람들도 호수의 맑은 물을 즐겨 마신다. 그러나 사해는 그렇지 않다. 거기에는 물고기가 한 마리도 살지 않는다. 수목은 자라지 않고, 마실 물도 없다. 진한 소금물이 흐르기 때문이다. 도대체 무엇이 원인일까? 사해에는 물이 흘러나가는 곳이 없기 때문이라고 한다.

결국 당신이 해결해야 한다

나는 권투 선수다. 내 곁에는 언제나 나를 보살펴 주시는 관장님, 트레이너님이 계신다. 그리고 언제나 나의 승리를 기원해 주시는 두 분 부모님도 계신다. 그러나 인생이 그렇듯이 정작 링 위에서는 혼자 일 수밖에 없다.

'남보다 뛰어나게'가 아니라 '남과 다르게'

유태인 어머니들은 자신의 자녀들이 다른 집 아이들과 똑같이 뛰어놀고 함께 공부하면 행동하는 스테레오 타입(고정적인 틀)에 속해 있는 것을 바라지 않는다. 왜냐하면 다른 어린이와는 어딘지 다른 뚜렷한 개성을 지니고 성장하는 것이 좋은 장래를 약속할 수 있다고 믿고 있기 때문이다. 우열을 다투는 경우 승자는 언제나 소수에 지나지 않지만, 저마다 남과 다른 능력을 지니고 있는 경우 서로의 능력을 인정하고 존경하면 함께 살아갈 수 있는 법이다. 이처럼 유태인 어머니들은 예외 없이, 다른 집 어린이와는 무엇인가 다른 자기 자녀만의 특성을 찾아서 그것을 신장시켜 주는 데 전력투구한다. 한마디 덧붙인다면, '히브리'라는 말의 원래 뜻은 '혼자서 다른 쪽에 선다'이다. 자기만의 개성을 충분히 키워준다는 것은 유태인의 생활 방법 전반에 걸친 원칙인 셈이다.

'고이'라는 비단잉어

'고이'라는 비단잉어가 있다 이 비단잉어는 독특한 특성을 갖고 있는데 사는 공간에 따라 크기가 달라진다. 작은 어항에 넣어 두면 5~

8㎝까지, 수족관이나 연못에 넣어 두면 15~25㎝까지, 강물에 방류하면 90~100㎝까지 자란다는 사실이다. 당신의 꿈도 '고이'와 같다. 큰 꿈을 가지면 더 커지고, 작은 꿈을 품으면 작은 것밖에 이루지 못한다. 당신의 미래는 꿈을 품지 않으면 실현되지 않는다. 당신의 품는 꿈의 넓이에 당신 자신이 있다.

사족생

우리 속담에 "묘 안에 누워서 하늘을 쳐다본 사람이 오래 산다"라는 속담이 있다. 죽음을 두려워하면 제대로 산 것이 아니다는 말도 있다. 생애 전체를 바라보면서 살아가는 것은 그냥 현재만을 바라보면서 하루하루 살아가는 것과는 근본적으로 다르다. 때문에 죽음의 문턱에 간 사람들 중에는 자신의 삶을 열정적이고 충만하게 사는 사람이 많다. 스티브 잡스나 도스토예프스키도 그렇다. 오늘은 남아 있는 인생의 첫날이다. 평범해 보이는 하루가 모여 위대한 생을 이룹니다. 우리의 인생은 한 번밖에 없고, 연습할 수도 반복할 수도 없는 일회성의 시간이다. 하루하루 주어진 일에 최선을….

현상이 아닌 본질

인도의 영혼이라 불리는 카르비는 "네가 진정 살아 있다면 삶의 본질을 찾아봐. 삶은 두 번 다시 못 볼 손님이야."라고 하면서 삶의 본질을 추구할 것을 강조한다. 의미 있는 성공, 존재 의의, 그리고 인생의 목적을 물을 때 우리는 현상이 아닌 본질에 대한 답을 찾아야 한다.

태양 빛은 때로는 구름에 가리워질 수는 있지만, 태양 자체는 언제나 빛나고 있다. 외적인 요인은 본질이 흐려 보이게 할 수 있지만 태양이 늘 밝기에 언젠가는 빛이 드러나게 된다. 삶의 외적 조건은 때론 삶의 본질을 흐릴 수 있지만 참고 견디다 보면 결국 삶의 본질을 느낄 수 있다.

내 탓이로소이다

한 젊은이가 마을 어귀에 앉아 있는 노인에게 물었다 "마을 사람들은 친절한가요?"

노인이 되물었다. "젊은이가 떠난 동네는 어땠는가?"

그러자 젊은이가 "불친절했다"라고 말했다.

노인은 이렇게 말했다. "그렇다면 이 마을 사람들도 불친절할 걸세."

무엇이든 시간이 필요하다

무엇이든 소중한 것은 어느 날 갑자기 생겨나는 법이 없다. 한 송이의 포도, 한 개의 사과 같은 경우에도 마찬가지다. 당신이 지금 나에게 '사과를 가지고 싶다'고 말하면 나는 당신에게 '그러려면 시간이 필요하다.'고 대답할 것이다. 먼저 꽃을 피워야 하고, 다음에는 열매를 맺게 해야 하고, 그러고 나서 무르익게 만들어야 하는 것이다. 사과 열매가 당장에, 한 시간 이내에 만들어지는 것이 아닌데, 당신은 인간의 마음의 열매를 그토록 짧은 시간에 손쉽게 지니고 싶어 하는가?(에픽테토스)

마이너스를 플러스로

마이너스를 플러스로 전환시키는 것에 인생의 묘미가 있다. 장님은 못 보는 대신에 귀로 판단하는 청각이 보통 사람 이상으로 예민하다. 왼손이 오른손에 비해 부자연스러운 것은, 오른손만 쓰고 왼손은 사용하지 않았기 때문이다. 왼손도 자주 쓰면 오른손처럼 자유롭게 쓸 수 있다. 우리는 길들이면 유용하게 쓸 수 있는 능력을 많이 갖고 있다. 스스로 못 쓴다고 판단해 버리는 것이 나쁘다. 당신의 약점이나 결점을 보충할 수 있는 다른 능력을 개척하도록 힘쓰는 것이 중요하다.

질량 불변의 법칙은 우주의 법칙이다

취(取)한다는 것, 그건 어찌 보면 방(放)한다는 의미일 수 있다. 흔히들 merit가 있을 때엔 반드시 demerit이 있음을 역설하기도 한다. 그렇다. 하나를 잃을 때에 비로소 우린 다른 하나를 가질 수 있다. 그게 삶이다.

peaks & valleys

병상에 누워 있다가 몇 주일 만에 처음으로 외출해본 적이 있는가? 하늘, 나무, 풀 한 포기만 보라. 그러나 이것도 저것도 안 되고 말 때가 많다. 왜냐하면 당신은 지금 순도 100%의 행복을 꿈꾸기 때문이다. 고통이 없는 상태의 완벽한 상태의 행복은 이 세상에 존재하지 않는다.

사랑의 힘

누군가를 처음으로 사랑하기 시작하였을 때, 바로 그 순간에도 긴장은 우리를 놓치지 않는다. 남녀 간의 사랑이 아름다운 것은 아마도 그 새로운 긴장감이 수많은 게으름뱅이를 변화시키고 둔재를 천재로, 절망을 희망으로 부정을 긍정으로 바꾸어 놓는다.

성장을 확인할 수 있는 기쁨

그리스신화에 나오는 시시포스(sisyphos)는 제우스를 속인 죄로 아주 혹독한 형벌을 받는다. 몇 톤이나 되는 바윗덩어리를 그의 힘으로 산 꼭대기까지 끌어올리면 바윗덩어리는 데굴데굴 굴러서 골짜기까지 떨어져 또다시 처음부터 다시 끌어올리지 않으면 안 된다. 시시포스는 이 일을 영원히 되풀이하지 않으면 안 된다. 이 형벌의 가혹성은 아무리 노력해도 성공할 수 없는 진보의 자취를 확인할 수 없을 것이다.

해마다 똑같은 일을 타성으로 반복하고 조금도 진보의 자취를 확인할 수 없다면 우리도 시시포스와 큰 차이가 없는 생활을 하고 있는 셈이 된다. 시시포스가 되지 않기 위해서는 조금이라도 진보한 자신을 확인할 일이다. 가령 조금이라도 진보한 자기 자신을 확인할 수 있으면 인생의 예금 통장을 바라보는 것과 같은 것이어서 매우 즐거운 법이다.

'어디 한번 해 볼까' 하는 의욕도 생긴다. 그 심정이 내일로 이어진다. 이러한 즐거움을 느낄 수 없다면 그 인생은 절망일 수밖에 없다. (가와키타 요시노리)

정신없이 하루하루를 보내는 것도 나쁘지는 않지만 혼자서 조용히 자기가 성장하는 자취(성장하지 않는 데 대한 반성도 좋다)를 확인해 보는 게 어떨까? 요즘 사람들은 그러할 시간을 너무나 갖지 않는 것 같다.

성공인과 실패자의 견해 차이

세상일이란 다 좋을 순 없다. 아무리 좋은 일도 10% 정도는 부정적인 면이 있을 수 있다. 그러나 성공인은 90%의 긍정적인 면을 보고 그 일을 거뜬히 해 내고 실패자는 10%의 부정적인 면을 본 후 불평만 늘어놓는다.

성공의 비결(1)

어느 청년이 왕을 찾아와서 성공의 비결을 물었다. 왕은 청년에게 물이 가득 담긴 물동이를 주면서 그것을 머리에 이고 시장을 한 바퀴 돌고오면 가르쳐 주겠다고 했다. 그 대신 만일 물동이의 물을 한 방울이라도 흘리면 그때는 생명을 내놓아야 한다고 말했다.

청년은 왕이 시키는 대로 머리에 인 물동이의 물이 흘러넘치지 않도록 조심조심 걸어서 시장을 돌고왔다. 청년이 안도의 숨을 내쉬며 왕 앞에 물동이를 내려놓았다. 그러자 왕이 청년에게 물었다.

"너는 시장에서 무엇을 보았고 무슨 소리를 들었느냐?"

그제야 청년은 아무것도 보지 못했고 듣지 못했다는 것을 깨달았다. 오직 머리에 이고 있는 물동이의 물이 흘러내릴까 그것에만 신경 쓰느라 시끄러운 시장을 돌고오면서도 아무것도 보지 못하고 듣지 못했던 것이다. 왕이 청년에게 말했다.

"오직 한 가지 일만 생각하느라 다른 것에는 신경을 쓰지 않는 정신력이 바로 뜻을 이루는 지름길이니라."

성공의 비결(2)

성공하는 사람과 실패하는 사람 사이에는 오직 한 가지 차이밖에 없어. 돈도 아니고 머리도 아니야. 성공의 비결은 자신감이란다. 그런데 자신감을 가지려면 반드시 갖춰야 할 게 있지. 충분히 준비할 것, 경험을 쌓을 것, 그리고 절대 포기하지 말 것, 이 세 가지란다. 그리고 네가 어디에서 무슨 일을 하든 절대 잊지 말아야 할 게 있어. 그건 바로 세상에서 가장 소중한 존재가 가족이라는 사실이란다. (딕 체니 부통령의 자문관 메리 메털린)

왜 창조적이어야 하는가?

왜 창조적이어야 하는가? 내가 생각해낸 이유는 두 가지다. 첫째는 바로 변화다. 세상이 변화하고 새로운 정보가 자꾸 쏟아져나오기 때문에, 어제의 해법으로는 오늘의 문제를 해결할 수 없다. 둘째는 재미다. 실제로, 나는 창조적 사고가 정신적 섹스라고 생각한다. 우리에게는 새로운 생각이라는 자손을 임신할 방법이 필요하다. 창조적인 사고가 바로 그 방법이다. (로저 본 외흐, 《생각의 혁명》)

마음의 유연성

마음의 유연성을 갖는 일과 시각을 바꾸는 능력은 서로 관계가 있다. 유연한 마음은 우리로 하여금 다양한 시각에서 문제를 볼 수 있게 한다. 또 거꾸로, 다양한 시각에서 객관적으로 문제를 살펴보려고 하는 것은 마음의 유연성을 키우는 훈련이 될 수 있다. (달라이 라마,《달라이 라마의 행복론》)

유연한 마음은 부드러움에서 온다. 부드럽다는 것은 열려 있다는 뜻이다. 눈이, 생각이, 마음이 열려 있으면 보는 시각도 바뀝니다. 시각을 바꾼다는 것은 보는 방향을 바꾸는 것이다. 자기 자리에서 남의 자리로 옮겨 보는 것이고, 자기 눈으로가 아닌 다른 사람의 눈으로 세상을 바라보는 것이다.

삶에 대한 긴장감

삶에 대한 긴장이 남아 있는 시간은 우리가 꿈을 꾸는 시간이다. 삶에 대한 꿈. 우리에게 보다 나은 내일에 대한 소망이 있을 때만이, 그 긴장감은 살아서 숨을 쉰다.

인생이란 그저 그런 것, 어제와 오늘이, 별반 다를 것 없는 시간의 연속이라고 본다면 우리에게 창조의 에너지를 제공하고, 사람을 새롭게 변화시키는 힘을 지닌 삶의 긴장감은 우리를 찾아들지 않는 것이다.

삶의 팽팽한 긴장감이 삶을 얼마나 생기롭게 해 주는 것인가를 생각할 때, 그러한 긴장의 순간이 길면 길수록 우리의 삶은 보다 풍요로워질 것이다.

배움의 2가지 길

버리면 얻는다는 말이 있다. 이는 살고자 하면 죽고 죽고자 하면 산다는 의미와 상통하는 말이라 할 수 있다. 그렇다! 무엇을 얻는 데에는 크게 두 방법이 있다. 구해서 얻는 것과 버림으로써 얻는 것이다. 구해서 얻는 것은 아무리 많이 얻어도 끝없이 갈증을 느끼게 된다. 그러나 버려서 얻는 것에는 큰 기쁨이 임재한다. 마음의 평안과 행복을 원하거든 버림으로써 얻는 것을 택하라.

배움에도 크게 두 가지 방법이 있다. 취해서 얻는 것과 버림으로써 얻는 것이다.

전자는 새로운 지식과 기술을 취해서 얻는 것이며 후자는 자신도 모르게 형성되어 있는 고정관념의 틀과 매너리즘을 버리는 것이라 할 수 있다. 그런 의미에서 학문을 갈고 닦아 배우는 것도 중요하지만 관계를 통해 느끼고 얻는 것 또한 크다 하겠다.

음악가가 장수하는 이유

직업들 중에서 가장 장수하는 직업은 음악가라고 한다. 카라얀이나 스토코프스키 등 세계적으로 저명한 지휘자들이 대부분 장수했다. 의사들은 지휘자나 연주자가 장수하는 비결을 다섯 가지로 요약했다.

첫째는 음악에 심취해 몸을 움직이는 것이 적당한 운동이 된다는 것이다.

둘째는 청중의 사랑을 받고 거기에서 기쁨을 얻기 때문이라고 한다. 이웃의 사랑을 받고 사랑을 베푸는 사람은 마음에 그늘이 없다.

반면 분노, 증오, 고독, 질투 등은 인간의 수명을 갉아먹는 독소가 될 뿐이다.

셋째는 연주나 지휘를 하는 동안 최고의 행복감을 느끼기 때문이라고 한다. 일을 통해 성취감과 행복감을 느끼면 엔돌핀이 솟아나게 되어 있다.

넷째는 직업을 취미처럼 즐기기 때문이라는 것이다. 취미 생활에는 피로가 따르지 않은 법이다.

다섯째는 생활의 안정인데, 절제 있고 검소한 생활습관이 안정을 불러온다는 것이다. 그리고 보면 걱정 없이 사는 게 가장 큰 행복 아니겠는가.

나만의 스타일(남이 흉내 낼 수 없는 독자적 비결이 최고의 자산)

사람이 일생을 살아가면서 가장 필요한 것은 권력도 아니며 돈도 아니다. 각자가 생각해 낸 독자적인 비결만이 든든한 밑거름이 되어 줄 것이다. 남이 흉내 낼 수 없는 독특한 비결만이 언제 어떠한 상황에서건 도움이 될 것이다. (아베 마사아키, 《유대인의 교섭전략》)

하다못해 칼국수 양념에도 '독자적 비결'이 들어갈 때엔 크나큰 재산적 가치를 얻게 된다. 그러나 여기에서 말하는 '자기 것'은 비단 재산적 가치만을 뜻하지 않을 것이다. 누군가가 그의 삶의 태도에 있어서 '자기 개성', '자기 빛깔', '자기 방식'이 있다면 그는 '자기 것'을 가진 존재이고, 그만큼 무형의 재산을 소유하고 있는 사람일 것이다.

숯과 다이아몬드

숯과 다이아몬드는 그 원소가 똑같은 탄소라는 사실을 아는가? 그 똑같은 원소가 하나는 아름다움의 상징인 다이아몬드가 되고, 다른 하나는 보잘것없는 검은 덩어리에 머물고 만다는 사실. 놀랍지 않은가?

어느 누구에게나 똑같이 주어지는 하루 24시간이라는 원소…. 그 원소는 누구에게나 주어지지만 그것을 다이아몬드로 만드느냐 숯으로 만드느냐는 당신의 선택에 달려 있다.

삶은 다이아몬드라는 아름다움을 통째로 선물하지는 않는다. 단지 가꾸는 사람에 따라 다이아몬드가 될 수도 있고 숯이 될 수도 있는 씨앗을 선물할 뿐이다.

땅에서는 무엇이든지 썩어야 한다

땅에서는 무엇이든지 썩어야 한다. 썩은 것은 거름이 되어 곡식도 기름지게 하고 풀도 무성하게 하고 나무도 단단하게 키운다. 썩혀서 비로소 다른 생명으로 물오르게 한다. 그래서 죽어 땅에 묻히는 것을 사람들은 "돌아간다"고 하는 것인지도 모른다. (최명희, 《혼불》)

썩었다 하면 끝이 난 것으로 생각한다. 모든 생명의 막을 내리고 희망이 없는 존재로 여기기 쉽다. 그러나 썩어야 또 다른 생명이 움트고 수백 배 수천 배의 열매를 맺을 수 있다. '썩고 있다.', '죽었다'라는 생각이 들 때 바로 그때가 새 출발의 싹을 틔우는 시간이다. 놀라운 자연의 이치, 생명의 신비다.

하나님과의 인터뷰

어느 사람이 하나님에게 인간에게서 가장 놀랍게 여기시는 점은 어떤 것들이 있는지 묻자,

'어린 시절이 지루하다고 안달하며 서둘러 어른이 되려는 것, 그리고 어른이 되면 다시 어린애로 돌아가고 싶어 하는 것'과 '돈을 벌기 위해 건강을 해치고 나서는, 잃어버린 건강을 되찾기 위해 번 돈을 다 써버리는 것', '미래에만 집착하느라 현재를 잊어버리고 결국 현재에도 미래에도 살지 못하는 것', '결코 영원토록 죽지 않을 것처럼 살다가는, 마침내는 하루도 못 살아 본 존재처럼 무의미하게 죽어가는 것'들이라고 대답하셨다.

똑바로 서

평소에 우울하고 힘없이 보이는 평범한 주부가 슈퍼마켓에서 한 여자를 만났다. 그 여자는 겉으로 보아 자신과 하나도 다를 것이 없어 보였는데 이상하리만치 당당해 보였다. 그녀의 걸음걸이는 힘차 보였고 눈은 앞을 똑바로 바라보고 있었다. 그 주부는 그녀가 아마도 '대단한 사람'일 것이라고 생각했다.

이것저것 살 것을 대충 챙긴 주부는 슈퍼마켓을 나왔다. 그녀는 저만치 앞서 걷는 여자의 당당한 뒷모습을 바라보다 문득 상점 유리창에 비친 자신의 모습을 바라보았다. 거기엔 어깨가 축 처지고 등이 구부러져 원래 키보다 훨씬 작아 보이는 한 여자가 비춰지고 있었다.

'아니 이렇게 초라하고 힘도 없어 보이는 사람이 나란 말인가?'

그녀는 조금 전에 만났던 여자가 왜 그리 당당해 보였는지 그제야

알았다. 그녀의 자세는 꼿꼿했으며 말소리는 분명했다. 그런 것들로 인해 여자는 당당해 보이는 것이었다. 그녀는 집으로 달려가 거울로 자신의 모습을 비춰보았다. 여러 가지 자세를 취해보며 내린 결론은 몸을 똑바로 세웠을 때가 가장 기분도 상쾌하고 좋아 보인다는 것이었다. 좋은 자세가 외모를 바꾸어 키도 커보이게 하고 한층 날씬하게 만들었다.

'똑바로 서!' — 이것이 그녀의 좌우명이 되었다. 그리고 그녀의 모든 것이 변화되기 시작했다. 기분도 훨씬 좋아졌고 태도도 분명해졌으며 무엇보다 자신에 대한 느낌이 달라져 자신감이 생긴 것이다. 더불어 그녀는 '내가 나를 존경하고 아낀다면 다른 사람들도 분명히 나를 그렇게 볼 것이다'라는 새로운 사실도 깨달았다. 그 뒤 주부가 슈퍼마켓에 들렀을 때였다. 점원이 말을 걸어왔다.

"저, 대단한 분이시죠?"

"글쎄요. 나는 대단한 사람이지만 사람이면 누구나 다 대단한 존재가 아닌가요?"

사막을 건너는 법

한 강물이 있었다. 이 강물은 산 속에서 시작하여 험준한 산골짜기를 지나고 폭포를 거쳐 산자락을 돌아서 들녘으로 나왔다. 세상 여기저기를 기웃거리면서 흘러다니다가 어느 날 모래와 자갈로 된 사막을 만나게 됐다.

사막 너머에는 강물의 종착지인 바다가 출렁이고 있었지만, 어떻게 해야 그 바다에 이를지 몰라 강물은 당황했다.

강물은 마음을 가다듬고 사막을 향해 힘껏 돌진했다. 그러나 사막과 마주치는 순간 강물은 소리 없이 모래에 빨려들어가고 말았다. 정신이 번쩍 든 강물은 어떻게 하면 이 사막을 무사히 건널 수 있을까? 고민에 빠졌다. 이때 문득 사막 한가운데서 이런 목소리가 들려왔다.

"네 자신을 증발시켜 바람에 네 몸을 맡겨라. 바람은 사막 저편에서 너를 비로 뿌려줄 것이다. 그렇게 되면 너는 다시 강물이 되어 바다에 들어갈 수 있을 것이다."

우리가 사는 세상살이에도 건너야 할 사막은 여기저기 무수히 널려 있다. 일상적인 타성의 수렁에서 벗어나 존재의 변신인 그 비약을 거치지 않으면 장애물에 걸려 근원에 도달할 수 없다. 사막 한가운데서 들려오는 그 목소리는 바로 우리 마음속의 소리이기도 한다.

관심

"먼지도 태양빛을 받으면 빛을 발한다."라고 말한다. 먼지도 관심의 대상이 되는 순간 빛을 발하게 된다.

관심을 갖게 되면 관심의 대상에게 변화가 일어난다. 관심은 에너지다. 관심을 갖게 되면 모든 것이 소생하게 된다. 반면에 관심을 갖지 않으면 그 대상들은 시들어가고 황폐해지고 무력해진다.

인생의 변화는 관심과 의도가 만날 때 일어난다. 관심은 에너지를 공급하고 의도는 구체적인 변화를 창출한다. 관심을 갖고 의도적으로 변화를 추구한다면 의식적인 변화가 일어난다.

관심을 갖기 위해서는 잠시 멈추어 서야 한다. 그리고 바라보아야 한다. 보고 또 보아야 한다. 관심을 갖게 되면 이전에 볼 수 없었던 것을 보게 되고 들을 수 없었던 소리를 듣게 된다.

작은 소리가 크게 들리고 새로운 가능성을 발견하게 된다. 관심의 폭이 넓어질 때, 사랑의 폭도 넓어진다.

peaks & valleys

병상에 누워 있다가 몇 주일 만에 처음 외출을 해본 적이 있는가?

하늘, 나무, 풀 한 포기만 보라.

그러나 이것도 저것도 안 되는 때가 많다. 왜냐하면 당신은 지금 순도 100%의 행복을 꿈꾸기 때문이다. 고통이 없는 상태의 완벽한 상태의 행복은 이 세상에 존재하지 않는다.

칸트의 행복의 원천

행복의 원칙은 첫째, 어떤 일을 할 것, 둘째, 어떤 사람을 사랑할 것, 셋째, 어떤 일에 희망을 가질 것이다.

- 칸트

행복은 끊임없이 무언가를 시도하는 사람에게 찾아오는 선물이다. 행동하는 자에게 찾아오는 것이다. 결과로 멈춰 있는 것이 아니고 늘 움직인다. 행복을 느끼는 순간이 있을 뿐이다.

우리 인간이 진정으로 추구하는 것이 행복이지만, 알아야 할 것은 행복은 사실이 아니고 느낌으로 표현되는 감정이라는 것이다. 일, 사랑, 희망을 통해 순간마다 행복을 느끼리라.

가장 지혜로운 삶의 방식

가장 이상적인 생활 태도는 물과 같은 것이다. 물은 만물에 혜택을 주면서 상대를 거역하지 않고, 사람이 싫어하는 낮은 곳으로 흘러간다. 물처럼 거스름이 없는 생활 태도를 가져야 실패를 면할 수 있다.

- 노자

강하고 큰 것은 아래에 머물고, 부드럽고 약한 것은 위에 있게 되는 것이 자연의 법칙이다. 천하의 지극히 부드러운 것이 천하의 강한 것을 지배한다. 가장 으뜸가는 처세술은 물의 모양을 본받는 것이다. 강한 사람이 되고자 한다면 물처럼 되어야 한다. 장애물이 없으면 물은 흐른다. 둑이 가로막으면 물은 멎는다. 둑이 터지면 또 다시 흐른다. 네모난 그릇에 담으면 네모가 되고 둥근 그릇에 담으면 또 다시 흐른다. 네모 그릇에 담으면 네모가 되고 둥근 그릇에 담으면 둥글게된다. 물은 그토록 겸양하기 때문에 무엇보다 필요하고 또 무엇보다도 강하다.

7分의 지혜

꽃잎을 피웠다가 다시 스스로 접을 수 있는 꽃은 떨어지지 않는다. 자기를 추스리는 힘과 미덕을 갖고 있기 때문이다. 꽃잎을 피웠다가는 다시 접지 못하는 꽃은 곧 시들어 떨어진다. 자신을 추스리는 힘과 미덕을 잃었기 때문이다. 사람도 자기 몸의 기(氣)에 따라 몸을 폈다가는 굽혀주어야 한다. 벼슬길도 나아갔다가는 세상 이치에 따라 적절한 시기에 스스로 물러나야 한다. 이것이 삶의 도다. 사람이 몸을 펴기만 하고 굽히지 못하거나, 벼슬에 나아갈 줄만 알고 스스로 물러나는 법을 모른다면 그것은 죽었거나 죽을 징조다. 그런데 도대체 어디쯤 이르렀을 때 굽히고 물러나야 하는 것일까?

우리네 인생살이에서 그때를 적절하게 잡는 것은 참 어렵다. 조선 후기에 은일지사로 일생을 보낸 안석경 선생은 매사에 7분(分)에 이르면 중지하라고 충고했다. 벼슬이든 음식이든 7분이면 좋고 10분이면 가득 찬다고 했다. 7분을 넘어 10분에 가깝게 되면 해로움이 반드시 생긴다.

야생화는 매력

비바람이 몰아치는 높은 산, 바닷바람이 강렬한 해안 절벽, 야생화는 장소를 가리지 않고 뿌리를 내린다. 그런 열악한 환경에서 도대체 어떻게 살아날 수 있을까?

잘 살펴보면 저마다 악조건을 극복하며 생존할 수 있는 지혜를 갖고 있다. 선명한 꽃 색깔과 향기는 그 지혜 중의 하나다. 바람 불고 비가 오는 외진 곳에 사는 처지라 벌과 나비를 만나기는 어렵다. 귀한 손님을 어렵게 만나는 그 기회를 놓치지 않으려고 매력을 한껏 발산한다. 꽃의 짙은 색깔과 향기는 절박한 상황에서 종족의 생명을 이어가기 위한 처절한 몸짓이다.

감사할 일을 찾는 법

미국의 어떤 목사님이 하루는 기차를 타고 여행을 하게 되었는데 그는 좌석에 혼자 앉아 깊이 기도하고 있었다. 그때 갑자기 옆에서 "쿵" 하는 소리에 깜짝 놀라 눈을 뜨게 되었다. 그런데 이게 웬일인가. 덩치가 엄청나게 큰 흑인 여자가 올망졸망한 어린아이를 다섯 명이나 데리고 자기의 옆자리에 비집고 앉는 것이었다. 그는 너무나 기가 막혔다. 하지만 그 와중에도 하나님께 감사를 드렸다. 과연 그는 무슨 감사를 드렸을까?

"하나님, 지금 제 옆에 앉은 뚱뚱한 흑인 여자가 저의 아내가 아닌 것에 대해 진실로 감사드립니다."

살아 있다는 것만으로도

어떤 사람이 중병에 걸려 수술을 받았다. 그는 마취에서 깨어나자마자 고통을 호소하며 고래고래 소리를 질렀다. 그때 그를 물끄러미 바라보고 있던 간호사가 이렇게 말했다. "잠깐만이라도 불평과 신음을 멈춰보세요. 그러면 당신은 아직도 숨을 쉬고 있다는 사실을 발견하게 될 거예요." 그제야 그 환자는 "내가 느끼고 있는 고통은 아직 나에게 생명이 있다는 증거다."라고 고백하며 자신이 살아 있음을 감사했다고 한다. 죽은 자에겐 고통도 문제도 있을 수 없지 않은가.

한 템포 늦추어 반응하라

캐나다에서 있었던 일이다. 어느 날 전세비행기 한 대가 하늘을 날고 있을 때 조종사가 낙하산을 메고 객석에 나타났다. "비행기가 고장이 나서 곧 추락합니다. 기내에는 저를 포함하여 5명이 탑승하고 있습니다. 그런데 낙하산은 4개밖에 없습니다." 하고는 탈출했다. 그 후한 손님이 일어나 "나는 일국의 국회의원이다." 하면서 낙하산 하나를 가지고 내려가 버리자, 뚱뚱하고 잘생긴 사업가도 허둥지둥 낙하산 하나를 메고 탈출해버렸다. 낙하산은 하나밖에 없는데 비행기 안에는 히피 청년과 50대 목사님 둘만 남았다. 목사님이 청년에게 낙하산을 양보했다. "청년, 낙하산을 메고 빨리 뛰어내리게!" 그러자 청년은 웃으면서 이렇게 말했다. "목사님, 낙하산은 2개입니다. 잠시 전 탈출한 사업가가 멘 낙하산은 제 배낭이었습니다."

조화석습(朝花夕拾)이라는 말이 있는데 이에는 어떤 상황에 즉각즉각 대응하지 않고, 꽃이 다 떨어진 저녁까지 기다린 다음에 매듭짓는 것이 현명하다는 의미가 담겨 있다. 즉 서둘지 말고 천천히 반응하라는 말이다. 서둘 망(忙) 자는 마음(心)을 모든 것을 잊어버린 것(망: 亡)이니 서두르면 지혜가 달아난다는 뜻이기도 하다. 한 템포 늦추어 행동하는 것이 삶의 지혜이기도 하다.

집착하지 말아라

어떤 사람이 캄캄한 밤중에 길을 가다가 언덕 아래로 미끄러졌다. 한참 굴러가다가 간신히 나뭇가지를 붙잡았다. 살려 달라고 부르짖었지만 구해주는 사람이 아무도 없었다. 얼마 후 힘이 다 빠지고 이제는 "에라, 모르겠다." 하고 손을 놓았는데 뜻밖에도 아래에는 20cm도 안 되는 모래땅이 있었다.

일상이 기적이다

남자들은 일확천금이 생기면 고급 승용차를 바꾼다고 한다. 그다음에는 큰 저택을 마련한다.

그다음은 고급 승용차에 큰 저택에 어울리지 않는 사람을 발견…. 고민 끝에 그 사람마저 바꾸고 나면 완전히 고꾸라진 인생으로 전락하고 만다고 한다.

감당치 못할 만큼의 행운과 대박이 결코 행복의 시작이 되지 않음을 우리는 로또 당첨자들의 말로를 보면서 실감하고 있다. 단 한 번의 행운을 위해 일상을 짓밟지 마라. 일상이 기적이며, 행복이며 감사다.

아침이 눈을 뜰 수 있는 것이 기적이다. 일터가 있다는 것이 행복이다. 건강하다는 것이 감사이다. 일상을 소홀히 하지 마라. 일상이 당신 인생에서 가장 소중한 시간이다.

다음의 주어진 글에 식견(識見)을 달아 보자

나는 명확한 Yes나 No가 에둘러 표현하는 대답보다 훨씬 바람직하다고 생각한다. 정확하게 의사를 표시한다면 상대방이 불필요하게 처음부터 기대도 하지 않을 것이고, 나중에 오해로 인해 관계가 나빠질 이유도 없기 때문이다. — 전혜성, 《여자 야망 사전》

식견(識見)

눈물을 흘리는 사람에게 손수건을 건네는 짓은 바보짓이다. 눈물은 눈이 흘리는 게 아니라 가슴이 흘리는 것이다. 가슴속을 닦아주는 손수건이 없다면 말없이 꼭 안아줘야 한다. 그 사람의 가슴이 따뜻해질 때까지 내 가슴을 빌려줘야 한다. — 정철, 《내 머리 사용법》

식견(識見)

웃음 한 번으로, 친절한 말 한마디로, 따뜻한 눈길 한 번으로, 누군가의 마음에 맺힌 원한을 조금이라도 씻어 줄 수 있다면 한번 해 볼 만하지 않아?　　　　　　　　　　　　　　- 양순자,《인생 9단》

식견(識見)

열정은 혼자서 꽃피지 못한다. 격려해주고 지지해주는 사람이 필요하다. 식었던 열정이 되살아날 수 있도록 내가 먼저 나의 부족한 부분을 껴안아 주어라. 그래야 비로소 다시 시작할 용기를 낼 수 있다.　　　　　　　- 서윤진,《흔들리는 나에게 필요한 한마디》

식견(識見)

미래에 대한 부정적 생각, 습관처럼 하는 험담, 생색내고 싶어 하는 마음, 질투심, 뭐든 상대가 이해해줄 거라는 착각, 화려한 언변으로 위장한 '따지기', 패배감에 푹 전 말투. 이 모든 것이 당신의 인생을 실패로 이끄는 것들이다.   – 하이브로 무사시

식견(識見)

아첨해 보라. 그러면 당신을 믿지 않게 될 것이다. 비난해 보라. 그러면 당신을 좋아하지 않게 될 것이다. 무시해 보라. 그러면 당신을 용서하지 않게 될 것이다. 격려해 보라. 그러면 당신을 잊지 않게 될 것이다.   – 윌리엄 아더 워드

식견(識見)

산다는 것은

아무리 화려한 옷도 몸에 맞지 않으면 불편하듯 아무리 아름다운 풍경도 마음이 딴 데 있으면 눈에 들어오지 않는다. 내가 아닌 남의 삶을 살고 있으면 늘 불안하다. 이 시간, 나를 먼저 돌아보라. 내가 보일 때 행복과 기쁨도 찾아온다.　　　　　　　　　　　　－ 좋은 글

식견(識見)

사랑에 빠진 여자가 아름다운 이유는 새 화장품과 원피스 때문이 아니다. 그대로의 모습을 인정해 주는 사람이 생겼기 때문이다. 그 사람의 사랑 속에서 그녀는 우주에서 가장 아름다운 사람이 된다.

　　　　　　　　　　　　　　－ 심이준,《사랑이 아팠던 날》

식견(識見)

힘들어하는 그 사람을 위해 내가 할 수 있는 것은 생각만큼 많지 않다. 그저 곁에 있어 주는 것. 조용히 손잡아 주고 머리를 쓸어주는 것, 안아주고, 등을 토닥여 주는… 그리고 '다 괜찮아. 다 잘 될 거야.'라고 말해 주는 것. 　　　　　　　　　　– 공병각,《사랑 예습장》

식견(識見)

다 소유하려고 하지 마. 모든 것을 다 가지려는 욕심 때문에 추락할 수도 있다. 두 손이 편하게 움직일 수 있게 욕심을 내려놓자. 그래야 비로소 자유로워진다. 　　　　　　　– 탁소,《나이 먹는 그림책》

식견(識見)

종종 연락이 닿지 않는 삶을 사세요. 당신만의 유예된 공간. 아무
도 모르는 그곳에서 당신 생각만 하세요. 당신 꿈만 꾸세요. 이제
그만, 남의 꿈, 남의 눈빛과 셈 다 잊고, 그냥 한나절 푹 주무세요.

－ 박해선,《그리움에게 안부를 묻지 마라》

식견(識見)

일어난다. 먹는다. 일한다. 잔다. 소유한다. 사용한다. 낡는다. 버
린다. 떠난다. 머무른다. 이별한다. 돌아온다. 만난다. 사랑한다.
헤어진다. 잊는다. 좋아한다. 미워한다. 후회한다. 아무 상관 없어
진다.

－ 황경신

식견(識見)

인생은 경주가 아니라 한 걸음 한 걸음을 음미하는 여행이다. 어제는 역사이고 내일은 미스터리며 오늘은 선물이다. 그렇기에 우리는 현재(present)를 선물(present)이라고 부르는 것이다.　　– 좋은 글

식견(識見)

사람들이 당신을 좋아한다고 믿어라. 그러면 실제로 그렇게 된다. 당신이 무엇을 믿든 우주는 그 믿음이 실현되도록 하기 위해 움직인다.　　– 마리사 피어,《나는 오늘도 나를 응원한다》

식견(識見)

내 마음은 내 마음인데 왜 내 마음대로 되지 않을까. 왜 툭하면 제멋대로 바닥끝까지 가라앉고 쓰라리게 아픈 걸까…. 일도 어렵고 사랑도 힘들지만 언제나 가장 어렵고 힘든 대상은 바로 내 자신이다.   – 우르술라 누버, 《나는 내가 제일 어렵다》

식견(識見)

"다른 이들의 시선으로 고통받지 마세요, 자신의 삶을 살기에도 부족한 시간이죠. 어느누구도 과거로 돌아가서 새롭게 시작할 수는 없지만, 지금부터 시작해서 새로운 결말을 맺을 수는 있다.

      – 김난도, 《아프니까 청춘이다》

식견(識見)

웃기면 그냥 웃으면 되고 슬프면 그냥 슬퍼하면 되고 좋으면 그냥 좋은 대로 즐기면 되는 건데 그게 어려워서 나는 참 많은 것을 제대로 느끼지도 못한 채 제대로 즐기지도 못한 채 흘리듯 놓쳐버린 거다. – 강세형,《나는 아직, 어른이 되려면 멀었다》

식견(識見)

성공하지 못한 사람들의 한 가지 공통점은 꾸물거린다는 사실이다. 누가 불러도 벌떡 일어나 달려나오는 일이 없다. 망설이고 꾸물거리다 끝난다. – 정채봉,《간장종지》

식견(識見)

제4장

성공인에겐 말하는 법도가 있다

성공인에겐 말하는
법도가 있다

성공한 사람들이 자주 쓰는 말… I am sorry. (죄송하다.)

미안하다. 내 탓이다.

자존감이 높아 자신을 낮추는 일에 망설임이 없다.

자존감이 낮은 사람은 그 반대인 것을 아는가?

용서를 구하고 용서를 잘하는 사람을 보면 호쾌함을 느낀다.

오늘도 호쾌한 하루 보내길….

말이라고 다 말인 줄 아는가? 할 말이 있고 하지 말아야 할 말이 있으니 말로서 말 많으니 말조심할까 하노라. 할 말과 하지 말아야 될 말을 가려 말할 줄 아는 인간이 인간다운 인간이지 않겠는가? 인간이 인간다워야 인간이다. 인간 같지 않은 인간들 하고는 말을 섞고 싶지 않으니 오로지 말을 분별해서 사용하자는 것이노라.

내 생각을 거침없이
말하는 방법

¤ 내 생각과 느낌을 더욱 자신 있게 표현하고 싶은가?

¤ 다른 사람들이 내 의견에 귀기울여 줬으면 하는가?

¤ 내 견해를 대담하게 내세우고 싶은가?

요령껏 영리하게 하기만 하면 거침없이 말하는 것은 사람들 사이에서 돋보일 수 있는 최고의 방법이며 그 실력으로 이루고자 하는 일을 일사불란하게 도모해 갈 수 있다.

내 생각을 솔직담백하고 허심탄회하게, 그렇지만 요령 있게 말해보자. 나의 생각을 거침없이 말한다고 해서 펼쳐진 책처럼 내 인생에 대해 미주알고주알 죄다 늘어놓으라는 뜻은 아니다.

선을 넘거나 품위를 떨어뜨리라는 말도 아니다. 기회가 있을 때마다 부정적인 말이나 비난을 퍼부으라는 말도 아니다. 거침없이 말하는 것은 긍정적이고 바람직한 기술이다.

■ 즐겨 말할 수 있는 분야의 레파토리 찾기

보통 즐겨 말할 수 있는 분야의 레파토리는 관심을, 관심은 열정을 불러온다. 관심과 열정이 있는 분야는 거침없이 말하기가 쉽다.

일단 즐겨 말할 수 있는 분야의 레파토리를 발견하면 나의 견해를 말하거나 심지어 즐겨 말할 수 있는 분야의 레파토리를 활용되는 일이나 활동을 주도하는 데 자신이 붙는다.

  ¤ 나의 관심사(정치, 경제, 사회, 역사, 지리, 음식, 여행, 스포츠, 취미)는?

  ¤ 내가 잘하는 분야(전공, 직업)는?

■ 의견(식견, 내가 바라보는 관점) 갖기

자기가 무슨 말을 하는지 모르는 사람으로 비춰지고 싶지는 않을 것이다. 이런 사람의 말에 귀기울여 줄 사람은 없다. 게다가 할 말이 없으면 거침없이 말하기가 매우 어렵다. 주변 사람들 사이에서 뜨거운 쟁점인 사안에 대해 어떤 의견을 가지고 있는지 생각해 본다. 결국 나만이 답을 가지고 있으니 틀릴 리가 없다.

어떤 문제에 대해 정말 아무런 의견이 없다면 그 문제에 대한 자료를 수집하고 생각을 정리해 본다.

■ 사실(Fact)로 의견을 뒷받침하기

주제에 대해 아는 것이 별로 없으면 의견을 갖거나 말하기가 어렵게 느껴진다. 내 의견을 뒷받침할 사실들을 알고 있으면 이런 생각을 떨쳐버리고 내 의견에 더욱 큰 자신감을 가질 수 있다.

최고의 커뮤니케이션은
솔직함이다

최고급 이발관의 한 이발사가 자신의 기술을 전수하기 위해 젊은 제자를 한 명 받아들였다. 젊은 제자는 3개월 동안 열심히 이발 기술을 익혔고 드디어 첫 번째 손님을 맞이하게 되었다. 그 초보 이발사는 그동안 배운 기술을 최대한 발휘하여 첫 번째 손님의 머리를 열심히 깎았다.

그러나 거울로 자신의 머리 모양을 확인한 손님은 투덜거리듯 말했다.

"머리가 너무 길지 않나요?" 초보 이발사는 손님의 말에 아무런 답변도 하지 못했다. 그러자 그를 가르쳤던 이발사가 웃으면서 말했다.

"머리가 너무 짧으면 경박해 보인답니다. 손님에게는 좀 긴 머리가 아주 잘 어울리는 걸요." 그 말을 들은 손님은 금방 기분이 좋아져서 돌아갔다.

두 번째 손님이 들어왔다. 이발이 끝나고 거울을 본 손님은 마음에 들지 않는 듯 말했다.

"너무 짧게 자른 것 아닌가요?" 초보 이발사는 이번에도 역시 아무런 대꾸를 하지 못했다. 옆에 있던 이발사가 다시 거들며 말했다.

"짧은 머리는 긴 머리보다 훨씬 경쾌하고 정직해 보인답니다."

이번에도 손님은 매우 흡족한 기분으로 돌아갔다. 세 번째 손님이 왔다. 이발이 끝나고 거울을 본 손님은 머리 모양은 무척 마음에 들어 했지만, 막상 돈을 낼 때는 불평을 늘어놓았다. "시간이 너무 많이 걸린 것 같군." 초보 이발사는 여전히 우두커니 서 있기만 했다.

그러자 이번에도 이발사가 나섰다.

"머리 모양은 사람의 인상을 좌우한답니다. 그래서 성공한 사람들은 머리 다듬는 일에 많은 시간을 투자하지요." 그러자 세 번째 손님 역시 매우 밝은 표정으로 돌아갔다.

네 번째 손님이 왔고 그는 이발 후 매우 만족스러운 얼굴로 말했다.

"참 솜씨가 좋으시네요. 20분 만에 말끔해졌어요."

이번에도 초보 이발사는 무슨 대답을 해야 할지 몰라 멍하니 서 있기만 했다. 이발사는 손님의 말에 맞장구를 치며 말했다.

"시간은 금이라고 하지 않습니까? 손님의 바쁜 시간을 단축했다니 저희 역시 매우 기쁘군요."

그날 저녁에 초보 이발사는 자신을 가르쳐준 이발사에게 오늘 일에 대해서 물었다. 이발사는 이렇게 말했다.

"세상의 모든 사물에는 양면성이 있다네. 장점이 있으면 단점도 있고 얻는 것이 있으면 손해보는 것도 있지. 또한 세상에 칭찬을 싫어하는 사람은 없다네. 나는 손님의 기분을 상하게 하지 않으면서 자네에게 격려와 질책을 하고자 한 것뿐이라네.”

말 한마디로 천 냥 빚을 갚는다는 말이 있다. 능력 못지않게 중요한 것은 바로 말하는 기술이다. 똑같은 상황에서도 말 한마디에 의해 결과가 하늘과 땅만큼의 차이 나는 경우를 종종 보게 된다.

당신이라면 어떻게 했을까?

어느 날, 소크라테스의 집에 친한 친구가 찾아왔다. 소크라테스는 친구를 반갑게 맞이했다. 그러나 소크라테스의 아내는 표정이 좋지 않았다.

'무엇 때문에 저러지?'

아무리 생각해도 아내의 마음을 짐작할 수 없었다.

잠시 후, 소크라테스의 아내가 화를 내며 큰 소리로 떠들어 댔다. 그 모습을 본 소크라테스는 아내의 분노를 애써 무시했다. 그리고 친구와 나누던 대화에 열중했다. 그때 아내가 갑자기 커다란 물통을 들고 거실로 들어오더니 소크라테스의 머리에 물을 쏟아 버렸다. 순식간에 봉변을 당한 소크라테스는 수건으로 천천히 물을 닦아 내며 친구에게 이렇게 말했다.

“여보게, 친구! 너무 놀라지 말게. 천둥이 친 후에는 반드시 소나기가 내리는 법이라네.”

이 한마디에 친구는 손뼉을 치며 유쾌한 웃음을 터뜨렸다.

노스웨스턴 대학교의 사회심리학 교수인 '엘리 핑켈'은 '자기통제력'에 대한 실험을 했다. 그 결과 심리적 거리가 가장 가까운 가족과 연인에게 화를 내고 폭력을 저지르게 되는 중요 원인은 낮은 자기통제력이라고 분석되었다.

타고난 기질에 따른 자기통제력에 차이가 있었지만 통제력이 낮은 참가자는 자기통제력이 높은 참가자보다 9.2배나 많은 폭력적인 행동을 보였다.

이 참가자들을 대상으로 통제력을 높일 수 있는 실험을 해보았다. 참가자들을 둘로 나눠서 화가 날 수밖에 없는 이야기를 들려준 다음 한 그룹은 이야기를 듣고 바로 자신의 생각과 감정을 이야기하게 하고 다른 그룹에는 10초 후에 자신의 생각과 감정을 이야기하게 했다.

실험의 결과는 놀라웠다. 10초 후에 대답하게 한 그룹이 바로 대답하게 한 그룹보다 폭력적인 말이 절반이나 줄었다. 이 결과에 따르면, 분노한 상황에서 화를 가라앉힐 시간을 가진다면 자신의 폭력성을 통제할 수 있음을 알 수 있다. 심장에서 반응하는 감정을 뇌가 작용하는 이성으로 끌어 올리는 데 10초라는 짧은 시간이 힘을 발휘한 것이다.

'엘리 핑켈' 교수팀은 통제력이 낮은 그룹을 대상으로 2주간의 훈련 요법을 통해서 자기통제력을 경험적으로 향상할 수 있는지 실험했다.

A그룹과 B그룹에는 훈련 요법을 적용했고, C그룹에만 아무런 훈련 요법을 시도하지 않았다. 당연히 C그룹보다 훈련을 한 A그룹과 B그룹이 폭력을 통제하는 능력이 강해졌다.

A그룹은 신체적인 훈련으로 자신이 원래 쓰던 손의 반대편 손을 2주 동안 사용하도록 했다. 가장 일상적인 모든 상황 즉, 컴퓨터 작업

과 물 마실 때 등 모든 상황에서 익숙하지 않은 손을 사용하도록 신체적인 훈련을 했다. 또 B그룹은 언어 훈련을 했다. 당연히 'I(나는)~'라고 시작하는 말을 바꾸고, 부정적인 말도 줄이다. 특이한 것은 줄임말을 사용하지 않고 길고 정확하고 정성스럽게 말을 하도록 훈련했다.

신체적인 변화와 언어적인 변화는 모두 폭력적인 상황에서 공격적인 행동을 줄이는 데 엄청난 효과를 가져왔다. 오랜 세월 살아오면서 뼛속 깊게 박히고, 뇌까지 학습한 폭력성도 결국 역학습을 통해 변화될 수 있다는 것을 보여준 실험이다.

우리는 늘 자기통제력의 시험대 위에 서서 삶을 살아가고 있다. 어느 때는 통제력을 발휘하기도 하지만, 어느 때는 스스로 통제해야겠다는 생각조차 하지 못할 때가 많다. 통제력을 발휘할 에너지가 소진되어 있기 때문이다.

타고난 기질까지 바꾸기는 어렵겠지만, 행동유형은 얼마든지 바꿀 수 있다. 10초 시간 두기와 2주간의 '자기통제력' 훈련을 통해 좀 더 발전된 관계를 충분히 만들 수 있다.

2주간 성충으로 살기 위해 4년 동안 애벌레로 살아야 하는 매미의 통제력을 생각하며, 오늘은 인내심과 통제력 훈련으로 좋은 관계를 맺을 수 있는 멋진 하루가 되었으면 좋겠다.

화를 다스릴 줄 아는 사람의 삶에는 늘 여유가 있다. 하지만 사소한 일에도 분노를 못 이겨 당장 상대에게 화를 낸다면 그 시작은 싸움이요, 그 끝은 상처일 때가 많다.

세상을 살면서 항상 참고 인내하면서 살 수는 없겠지만 때론 웃음으로 넘기는 지혜를 가져보면 어떨까 싶다.

많은 사람 앞에서 말을 한다는 것은 즐거운 일

사람 앞에만 서면 할 말을 잃어버린다는 사람이 의외로 많다. 어떤 이는 "저는 대중 앞에 서면 무엇을 말해야 될지 막막할 때가 많아요?" 라며 말할 거리가 없다고 하소연하기도 한다. 그렇다면 어떻게 하면 대중 앞에서 자신감을 회복할 수 있을까?

우선 하고자 하는 말을 준비하는 것이다. 이렇게 말하면 '그걸 누가 모르냐'라고 반기를 들지도 모르겠다. 그래도 필자의 대답은 변함이 없다. 평소에 이야깃거리를 준비하라. 관심 분야나 시사상식에 관해 메모하고 스크랩해 나가라. 그리고 더욱 중요한 것은 소가 되새김질 하듯 되풀이해서 소리 내어 읽어야 한다는 것이다. 신문 사설이든 칼럼이든 요즘 잘 읽히고 있는 책이든 읽어라. 6개월만 훈련하면 어느덧 풍부한 어휘력으로 재치 있고 논리적인 화법으로 말하고 있는 자신을 발견하게 될 것이다.

도대체 이 세상에서 연습하지 않고 되는 것을 보았는가? 걷는 것, 숟가락 뜨는 법, 쓰는 법, 운전, 운동 등 모두가 그러하다. 하물며 숨 쉬는 것까지 연습하지 않으면 안 된다. 연습 없이 잘하겠단 생각은 도공(盜工)과 같다 할 것이다.

둘째는 경험을 쌓는 일이다. 사람 앞에서 말하기를 좋아하지 않는 사람은 사람 앞에서 절대 말을 잘할 수 없는 법이다. 기회를 피하고 미루다 보면 사람 앞에서 더욱 움츠러들게 된다. 기회를 잡아라. 실수를 두려워하지 말고 부딪쳐 보자. 한 번, 두 번 경험을 쌓다 보면 차츰 좋아질 것이고 그러다 보면 자신감도 회복하고 대중 앞에서 말하는 것이 재미있어지는 날이 반드시 온다. 노래방에서 마이크 잡고 노래 부르는 것이 싫지 않은 것처럼 사람 앞에 서는 것이 즐거워질 날이 올 것이다.

셋째는 절대 포기하지 않는 것이다. 한 번 실수했다고 포기하면 영원히 사람 앞에 설 수 없다. 필자는 '화술과 대중스피치' 강좌를 진행하면서 우리 주변에 그런 사람이 너무 많다는 사실에 놀라지 않을 수 없었다. 학창 시절에 발표하다 실수했던 기억이 악몽처럼 남아 자신을 학대하며 아예 많은 사람 앞에는 고개도 들지 않는 사람들이 있다.

그러나 여러분! 명배우에게도 어설펐던 아마추어 시절이 있었다는 것을 기억하기 바란다. 대중 앞에서 말하는 것은 재미있고도 보람된 일이다. 마이크를 멋지게 잡고 인생과 성공담을 얘기하고, 전문 영역의 정보와 지식을 논한다는 것 멋진 일 아닌가?

말(스피치)을 잘할 수 있는 몇 가지 팁

말 한마디로 천냥 빚을 갚는다. '말'의 중요성은 여러 번 강조해도 지나치지 않다. 자신의 생각을 진솔하고 효율적으로 전달할 수 있는 능력을 평가하는 스피치는 또 하나의 중요한 도구다.

말을 잘하려면 우선 메시지가 명확해야 한다. 확실한 Logic을 준비하라. 그 전제하에 몇 가지 팁을 드리겠다.

목소리에는 그 사람의 성격과 성향이 담겨 있다. 내 목소리가 타인에게 긍정적인 인상을 심어 주기 위해서 복식호흡과 올바른 발성 훈련이 필요하다. 숨을 코로 깊게 들이마신 후, 아랫배와 단전에 힘을 주고 엉덩이까지 힘을 주는 느낌으로 '아~' 하고 가슴이 울릴 정도로 소리를 내 보자. 매일 30초만이라도 꾸준히 훈련하면 쉰소리도, 말을 하면 목이 잘 쉬는 사람도 가슴이 울리는 소리를 가질 수 있다.

발음도 빠질 수 없다. 이미지가 좋고 목소리도 좋은데 이야기 전달력이 떨어진다면 난감하다. 한글은 자음과 모음으로 이뤄졌다. 자음은 혀의 움직임에, 모음은 입술 모양에 많은 영향을 받는다. 전달력을 높이기 위해 입술, 혀, 입 모양의 크기를 제대로 구사해 보도록 노력하면 좋다. 가령 'ㅗㅛㅜㅠ'를 발음할 때 입 모양을 뽀뽀하듯이 정확하게 입술 끝에 힘을 주는 식이다. 작은 부분인 것 같지만 이미지, 목소리, 발음이 바른 말하기 습관의 기본이 된다.

중요한 것은 한마디 한마디에 정성을 담아야 한다는 것이다.

툭 내던지는 말투는 얘기하고자 하는 느낌을 주기 힘들다. 정확하게 발음하려는 노력이 더욱 중요한 이유다. 성의 없는 듯해서 듣는 이가 오해하기 쉬운 말투다. '듣거나 말거나' 식이 돼 버리기 일쑤다.

말할 때 의미 단위로 최대한 끊어 말하면서 천천히 말하자. 발음을 정확히 한다면 공손하고 예의 바르다는 긍정적 인식을 심어 줄 수 있다. 천천히 말함으로써 생각할 시간을 가질 수 있다는 점도 하나의 포인트다.

진솔함으로 승부하라_ 시선, 표정, 행동 등 비언어적 메시지도 말하기 못지않게 중요하다. 함께 있던 사람에게 "그 사람 참 괜찮더라."라고만 전달할 수 있어도 성공한 스피치다. 표정은 항상 밝게 유지하자. 평소의 몸가짐이 예의 바르고 밝은 사람이라는 인상을 심어줄 수 있어야 한다. 시선은 한 사람만이 아닌, 함께하는 사람과 얼굴을 마주 보는 느낌이 들도록 '얼굴·눈빛 맞사지'를 해야 한다. 이 공간을 함께하고 생각을 나눈다는 공감대가 형성돼야 한다.

시선 처리는 특히 많은 연습이 필요한 부분이다. 상대로 하여금 눈빛을 바라보고 말한다는 생각을 갖게끔 만들 수 있다. 절대 아래쪽을 쳐다보지 않아야 한다. 대화나 스피치(말)를 해야 하는 장소에서 본인이 긴장해 버린다면 소통은 이뤄질 수 없다. 손 동작의 경우에 면접장에서는 움직임을 최소화하는 편이 좋다.

말(스피치)할 때는 언제 어디서든 자신감 있게 분명하고 큰 목소리가 필요하다. 소리가 작거나 발음이 정확하지 않고 어미가 무성의하게 끝난다면 좋은 점수를 받기 힘들다. 사람의 말소리와 억양, 발음 속에서 자신감과 열정이 녹아 나온다. 굳이 달변가가 아니더라도 자신의 열정과 진심을 그대로 느낄 수 있는 눌변가가 더 좋은 점수를 받는 경우가 많다.

말(스피치)할 때 시간 조절도 중요하다. 기사에도 분량이 정해져 있듯 한 질문에 너무 많은 부연 설명을 통해 중언부언하지 않도록 미리 생각하고 말해야 한다. 말이 너무 길어질 경우 핵심이 전달되지 않고, 듣는 이로 하여금 피로감을 느끼게 한다.

대중 앞에서나 공식 석상에서 자칫 말이 빨라지기 쉽다. 평소 말하기 연습을 할 때나 책을 읽을 때 의미 단위로 끊어 읽는 연습을 하는 것도 도움이 된다. 의사 전달은 물론 천천히 말함으로써 자신이 어떻게 대화를 전개하는지 생각할 수 있는 시간을 가질 수 있다.

말(스피치)의 악보는 노래의 악보와 똑같다. 음계가 있듯이 말의 높낮이가 있고, 음의 템포가 있다면 말의 빠름과 느림이 있다. 음의 강약이 곧 말의 강약을 나타내고, 쉼표는 말의 쉬어가기(pause)를 통한 또 다른 감칠맛을 낸다. 듣는 이에게 집중력을 요구하거나 강조의 기법으로도 활용될 수도 있다.

지인 중에 심지도 있고 심성도 그다지(?) 나쁘지 않은 친구가 있는데 늘 공격적이고 시비조이다. 소위 DS를 잘 친다. 그런데 DS란 말은 disrespect다. '무례하다', '무시한다'는 뜻으로 결국 신사적이지 못한 말이다. 기자라 그런가?

마지막으로 같은 내용이라도 부정적인 표현보다는 긍정적인 단어로 말하는 것이 호감을 이끌어 낼 수 있음을 유념하자.

공식 석상에서 말이 잘되지 않는 이유와 대책

공식 석상에서 발표를 해야 될 경우 자료를 수집하고, 정리해서 발표 준비를 해보지만 시간이 다가올수록 자신감은 없어지고, 불안해진다. 결국 발표 현장에 서면 왜 이렇게 부자연스러운지, 연습할 때처럼 되질 않는지 도대체 알 수가 없다. 사석에서 말할 때는 그리도 잘하던 스피치가 왜 사람들 앞에만 서면 잘되지 않는 이유는 무엇이란 말인가?

필자는 그 이유가 아마도 생지식을 나열하기 때문이 아닐까 한다. 다시 말해 철저히 남의 것만 가지고 이론적으로, 혹은 학술적으로, 혹은 교과서 나열식으로 풀어가기 때문이다. 그렇다면 내 것이란 무엇일까? 그것은 나의 감정, 느낌, 소감, 소신과 주장, 체험 등이다. 따라서 이론적 배경에 나의 감정과 느낌, 소감, 소신과 주장, 체험담 등을 적당히 섞어서 넉살좋게 말하는 것이다. 그것이 소위 '스토리텔링'하는 것이다. '스토리텔링'이란 남의 것(책이나 강의에서 보고 배운 지식과 정보 등)에 내 것(체험담이나 감정, 소신)을 섞어 말하는 것(self application)이다. 마치 해물탕집에서 해물을 먹고 나서 밥을 볶을 때 먹던 냄비에서 국물을 조금 부어 다른 후라이팬에 밥을 볶듯 남의 것과 내 것을 섞는 것이라 설명하고 싶다. 뜬구름 잡는 지당한 말씀보다는 자신의 경험을 구체적으로 제시, 메시지의 현장감을 높인 것이 큰 설득력을 발휘하게 된다. 따라서 생지식만 가지고 생고생하지 말고 평소 나의 생각과 나의 소신을 담은 체험담과 예화를 들어 말하라. 그러면 생기 있고 자연스러운 스피치를 구사할 수 있게 될 것이다.

예화를 들어라_ 탈무드에는 어떤 사고법을 단련시키기 위해 현실성이 부족한 원리와 같은 이야기가 많이 기록되어 있다. 그 한 가지 예를 들어 함께 생각해 보기로 하자. 현실과 거리가 있기는 하지만, 다음과 같은 가설적인 질문이 있다고 하자. 만일 두 개의 머리를 가진 어린아이가 태어났다면, 이 아이를 한 사람으로 대우해야 하는가? 아니면 두 사람으로 대우해야 하는가?

여러분은 이 가설에 대해 어떤 결론을 내리겠는가? 탈무드의 답은 아주 명쾌하다. 한쪽 머리에 뜨거운 물을 부어 다른 쪽 머리도 뜨겁다고 비명을 지르면 한 사람이고, 만일 다른 쪽 머리가 무표정하게 있으면 두 사람으로 생각해야 한다고 되어 있다.

왜 랍비들은 설교를 할 때, 이와 같이 어려운 우화를 인용했을까? 그것은, 사람들이 설교는 곧 잊기 쉽지만, 우화의 교훈은 오래도록 지니고 있기 때문이며 재미를 주기 때문이다. 이처럼 말에는 의미와 재미가 있어야 한다. 의미는 이론적 틀(logic)이라고도 말하는데 새로운 정보나 유익한 내용을 담아 말해야 듣는 사람이 귀를 기울이게 된다.

＊'분위기 메이커' 이야기꾼이 되려면 다음과 같은 것들을 잘 실천해야 한다_ ① 실수를 두려워하지 말자. ② 나만의 레퍼토리, 나만의 표현을 만들라. ③ 레퍼토리마다 제목을 붙여서 이야기 서두에 말하라. ④ 의성어나 의태어를 활용해 장면을 충실히 묘사하라. ⑤ 청중이 왕이다. 듣는 사람 마음을 상하게 하지 말라. ⑥ 좋은 청중이 좋은 이야기꾼이니 남의 이야기를 잘 들어라.

사람의 마음을 사로잡는 스피치

말의 의미와 재미_ 말에는 의미와 재미가 있어야 한다. 의미한 새로운 정보나 유익한 내용을 말한다. 옛날 이야기꾼은 주로 장터에서 사람들을 상대로 설화, 민담을 이야기했다. 그러나 요즈음은 좀 다르다. 크게 세 가지로 나눌 수 있는데 공통점이 있다면 모두 '분위기 메이커'라는 것이다. 첫째, 사회자형은 모임의 처음부터 끝까지 쥐락펴

락한다. 둘째, 해설가형은 화제의 맥을 짚어 가며 이야기를 풀어간다. 셋째, 만담꾼형은 마음 맞는 동료와 주거니 받거니 이야기를 끌어간다.

정곡을 찌르기_ 말이 많은 것과 능숙하게 말하는 것과는 엄연히 다르다. 말이 많아도 정곡을 찌르지 못하면 말을 잘하는 것이 아니다. 다만 수다스러울 따름이다. 더듬거리며 말을 해도 목적을 달성할 수 있다면 그것이 능숙한 말이다. 우리는 핵심을 찌르는 스피치를 연구할 필요가 있다. 그것은 바로 요점을 파악해 논지(論旨)를 명쾌히 하는 일이다. 스피치를 잘하기 위해서는 사실적인 얘기를 하고 말하는 이의 느낌을 조리 있게 표현할 수 있어야 한다.

스피치는 '자신이 말하고 싶은 것(문제의 제기)' + '소재(문제 제기에 대한 뒷받침되는 보조 화제)' + '자신의 의견'으로 풀러 갈 수 있다_ 많은 사람 앞에서 스피치를 할 때 머릿속으로만 생각하게 되면 좋은 화젯거리가 떠오르고, 이렇게 하면 능숙하게 말할 수 있겠다 하는 자신감을 가질 수 있으나 막상 입을 열어 말을 시작하려면 아무것도 생각나지 않아 당황하는 경우가 있다. 그나마 어떻게 대충 때워 놓고 보면 처음에 생각한 대로 말이 잘 풀리지 않고 지리멸렬하게 되어 실패하고 만다. 그것은 머릿속으로만 생각해 언뜻 정돈된 것처럼 보여도 실은 그렇지 못하고 만다. 그러므로 이야기를 할 때는 반드시 자신이 말하고 싶은 것, 뒷받침되는 화제를 종이에 적어서 정리해야 한다. 그러나 종이에 하고자 하는 이야기 전부를 쓸 필요는 없다. 그렇게 하면 쓴 것을 모두 암기해야만 하기 때문에 더욱 혼란스럽게 된다. 언어는 살아 있는 것이므로 완벽하게 암기한다면 몰라도 긴장하거나 해서 한마디만이라도 틀려 버리면 그 뒤가 연결되지 않아 죽을 쑤고 말기 때문이다. 따라서 무리하게 암기하려는 것은 금물이다. 그렇다면 어떤 내용을 어떻게 적어야만 할까? 그것은 이야기의 내용을 요점 열거식으로 정리하는 것이다. 이것을 '개요 작성법'이라고 한다. 말하고자 하는 요점만 항목별로 정리해 두는 것이다. 그런 뒤 머릿속에 스토리를 넣어 두고 말을 연결시키면 되는 것이다. 이렇게 '문제의 제시- 본론의 전개- 결말'이라는 3단계 방식으로 얘기를 셋트화하여 정확하게 정리한 후 종이에 옮겨 스피치를 구사하면 된다. 스피치의 구성이란 말하는 이가 스피치를 어떠한 방법으로 전개하여 자기의 주장을 듣는 이로 하여금 찬성·공감·설복시킬지를 계획하는 것이다.

① 말할 요점이 무엇인지 간추려서 순서를 정해 본다.

② 할 말의 이유가 타당하고 확실한 근거가 있는지 살펴본다.

③ 할 말의 주제가 상대방의 처지에 알맞은 말인지 가슴 깊이 생각해 본다.

④ 예화를 사용하여 설득력과 현장감을 살려라.

나만의 스피치 스타일로 말하라

일치되는 점에서부터 시작하라_ 사람들을 설득해서 당신의 관점을 받아들이게 하려면, 당신이 어떤 점에서 그들과 일치하는지를 보여 줌으로써 당신은 청중과 긍정적인 관계를 맺게 되고 당신 메시지에 대한 저항을 감소시키게 된다.

새로운 정보를 제시하라_ "그 얘기는 이미 수없이 들었어요." 당신의 방식대로 사물을 보지 않으려는 어떤 사람으로부터 이런 말을 들어본 적이 있는가? 그런 얘기를 듣고도 여전히 당신이 옳고 그가 그릇된 이유를 설명하려고 애쓴다면 쓸데없는 고생을 하고 있는 것이다.

당신은 새로운 정보를 제시하지 않으면 안 된다. 당신의 견해를 입증할 만한 새로운 연구나, 새로운 자료나, 새로운 통계자료를 제시하라.

사소하고 구체적인 변화를 제안하라_ 자신이 설득해 낼 수 있는 일에 대해 현실주의자가 될 것을 제안한다. 큰 것보다 작은 변화를 주장하면 성공의 확률이 훨씬 커진다.

귀납적 접근 방법과 연역적 접근 방법_ 연사가 청중에게 무엇을 원하는지를 연설의 서두로 삼는 것이다. 그리고 나머지 부분에서 청중이 자신이 원하는 대로 해야 되는 이유와 논거를 설명하는 접근 방법이 연역적인 방법이다. 귀납적 접근 방법은 연사가 여러 가지 이유와 논거를 먼저 설명하고 이러한 이유와 논거는 필연적인 결론 즉, 청중에게 바라는 내용에 이르는 것이다.

대부분의 경우 연역적 접근 방법이 더욱 효과적이다. 연역적 방법이 청중이 따라가기 더 쉬운 논법이기 때문이다. 그러나 청중이 연사의 목적에 적대적인 반응을 보일 것을 미리 아는 경우에는 귀납적인 접근 방법을 사용하는 것이 유리하다. 그렇게 하면 청중은 적어도 연사의 주장과 논거를 듣게 될 것이고 연사의 입장에 대한 그들의 저항감을 완화할 수도 있을 것이다.

연역적 두괄식 나열법으로 말하라_ 결론을 먼저 말하고 이유를 설명하는 것이다. 이를테면 다음과 같다. "~라고 생각한다. 그 이유는 첫째~이고, 둘째~이며, 셋째 ~이다."

노래하듯 말하라

대중 앞에서 떨거나 공포를 느끼는 사람일지라도 노래할 때는 상황이 다르다. 떨기는커녕 즐기며 노래한다. 왜일까? 노래를 할 때 일단 전주곡에 맞춰 감정을 추스르다 보면 몰입되기 때문에 떨림은커녕 즐거움이 샘솟는다. 그러니 사람들이 노래방을 찾는다. 노래하는 것이 즐겁기 때문이다. 가수는 무대에 올라 노래를 시작하는 순간 자신도 모르게 몰입하게 된다. 눈을 감고 더 깊게 자신 안으로 들어가 속 이야기를 꺼내듯 그가 쏟아내는 한마디 한마디는 가장 개인적인 이야기임과 동시에 나의 이야기가 된다. 거기에 집중하고 빠져들 수밖에 없다. 왜 말이 잘되지 않는가? 주제에 감정을 몰입하지 못하기 때문이다. 타인의 시선을 의식하거나 남들의 평가에 지레 겁부터 먹으니 몰입은커녕 알고 있는 것도 생각이 나질 않고 머리는 하얗게 질려 버린다.

글도 스피치도 거창하거나 화려한 수사학적 표현보다는 담백하고 솔직한 표현이 더 친근감이 가고 설득력이 있다. 그러기에 더 이상 기교를 부리려고 하지 마라. 오히려 노래하듯 이야기를 하면 깊이와 호소력이 더해진다. 하지만 마음을 다해 전하는 말에 감정을 넣어 애원하듯 말하여도 진지하게 듣게 된다. 그저 무대 위에서 노래를 하는 것처럼 진솔하게 있는 그대로 자신을 보여 주는 것처럼 그렇게 이야기는 계속된다.

포즈의 힘

미국의 애리조나 주 투산에서 발생한 총기 난사 사건의 희생자 추모식에 참석한 버락 오마바 미 대통령의 추모연설이 화제를 모았다. 총탄에 숨진 아홉 살 소녀 얘기를 꺼내면서 대통령으로서 두 딸을 둔 아버지의 심정으로 무려 51초간 침묵하며 자신을 추스르는 감정적인 모습을 보였기 때문이다. 언론은 '51초 침묵의 연설'이란 제목으로 호평했다. 그동안 오마바 대통령의 정책을 비방하며 반대편에 서 있던 자들까지도 칭찬 대열에 가세했다고 한다.

우리는 대중을 사로잡는 명쾌한 말솜씨를 으뜸으로 치고 그것이 들어간 연설을 명연설이라고 하지만 때로 사람들은 말보다 침묵을 더 신뢰하고 침묵에 더 공감한다. 말보다 침묵이 진실에 훨씬 가까이 닿아 있기 때문일 것이다. Pause는 말과 말 사이의 쉼(Pause)으로 말하는 자신의 호흡을 가다듬고 내용을 추스리며 나갈 수 있는 여유까지 확보할 수 있어 좋다. 반면에 말을 듣고 있는 상대(청중)와 교감을 할 수 있는 무언의 진지한 대화다. 이처럼 단순한 기술로 최대의 효과를 볼 수 있는 것이 Pause다.

key message를 분명히 하라

최근 기업의 전문경영인(CEO)의 개인 브랜드 이미지가 조직 가치에는 영향을 끼치고 있다고 보고 있다. 따라서 조직에 큰 영향을 끼치는 조직의 리더나 개인을 대상으로 CEO PI(president identification)전략이 강조되고 있다. 따라서 말 못하는 CEO들은 미디어 트레이닝을 통해 인터뷰에 대비해야 할 필요도 있다. CEO가 아니라도 자신을 홍보하고 자신만의 브랜드를 만드는 사람들은 대중 매체와의 인터뷰에도 대처해야 한다. 말 잘하는 사람들의 특징은 '키 메시지(key message)가 분명하고, 중언부언하거나 우회적인 표현 대신 직설적이고 간결하고 명확하게 표현하며, 적절한 제스처를 통해 상대방이 잘 알아듣도록 한다.'는 점이다. 방송이나 신문, 출판매체 등과의 인터뷰에서도 이런 요소는 기본이다.

- 인터뷰어의 질문을 잘 듣고 요점만 명확히 대답한다. 중요한 내용이라면 부연 설명을 곁들인다.
- 모르는 내용이라면 솔직하게 모른다고 밝히고, 필요하다면 추후에 전화나 메일로 확인해 주겠다고 대답하며 반드시 약속을 지킨다.
- 잘 아는 내용을 설명할 땐 또박또박 말한다.
- 질문이 논지에서 벗어나면 '내가 강조하고자 하는 것은…' 하는 식으로 환기하거나 자연스레 방향을 바꾼다.
- 꼭 알리고 싶은 내용인데 질문에서 빠졌다면 넌지시 정보를 준다.
- 새로운 용어나 개념, 약자 등은 틀리지 않도록 의미나 원래 단어를 확실히 알려준다.
- 확신에 찬 눈빛, 제스처를 보이거나 상대와 눈을 맞추며 이야기한다.
- 자연스럽고 과장하지 않는 태도가 중요하다.

자기 스타일로 말하라

나이가 먹어감에 따라, 사회적 활동이 많아지고 지위가 높아짐에 따라 한 말씀 해 달라는 주문을 많이 받는다. 그리고 각종 회의, 세미나, 포럼… 혹은 식장에서의 인사말, 정견문 발표(연설) 등 우리는 공식적이든 비공식적이든 프레젠테이션을 해야 될 상황이 늘어만 간다.

사람들 앞에 서서 "에~ 국화 향기 그윽한 천고마비의 계절을 맞이하여…"로 시작해 놓고 뒷수습을 하기 바쁜 경우를 흔히 보게 된다. 그러나 가벼운 마음으로 최근 보고 들은 경험이나 느낌을 화두로 던져 놓으면 부담 없이 시작할 수 있게 된다. 많은 사람 앞에 서면 그간 길들여진 자신의 스타일을 포기하고 '좀 더 근사하게, 좀 더 지적으로, 좀 더 엄숙하고 경건하게 해야 된다'는 부담감을 갖는다면 그 순간 사람 앞에서 경직된 자신의 모습을 발견하게 되고 그 순간 입이 얼어붙고 만다. 많은 사람의 앞에 서게 되면 평소의 말로, 평소의 스타일로 말하라!

스피치는 씨름판과 같다

디지털 시대의 큰 특징 중 하나는 쌍방향 문화라는 것이다. 정보화 시대에는 발신과 수신의 갭(Gap)이 없어지고 서로 자유롭게 쌍방향에서 정보를 교환하는 대화 방식이 정치에서는 유권자와 피선거권자 간에, 그리고 경제면에서는 생산자와 소비자 간에, 그리고 예술과 스포츠에는 플레이어(Player)와 오디언스(Audience) 간에 그와 같은 정보 양식이 생겨나게 된다.

사람과 사람만이 아니라 도구 사이에서도 인터액티브(Interactive)한 대화형이 생겨나게 된다. 따라서 이 시대에 현명한 화자(話者)는 모래 판 위의 씨름과 같아야 한다는 것이다. 다시 말해 상대방의 힘과 기술 까지 이용할 수 있어야 한다는 말이다. 말재주(?)가 없는 사람일수록 독백처럼 자기의 상황이나 준비된 메시지만을 가지고 말한다. 그러 나 노련한 화자(話者)일수록 상대방(청중)이 가지고 있는 지식과 정보 까지로 스피치의 중심으로 끌어내는 기술을 구사한다. 그 기술은 '자 문자답법'과 '산파질문법'이다.

• **소크라테스 질문법**_ 소크라테스의 철학의 두 기둥은 조각가인 아버지와 산파인 어머니로부터 출발한다. 조각가인 그의 아버지는 어느 날 돌기둥을 보여 주면서 소크라테스에게 "애야, 이 돌기둥이 무 엇으로 보이느냐?"라고 물었다. 소크라테스는 "글쎄요, 저의 눈에는 그저 돌덩이로 보이는데요."라고 대답하였다. 그 후 조각가인 그의 아버지는 돌기둥을 조각해 나가기 시작했다. 얼마 후 그 돌덩어리는 아름다운 여인의 상으로 조각되어 있었다. 그리곤 그의 아버지는 그 에게 이렇게 말했다. "애야, 그 돌덩이 속에는 아름다운 여인은 숨어 있었단다." 그 후 소크라테스는 그의 아버지의 영향을 받아 물질보다 는 생각과 정신을 중요시하는 가치관을 간직하게 되었다. 따라서 이 러한 것을 관념이라고 생각하였고 이러한 관념을 당시 많은 청년에 게 가르치기 위해서 그의 어머니의 산파술을 교훈 삼아 교육 방법으 로 받아들였다. 산파는 본인이 직접 아이를 낳지는 않지만 순산하도 록 도와주는(helper) 역할을 하기 때문이다.

마찬가지로 스피커는 직접 아이를 대신하여 깨달을 수 없지만 도와주는 역할을 하는 것이므로 대화법, 산파법에 관심을 두었다.

그는 아테네의 젊은이들에게 많은 교훈을 남기는 사람이 되었다. 하지만 그의 처에 대한 이야기는 우리에게 웃음을 전해주고 있다. 우리가 알고 있는 그의 처는 세계에서 내로라하는 3대 악처로 손꼽힌다. 이러한 악처와 함께 살던 소크라테스의 인품은 다음 글을 통해서 알 수 있다.

어느 날 소크라테스의 집에 많은 제자가 찾아왔다. 항상 많은 가르침을 받기 위해 소크라테스의 집에서는 손님이 끊이지 않았다. 하지만 늘 소크라테스의 처는 이 일이 불만이었다. 그래서 그의 남편에게 항상 투정하기 시작했다. 그날도 마찬가지로 제자들이 소크라테스의 집을 찾았다.

밤늦은 시간에 아내는 제자들이 보는 앞에서 소크라테스에서 소리 지르며 이 늦은 시간에 손님을 데려오면 어떻게 하느냐며 소리를 버럭버럭 질러댔다.

제자들과 소크라테스는 쥐죽은 듯이 듣기만 하였다. 한참 시간이 지나서 그의 아내는 성이 덜 풀렸는지 소리소리 지른 뒤 그릇에 물을 담아 소크라테스의 얼굴에 부어 버렸다.

소크라테스의 모습은 물에 빠진 생쥐 같았다. 이 광경을 지켜본 제자들이 기가 막혀 너무 한다는 뜻으로 그들의 스승인 소크라테스에게 말을 건넸다.

"선생님! 그동안 선생님의 아내에 대한 소문은 들어서 알고 있었다만 이 정도는 너무 한 것 아닙니까? 이 정도면 이혼할 사유가 될 것 같습니다. 웬만하면 이혼하시죠."

이 말을 듣고 있던 소크라테스가 답했다.

"이보게들! 천둥이 치면 비가 오는 것은 당연한 일 아닌가", "그리고 비가 오고 나면 화창한 날이 올 거야." 따라서 관념이 물질보다 중요하며, 진리를 깨달아가는 방법의 영향으로 문답법, 대화법, 산파법, 반어법 등을 주장하였다.

소크라테스는 소피스트들의 윤리적 상대주의와 회의주의를 극복하기 위해 노력하였다. 즉, 인간의 이성을 통하여 객관적이고 보편적인 진리를 깨달을 수 있다고 주장한다.

• **자문자답법_** 명강사나 유능한 프레젠터일수록 자문자답법을 잘 이용한다. "여러분! 오늘날 한국인들의 고질병을 무어라 생각하십니까? 네, 그렇습니다. 그것은 빨리빨리병입니다…."

자기가 질문해 놓고 자기가 대답해 가며 스피치를 전개하면 말을 아주 부드럽고 자연스럽게 이어갈 수 있다는 것이다.

즉석 스피치와 테이블 스피치

필자는 30여 년간 화술을 강의하고 책을 써 온 사람이다. 그리고 대전 둔산에서 '윤치영YCY스피치'란 타이틀로 아카데미를 운영해 오고 있다. 수강하고 있는 많은 직장인이나 CEO의 고충 중의 하나가 대중 앞에서 하는 인사말이다. 많은 이들은 모임이나 행사의 목적에 맞게 인사말 하기가 결코 쉽지 않음을 경험하고 있다. 그 이유는 지나치게 청중을 의식하여 긴장하거나 형식과 격식을 갖춰 말하려다 보니 연사가 말하고자 하는 바를 자연스럽게 전달하지 못하기 때문이다. 인사말이란 지나치게 격식을 따지지 말고 상황에 맞게 사실적으로 말하면 되는 것이다. 또 경험이 없는 사람은 모델 원고를 보고 '자기화(self application)'하여 스피치를 하는 것도 좋은 방법이다. 그렇다면 말하는 요령을 좀 더 구체적으로 살펴보고자 한다.

모임의 취지를 잘 이해한다_ 어떤 모임이든 그 나름대로의 취지가 있다. 따라서 스피치의 부탁을 받은 연사는 무엇보다 먼저 그 모임의 취지를 잘 이해해야 한다. 취지를 이해하지 못하면 초점을 맞추지 못하게 되고, 초점을 잃은 연사의 스피치는 아무리 그럴듯하더라도 그 모임의 흥을 깨는 역할밖에 못한다.

주제를 살리는 화제를 선택한다_ 스피치의 승패는 유효적절한 화제를 어떻게 전개하여 주제를 살려내는가에 달려있다고 할 수 있다. 대개의 화제란 주제에 대한 자기의 생각이나 경험담, 인상 깊었던 장면이나 에피소드 등을 들 수 있는데, 쉽사리 적당한 재료를 얻지 못했을 때에는 '주제에 합당한 화제는 어떤 것이 있을까?'를 일단 노트에 적어본 뒤 검토하는 편이 손쉽다.

목적에 따라 내용 구성을 달리한다_ 서론 → 본론 → 결론으로 화제를 전개하며, 그 처음과 끝에 인사말을 두는 방법이다.

스피치에도 양념을 곁들여야 한다_ 음식도 양념이 알맞게 가미되어야 제맛을 내듯이, 스피치 또한 산뜻하고 흥미 있는 화제의 양념이 가해져야 효과를 높일 수 있다. 스피치에 있어서 불필요한 부분은 과감히 생략해야 하겠으나, 중심이 되는 화제에 맛을 첨가하는 일은 필수불가결한 요소다.

삭제해도 좋을 부분을 잘라낸다_ 유능한 꽃꽂이 강사는 "필요 없는 부분을 잘라내는 것이 꽃꽂이의 비결"이라고 가르치고 있다. 스피치를 부탁받은 연사는 화젯거리를 수집하여 대강의 줄거리를 세우고 초안을 작성하게 된다. 이 단계가 끝나면 그 초안을 들고 실제의 말로 연습을 하게 되는데, 원고에 쓸데없는 말이 들어가지는 않았는가, 언어표현이 적절하게 되었는가, 그리고 주어진 시간에 알맞은 분량인가를 검토하여 필요 없는 부분을 잘라내야 한다.

즉석 스피치_ 크고 작은 공식 식장에서 혹은 회식이나 작은 모임에서 갑자기 인사 한마디를 부탁받아 짤막하게 이야기하는 것이 바로 테이블 스피치다. 이렇게 갑자기 스피치를 부탁받았을 때는 계속 잘 들리면 상대가 편안해하고, 생각을 담으면 설명과 설득이 가능하며, 재미있게 말하면, 인기도 얻을 수 있다. 그 결과 깊은 인간관계를 맺을 수 있다. 친구가 많아지면 자신감은 덤으로 붙는다. 상대를 배려하는 마음을 갖고 꾸준히 사물을 관찰하고 정보를 수집하면 누구나 말짱이 될 수 있다.

소재를 준비해 둔다_ 항상 '이런 때가 올 것이다.'라고 생각하여 미리미리 스피치의 소재를 많이 준비해 둔다. 그리고 메모지와 필기 도구는 늘 소지하고, 그날 성격에 맞는 화제를 메모하고 몇 번이고 연습을 해 보고 나간다. 무방비로 나가서는 안 된다.

갑자기 지명받았을 때_ 먼저 크게 심호흡을 하여 마음을 진정시켜야 한다. 그리고 가볍게 인사말을 하여 긴장을 푼다. 무엇보다 대화하듯이 질문을 던져 마음을 진정시키며 힌트를 잡는 것이 중요하다.

앞에서 스피치한 사람과 사회자의 이야기를 빌려 말을 시작하는 것도 한 요령이다.

자신 있는 화제로 끌고 간다_ 평소부터 자신의 스피치 패턴을 만들어 둔다. 명언, 격언, 성현의 말씀 등으로 서두를 시작하거나 집약적이고, 결론적인 말로써 분위기를 잡는 것도 좋고, 그날 그 자리의 상황을 화제로 삼는 것도 바람직하고, 어떤 사실을 예를 들어 연상하며 이야기하면 한층 더 구체적인 스피치가 된다.

시작과 끝을 분명히 하고 이야기는 짧게 한다_ 스피치를 할 바에는 흐지부지하지 말고 절도 있고 박력 있게 말하자. 그리고 한 번, 두 번 실패하더라도 과감하게 나서 보자. 스피치하며 망신당하는 것이 스피치 부탁을 받고도 우물쭈물 망설이다 부들부들 떨며 바보처럼 망신당하는 것보다 훨씬 낫다.

들리게 말을 한다_ 들리게 말을 한다는 것을 좀 더 구체적으로 설명하자면 우선 내용을 정확히 전달해야 하기 때문에 생기 있는 목소리로 어미(…이다.)까지 힘있게 발음하라는 것이다. 생각을 담아 말하라는 것은 객관적인 사실이나 이론적인 나열이 아니라 말하는 사람의 느낌이나 감정까지 구체적으로 표현하라는 것이다. 그리고 '재미있게 말하라'는 것은 너무 고지식하고 진지하게 말하기보다는 재치 있고 넉살 좋은 스피치로 분위기를 살리라는 뜻이다. 쉽지는 않겠지만 재미있게 말하려고 노력하다 보면 누구나 재미있게 말할 수 있는 말짱이 될 수 있다.

소통하라

인간관계에서 제일 중요한 것은 소통이다. 우리 인생은 관계의 연속이다. 부모, 형제, 자매, 연인, 친구, 선배, 후배. 이웃, 동료, 사업 파트너 등등….

행복도 어찌 보면 목표에 도달하는 순간이 아니라 그것을 함께 즐거워해 줄 사람에게 느낀다는 것을 알고 있는가? 그래서 소통은 아무리 강조해도 지나치지 않다.

소통이란 막히지 않고 흐른다는 뜻이다. 물길과 물길이 흐를 때 더넓은 물길을 만들어 나가겠지만 흐르지 않고 막히게 되면 곧 터지게 되는 것이 자연의 이치다.

소통이 안 되면 고통이고, 소통이 잘되면 화통이다. 사람과 사람과의 물길이 트려면 상대의 마음에 잠긴 빗장을 먼저 풀어야 한다. 어떻게 그 빗장을 풀 수 있을까?

1. 상대에게 관심을 갖고
2. 상대의 장점을 인정하고
3. 상대를 사랑하면 된다. 그렇게 하려면 먼저 내가 열린 마음을 가져야 한다. 내 안에 있는 두 마리의 개를 버려라. 즉 편견과 선입견을 버려야 한다. 복잡하고 어렵게 생각하면 끝이 없다. 딱 두 가지만 실천하라.
   1) 먼저 다가가기
   2) 먼저 배려하기

소통의 기술

비행기 안에서는 커피가 무료인 것을 안 한 할아버지. 스튜어디스를 불러 두 잔의 커피를 시켰다. 스튜어디스는 의아했지만 서비스 정신이 투철했기에 조심스럽게 두 잔의 커피를 갖다드렸다. 그러자 할아버지가 인심 쓰듯이 말했다.

"수고했어, 한 잔은 아가씨 마셔!"

Rapport 형성_ 라포(Rapport)란 '마음의 유대'란 뜻으로 서로의 마음이 연결된 상태, 즉 서로 마음이 통하는 상태를 뜻한다. 라포가 형성되면 호감과 신뢰심이 생기고 비로소 깊은 마음속의 사연까지 언어화할 수 있게 된다.

라포의 방법

Mirroring_ 내담자(상대방)의 자세와 동작을 그대로 따라 한다(거울 속에 비친 모습처럼). 내담자가 오른손을 짚으면 상담자는 왼손을 짚고, 또 내담자가 왼손을 올리면 상담자는 오른손을 올린다. 내담자가 고개를 우측으로 기울이면 상담자는 좌측으로 기울이는 등의 행동을 취한다.

백트랙킹(Backtracking)_ 내담자(상대방)가 말한 것 중의 중요한 부분을 반복하는 것을 말 한다. 내담자의 말을 단순히 묵묵히 듣는 것이 아니라, 때때로 맞장구를 쳐서 관심을 보이며 듣는 것이다. 예를 들면 '어제는 낚시를 가서 고기를 여러 마리 낚았지요.'라고 말하면 '고기를 낚았다고요. 물고기를 낚아채는 순간 기분이 최고였겠네요.'라고 말한다.
'오랜만에 고향에 갔었는데 감회가 깊었어요.'라고 말하면 '고향에 갔었다고요. 고향 사람들을 만나 반가웠겠네요.'라고 말한다.

호흡의 리듬 및 음조에 맞춘다_ 긴장하고 있는 사람, 화가 나 있는 사람, 근심 걱정이 있는 사람, 의기소침해 있는 사람, 조급해하고 있는 사람, 무엇인가 기분이 언짢아져 있는 사람은 호흡이 빠르고 얕은 것이 특징이다. 그런 사람의 마음을 가라 앉게 하고 기분을 전환하기 위해서는 상대방의 상태에 보조(pacing)를 맞출 필요가 있다. 그 방법은 앞에서의 1과 2에 더하여 내담자(상대방)의 호흡에 맞추어서 정상 호흡으로 이끌어 들이도록 한다. 동시에 말의 표현이나 강약, 말의 속도, 음색, 음조 등도 상대방을 따라서 같이 하고, 상대방이 변하면 역시 그에 따르도록 한다. 그러나 이때 내담자의 문제에 끌려들어 가서는 안 된다. 어디까지나 태연하게 중립적인 입장을 취하는 게 중요하다.

주류들의 스피치 습관

　몸의 치유력의 실체는 생각과 말이다. 우리의 몸은 세상에서 가장 신묘한 생명화학 공장이다. 몸에는 음식을 먹어 육체를 유지하는 데 필요한 영양분을 흡수하는 기관인 오장육부를 통괄하는 뇌가 있다. 우리는 오감을 통해 기관의 상태를 감지할 수가 있다. 그리고 필요 없는 물질을 배설하는 변과 땀 호흡기관이 있다. 이러한 과정에서 한순간도 멈출 수가 없는 세포 생산과정에 대하여 우리는 너무나 무지하다. 몸에 필요한 음식이나 호흡을 통해 끌어들이면서도 마음 안에서 마음을 통해 몸과 마음의 생명력이 존재하도록 하는 생명력의 실체에 관하여는 무식하기 짝이 없다. 병이 들고 죽음을 눈 앞에 두고 있으면 그제야 겨우 '사는 것이 무엇인가?' 하고 자각할 뿐이다. 그중에서 몇 사람이 겨우 생명력을 회복하나 자신만이 알 뿐 전해 주질 못한다. 전해 주고 할 성질의 것이 아니기 때문이다.

　우리의 생명세포는 우리가 생각하고 말하는 생명력의 소리 파장을 듣고 명령을 받은 그대로 숨김없이 생산한다. 이것이 생명세포를 양산하는 기술의 운명이라는 것이다. 운명이 정해진 것이라 오도하는 사람들은 모두 무지하고 먹고 살기 위해 자신을 들어내는 행위일 뿐이다. 지금 당장 테스트해 보면 알 수가 있다. 화를 내면 화에 속한 세포가 생산되고 기쁜 일이 생기면 기쁨에 해당하는 세포가 생산된다. 생명자동화 프로그램에 입력된 그대로 세포를 생산한다. 그래서 자신이 생각하고 말한 그대로 받게 된다.

자신의 생명을 온전하게 하고 의롭게 하면 자연히 생명은 치유력을 갖고 완전하게 된다. 지금 병들고 고통에 직면해 있다면 자신에게 말로 명령하라. '자신을 자랑하려고 남들에게 오만을 떨지 않겠다. 자신의 무지를 감추려고 남들을 비난하고 판단하지를 않겠다. 자신도 모르게 자신을 드러내려고 자신을 속이고 남을 속이지 않겠다.'고 말하라. 자신의 생각 속에 갇혀 노예처럼 살면서도 자신의 생명이 병들어 고통받고 있는지도 모른다. 자신의 몸과 마음을 방치하고 홀대하면서 방탕과 중독된 생활에 빠지게 한 자신을 살펴보고 자신에게 '미안하다. 이해한다. 용서한다. 사랑한다.'라고 말하라. 내면의 세포는 듣고 있다. 자신을 이해하고 사랑해 줄 사람은 바로 자신밖에 없다. 그것이 치유이고 생명력을 회복하는 것이고 행복과 건강과 풍요를 얻는 길이다.

자신이 말 잘하는 사람인 듯, 번지르르하게 포장은 하지만 깊이 없는 지식과 자기변명으로 논리와 설득력이 없는 말을 지루하게 해대는 사람이 있다. '난 당신들과 달라'는 식의 말투로 다른 사람을 비하하는 교만한 스피치는 어느 자리에서건 금물이다. 그런데 중요한 것은 그런 사람은 자신이 정작 인정받지 못하는 비주류인 줄을 모른다는 것에 안타까움이 있다.

당신이 해박한 지식과 경륜이 묻어나는 스피치를 하는 사람, 겸손한 말투에 성실한 인격이 묻어나는 사람, 자신감과 리더십이 넘치는 스피치, 사랑과 관용이 배어 있으며, 결단력과 공감할 수 있는 스피치를 하는 사람을 대하고 있다면 그 사람은 어느 조직에서건 주류라고 봐도 무방하다.

■ **나약한 말투는 쓰지 말라_** '제가 그런 일을 할 수 있는지는 몰라도 ~', '부족한 제가 ~'와 같은 말은 자신의 단점을 부각할 뿐이다. 예측할 수 없는 지시를 받아도 당당하게 '해 보겠다'라고 말하는 것이 좋다. 항상 자신에게 긍정적인 언어를 사용하라는 것이다. 우는 소리한다고 도와 줄 사람은 없다.

■ **비판은 삼가고 칭찬이나 지혜로운 아부 기술을 갖춰라_** 실력을 갖췄더라도 독설가에게는 사람이 따르지 않는다. 칭찬하는 연습을 하고 또 하라.

■ **불필요한 말은 하지 않는다_** 공적인 말에 사족을 붙이면 불필요한 오해가 생긴다. 핵심만 말해야 뜻이 분명하게 전달된다.

■ **상대의 말이 틀려도 일단 예-라고 긍정적으로 말한 후, 자기 의견을 덧붙여라_** 예 그것도 좋은 방법이다. 그런데 저는 이렇게 생각해봤다, ~ 이렇게 해 보면 어떨까요!

■ **감정을 억제하고 이성적으로 말하라_** 어느 그룹이든 이상한 사람은 있기 마련이다. 마음에 들지 않는다고 말싸움을 하면 결국 본인만 손해다. 차가운 머리와 따스한 가슴을 유지하라.

■ **늘 운이 좋았다고 말한다_** 운이 좋다고(긍정적으로) 말하면 마음

의 여유가 생기고, 일에 대한 두려움도 사라진다. 이것이 선순환이 되어 운이 저절로 굴러온다. 지금 당장 '나는 운이 좋은 사람이다'라고 말해 보라.

타협하려면 질문을 하라

어떤 왕에게 외동딸인 공주가 있었다. 왕이 어찌나 이뻐하였던지, 공주가 말하면 다 들어 주었다.

어느 날 밤에 마당을 거닐다가 하늘에 있는 초승달을 보더니, 그걸 달란다. 이걸 어쩌나. 아무튼 누구든 달을 따오는 사람에게 큰 상을 내린다 하였더니 어떤 이는 엄청나게 긴 사다리를 타고 올라가고 그물도 던져 보지만 모두 실패했다.

드디어 공주는 아프기 시작했다. 모든 약이 소용없었는데 달만 달라고 했다. 걱정이 된 왕 앞에 나이 든 대신이 나타나서 자신이 해보겠노란다.

대신은 공주에게 갔다.

"공주님, 공주님… 달은 얼마만 합니까?"

"내 손톱 크기만 하지."

"어떤 색깔이지요?"

"금처럼 반짝거리지."

얼른 금으로 손톱만 한 달을 만들었다.

공주의 병이 나은 건 물론이다.

그런데 다시 왕은 고민이 생겼다. '따온 달이 오늘 밤에 하늘에 나타날 텐데 거짓이 탄로 나면 어쩌지. 창문을 막아 버리나?'

왕에게 "걱정 마십시오." 하고 안심시킨 대신은 공주에게 이렇게 말했다.

"아니, 달을 따왔는데, 하늘에 또 달이 있으니 어찌 된 것인지요?"

공주는 "아이, 그것도 몰라. 내 이빨도 빼고 나서 이렇게 새로 나왔잖아."라고 답했다.

서점에서 한 엄마와 아이의 싸우는 소리가 들린다. "엄마, 이 책 사주세요."

"절대 안 돼."

"엄마 한 권만 사주세요."

"너 다음부터 절대 안 데리고 온다."

"잉~잉~잉~"

엄마 뒤를 울면서 따라가는 아이를 보면서 항상 협박에 익숙한 나를 포함한 엄마들의 모습을 보는 것 같다. 오늘은 아이와 타협을 하면 어떨까?

"책 한 권만 사주세요."

"어떤 책을 사고 싶니?"

"파워레인저 다이노썬더."

"누가 읽을 건데? 그리고 누가 살 건데?"

"제가요."

"네가 어떻게 살 수 있지? 너는 돈이 없잖아?"

"엄마 도와 드릴게요. 그리고 용돈 모을게요."

"좋아 1주일 후에 다시 오자, 알았지?"

아이들은 그 책을 사기 위해 돈을 모으기 시작했다. 더 나은 타협을 원한다면 오늘은 질문을 하라!

다정하고 조용한 말은 힘이 있다.   - 에머슨

사람을 가장 크게 감동시키는 것은 우리의 가슴속에서 나오는 말이다.   - 괴테

몸을 움직이는 것, 말을 하는 것, 얼굴빛을 바르게 하는 것, 가장 우선적으로 마음을 기울여야 할 일이다.

       - 정약용, 《유배지에서 보낸 편지》

입찬 소리를 하지 마라

호언장담하거나, 허풍을 떨거나, 지키지도 못할 말을 하거나, 기세 좋은 소리를 늘어놓거나 하는 것을 일러 '입차다, 입찬 소리를 하다'라고 한다. "입찬 소리는 무덤 앞에 가서 하라."는 속담이 있는데 이는 '장담하는 말은 죽은 후에 하라.'는 의미로, 희떱게 자랑하거나 장담하지 말라는 말이다.

말과 행동은 일치하기 어려우므로 장담하지 말라는 뜻이기도 하다.

실수나 실패를 두려워하지 마라. 그것이 문제로다!

어느 스포츠 방송국의 한 신입 아나운서가 드디어 꿈에 그리던 생방송 뉴스를 진행하게 됐다. 생방송이 처음이었던 아나운서는 사전에 받은 대본을 읽고 또 읽으며 연습했다.

뉴스 당일이 되었고, 그는 경직된 모습으로 카메라 앞에 앉았다. 연습했던 대로 순조롭게 흘러가길 바랐지만 너무나 긴장한 나머지 그만 이렇게 말해버렸다.

"오늘 전국에 내리기로 한 장맛비는 프로야구 관계로 취소되었다."

핀란드에서 시작한 '실수·실패의 날'은 독일, 캐나다, 스웨덴, 영국 등 여러 국가에 전파되어 연례 행사로 치러지고 있다고 한다. 매년 10월 13일에 지난 1년간의 실수나 실패했던 사례를 다른 사람들과 공유하여, 또다시 그런 실수나 실패를 하지 않도록 반전의 기회로 삼으라는 취지로 지정한 것이다.

한 번의 실수도 없이 세상을 살아가는 사람은 없다. 우리의 인생에서 실수나 실패를 하지 않았다는 건 단 한 번도 어떤 일을 시도해 보지 않았다는 사실을 입증하는 것이다. 실수, 실패를 두려워하지 마라.

남들 앞에서 거침없이 말하는 방식

말을 잘하는 사람보다 잘 말하는 법을 익히는 것이 중요하다. 그것은 잘난 척, 아는 척, 있는 척하지 말고 근거 있는 내용을 상대방에게 유익하도록 풀어가는 것이다. 그러려면 포장하거나 과장하지 않고 본인의 마음속에 있는 말을 자기 언어로 자기화(自己化)해서 힘 빼고 천천히 평소의 언어로 평소의 생각을 대화하듯… 말할 때 영혼이 있는 말이 되어 상대방에게 울림을 주고 공감을 줄 수 있다.

– 힘빼천 정신(힘빼고 천천히) _ 화술경영 윤치영 화술 박사

앉아서 말하는 데는 자신이 있는데 많은 사람의 앞에 서면 머리가 하얘지거나 떨려서 말의 조리가 맞지 않아 말하기가 대단히 힘들다고 하소연하는 분이 의외로 많다. 말은 조리 있게 말하고 논리적으로 말하는 것이 아니라 형식에 구애받지 않고 앉아서 이야기하듯 생각나는 대로 말하는 것이 방법이다. 생생하고 리얼(real)한 것이 잘 먹히는 법이다. 그래서 요즈음 방송도 라이브(Live)한 방송이 대세다. 생생하게 현장감을 담아라. 너무 논리적으로 체계적으로 말하려면 오히려 꼬이고 만다. 말은 자기가 하고 싶은 말, 생각나는 말을 그대로 하는 것이다. 평소 다정한 친구들과 대화를 나누듯이 형식에 구애받지 않고 말을 해야 잘 풀린다. 많은 사람 앞에서도 친구와 대화를 나누듯 한다면 사람들로부터 구수하게 말을 잘한다는 말을 듣게 될 것이다. 말을 할 때 형식에 얽매이지 말고 나오는 대로 하자. 그것이 거침없이 말하는 방식이다. 그래서 스피치도 잡담력으로 풀어내자. 그것이 공감대를 만들고 현장감을 살리게 된다. 잡담력이야말로 스피치에서의 양념과 같은 것이다.

■ 재미있는 내용이 아니면 말을 하지 마라.

이 규칙만 잘 지켜도 80%는 성공한다. 뭔가 재미있는 내용이 없으면, 그냥 입 다물고 집에서 잠이나 자라.

■ 연설을 하지 말고 재미있는 '이야기'를 해라.

주제를 잘 설정해서 연설을 한다고 생각하지 말고 스토리텔링을 한다고 생각해라. 그 어떤 이야기라도 괜찮다. 어렸을 때 있었던 재미있는 이야기, 기억에 남는 고객에 대한 이야기 등. 위대한 연설자들은 청중과 interactive한 대화를 한다.

■ 강의 전에 청중과 교류하라.

청중을 조금 더 entertain하고 싶다면, 실제 강연 시간보다 더 일찍 가서 사람들과 어울리면서 이야기를 나누어라. 특히, 맨 앞줄에 앉은 사람들과 많이 교감하면 무대 위에 올라가더라도 친숙한 얼굴들이 보이기 때문에 그다지 긴장하지는 않을 거다.

■ 청중을 즐겁게 해주는 데 집중해라.

이 점에 대해서는 많은 웅변 전문가가 동의하지는 않지만, 어찌되었든 바쁜 사람들을 붙들어놓고 그 사람들 앞에서 말을 하면, 그 사람들을 즐겁게 해줄 의무가 speaker한테는 있다. 강연이 재미있으면 그 사이사이에 정보를 전달할 수 있는 기회가 충분히 있지만, 강연 자체가 재미없으면 게임 오버다.

■ 어떤 사람들을 대상으로 이야기하는지 정확하게 파악해라.

한 12년 전에 어떤 강의를 들었는데, 어떤 나이 많으신 분이 내 나이 또래의 젊은 청중을 대상으로 6·25전쟁이 얼마나 참혹했는지 열심히 떠드셨다. 시작한 지 한 15분 후에 방에 있는 사람들의 절반이 나갔다. 어떤 사람들을 대상으로 연설을 하는지 정확하게 이해하고 있어야 한다. 강연을 시작하자마자 청중에게 내가 당신들이 누구인지 잘 알고 있다는 사실이 전달되면 2시간 강연 내내 청중을 압도할 수 있을 것이다.

토설(자기 내면의 소리)을 토해 내라

처음에는 먹기 살기 위해 일하다가 나중에는 소신과 믿음이 생기고 그 소신과 믿음이 소명의식과 사명감으로 굳어지게 된다. 살다 보니 필자에게도 그런 생활철학이 생겼다.

첫째는 '순간순간 감동적으로 살아라'는 것이다. 필자에게는 이곳저곳에서 많은 이들이 찾아와 주고 있다. 그들을 상담하고, 코칭하고, 치유하고, 어루만져 줌으로써 새로운 꿈과 희망과 용기를 갖게 하는 일이 즐겁고 보람을 느끼기에 감동하지 않을 수 없다. 순간 순간이 감사이고 감동이다. 어떤 일이든 감사할 일이 있다. 그것에 감사하면 순간순간이 감동으로 다가온다.

둘째는 '즐기며 살아라.'는 것이다. '지지자불여호지자(知之者 不如好之者). 호지자불여낙지자(好之者不如樂之者)'라는 말이 있는데 이는 '아는 것은 좋아하는 것만 못하고, 좋아하는 것은 즐거워하는 것만 못하다.'는 말이다. 그런데 즐기는 자보다 한 수 위에 있는 사람이 있는데 미친 듯이 달려드는 사람이다. 하여 낙지자 불여 광지자(樂好者不如狂之者)다.

셋째는 '끊임없이 쇄신하라'는 말이다. 4차 산업혁명의 시대에 살아남는 방법은 끊임없이 변화하고 움직이는 것이다. 4차 산업혁명 시대에는 강자가 살아남는 것이 아니라 살아 남는 자가 강자라는 것이다. 살아남으려면 실력으로 승부해야 한다. 그러려면 끊임없이 쇄신해야 한다.

필자에게는 교육 지침이 있다.

찾아오시는 분들은 대중 앞에서 울렁증을 느끼는 사람이거나 사적인 자리에서 대화를 할 때 말할 거리와 방법이 생각나지 않는 사람이다. 하지만 소통 공감에 문제가 있어서, 논리적이기 못하기 때문에 문제가 되는 것은 아니다. 스킬보다 앞서는 것은 마인드가 문제라고 할 수 있다. 내적 에너지가 문제란 말이다. 부정에너지를 긍정에너지로 바꿔주어야 한다. 긍정에너지가 온몸에 흐르게 하면 모든 문제가 해결되게 마련이다.

그리고 토설이다. 내적 트라우마나 스트레스, 화 등 부정적 요소를 녹여내는 방법은 내 안에 있는 소리를 밖으로 토해 내는 것이다.

자유로운 감정의 표현을 억압하면 수명이 단축된다. 한국의 남, 녀 평균수명 차이는 OECD 국가 중에서 가장 크다. 찜질방에서 아줌마들이 단체로 연속극을 보며 울고 웃는 사이, '존귀와 위엄'을 갖춘 이 땅의 남자들은 아무도 멋있게 보지 않는 근엄한 표정을 지으며 스스로 생명을 갉아먹고 있기 때문이다. 그럼에도 불구하고 여전히 공식적인 자리에서 만나는 CEO들의 표정은 한결같이 굳어 있다. 자신은 합리적인 사람이라는 뜻이다. 또한 포커 페이스가 리더십의 가장 중요한 요건이라고 생각한다. 하지만 그 사이 그들의 수명은 단축된다. 뿐만 아니다. 감정을 억압하는 기업 경영은 뒤처지게 되어 있다. 보다 분명하게 표현하자면 일찍 죽을 뿐만 아니라 사업도 망한다는 이야기다.

오키나와 장수촌 마을에 사는 백 세 노인들의 공통점 중 하나가 자기 감정을 솔직하게 표현한다는 것이다. 솔직한 감정 표현이 장수의 비결이기도 하다. 솔직하려면 우선 자기 자신에게 진실되어야 한다. 좀 더 진실되고 솔직하게 살자.

다정한 사람과 소주 한 잔 앞에 놓고 인생을 얘기하고, 한 편의 아름다운 추억을 얘기할 수 있는 건강과 만남이 있다면 그것 자체가 바로 행복이며 축복된 삶이 아닐까?

그간 수다 하면 여성이 떠올랐다. 그만큼 수다에는 일가견이 있기 때문이다. 친구와 전화통을 붙잡고 1시간 이상을 조잘거린 후 끊을 땐 못내 아쉬워하며 다음과 같이 말한다. "못다한 얘기는 이메일로 보낼게."

여자들은 전화로 수다를 떠는 동안 저절로 문제가 해결되는 경우가 많은데 남자들은 상담자에게 즉각적인 해결책을 요구한다. 또 여자들이 밤낮 없이 이용하는 데 반해 남자들은 밤이 되어야 술자리에서나 자기 문제를 털어놓는다는 것이다.

남자도 슬프면 슬픈 대로 기쁘면 기쁜 대로 자기 감정을 표현할 줄 알아야 한다.

더구나 오늘날의 여성들은 썰렁한 터프가이형 남자를 싫어한다. 요즘은 말 많은 남자, 재미있는 남자들이 인기를 얻고 있다.

"남자가 말이 많으면 쓰나." "말 많은 남자는 가벼운 남자." "여자들이나 잡담하지." 이렇게 어릴 적부터 따갑게 들어온 숱한 경구가 떠오른다.

그러나 30~40대의 말수 적은 남자들도 예전과 달리 수다스러워지고 있다. 다만 이들의 수다는 공개적인 장소에서 거림낌없이 수다를 떠는 20대에 비해 은밀하다.

실제 요즘 여성들이 좋아하는 남성상은 말 많은 남자, 재미있는 남자다. 한마디로 '수다맨'이 인기 캡이란 얘기다.

수다스럽다는 것은 사고가 유연하단 뜻과 일맥상통한다. 사고가 유연하지 않으면 유머가 생성될 수 없기 때문이다. 유연하단 말은 부드러움을 뜻하는데 이 부드러움이란 바로 감성지수가 높음을 의미한다. 따라서 감성지수가 높은 사람이 경쟁력의 우위를 확보해 성공할 확률이 높다.

당신은 수다쟁이인가요?

이 질문에 당신이 '예!'라고 주저 없이 대답할 수 있다면 성공할 가능성이 높다. 성공한 남녀들의 공통점 중 하나가 바로 '수다'라고 한다. 그들은 커뮤니케이션, 정보 수집은 물론 인맥 관리, 내면 치유까지 다양한 용도로 수다를 활용하고 있다. 수다스러움이 흉이 아니라 개인기가 된 요즘 단순히 말 많이 하기가 아니라 지혜롭게 수다를 떨 줄 알아야 한다. 남들 지루해하는 줄 모르고 자기 말만 하다가는 소리 없이 퇴출당하기 십상이다. 수다는 반드시 손뼉처럼 마주치면서 나눠야 한다.

그렇다면 어떻게 해야 수다를 팔딱팔딱 살아 숨쉬는 정보 교환의 장으로, 비즈니스와 처세의 노하우로 활용할 수 있을까?

수다는 교제뿐 아니라 스트레스 해소나 마음의 치유에도 도움이 되지만 전략적 수단도 필요하다. 자신이 운영하고 있는 사업장을 찾아온 고객들을 상대로 쉴 새 없이 수다를 떨 수 있어야 한다. 물건 보는 안목, 건강 상식부터 가족들 안부까지 시시콜콜 수다를 떨면 고객들이 넋을 잃는다.

하워드 슐츠의 맛집 수다_ 인맥 관리를 위해서라면 '맛집 수다'에 능통해져라. 하워드 슐츠는 매일 다른 사람들과 점심식사를 한다고 한다. 하루 한 시간 점심식사 시간을 이용하면 막강 인맥군단을 거느릴 수 있다. 평소에 만나던 사람이 아닌 전혀 동떨어진 부서 직원들과의 밥 수다에선 뜻밖의 고급 정보를 얻을 수 있다. 음식 끝에 정 난다고 맛집에 정통하면 훨씬 유리하다.

수다를 떨기 위해서는 잡담력이 필수_ 수다를 떨기 위해서는 잡담력을 키워야 하는데 그 방법은 세 가지로 정리할 수 있다. 첫째가 말할 거리를 만들어야 한다는 것이다. 마땅한 화제가 없다면 날씨 → 건강 → 뉴스 → 취미 → 일 → 가족의 순으로 진행하면 막힘 없다. 둘째는 그냥 말하지 말고 바디 랭귀지(body language)를 써야 한다는 것이다. 그래야 수다가 쫄깃해지고 유쾌해진다. 셋째는 물방울 튕기듯 톡톡 끊어 말하는 스타카토로 악센트를 줘야 한다는 것이다. 그래야 비호감 음색도 상큼하게 디자인해 준다.

수다의 기본 법칙_ 1·2·3 법칙이 있다_ 1분간 말하고, 2분 동안 듣고, 3번 맞장구친다는 법칙이다. 그러기 위해서는 스피드(Speed)가 필요하다. 남보다 반 박자 빨리 화제를 던져 수다의 주도권을 장악한다. 그다음 웃음(Smile)도 필요하다. 잘 웃기지 못하면 잘 웃는 쪽을 선택하라. 다음은 립서비스(Lip Service)를 하라. 칭찬으로 상대의 마음을 사로잡는다. 마지막으로 중요한 것은 메모다. 언제 어느 곳에서든 '목걸이 펜'을 휴대하라. '적자생존'이라 하지 않는가? 적어야 생존이 가능하다. 메모는 아이디어를 모으는 최고의 방법이다.

오프라 윈프리의 맞장구 화법_ "어머, 너도 그랬니? 나도 그랬어!"
나와 상대방을 동일시하는 것, "너도 그랬니? 나도 그랬어!" 하는 맞장구, 탁월한 공감 기법이 오프라 윈프리식 수다의 강점이다. 여기에 진솔한 제스처, 동기를 부여하되 설교하지 않으면서 일깨우는 오프라 윈프리 특유의 카리스마는 치유의 힘마저 갖는다.

혼자 떠드는 셀프 수다_ 이밖에도 수다의 목적과 종류가 다양하다. '셀프 수다'는 마인드 컨트롤의 일종이 될 수 있다. 혼자 궁시렁거리기, 일기 쓰기, 낙서하기 등 방식이 다양한데, 우울할 때 자기 확신, 자기 암시를 할 수 있는 최적의 방법이다.

얼굴을 맞대야 가능한 아날로그 네트워킹의 비효율성에 진저리가 난다면 갖가지 형태의 디지털 수다를 활용할 수 있다. 카톡이나 각종 SNS를 통해 일상이나 짧은 안부 등을 전할 수 있다. 책을 읽다 감동받은 글귀 한 구절을 인용하거나 이모티콘으로 자신의 느낌을 전할 수도 있다.

수다는 새로운 분위기에서나 사교장에서의 필수품_ 각종 모임에서도 수다는 윤활유와 같다. 가장 조명 좋은 자리를 선점한 뒤 눈으로 말할 것. 파티에서는 말보다 신체 언어가 훨씬 잘 통한다. 간단 명료하게 묻고 답하는 핑퐁화법을 구사하고, 의문문을 주로 사용할 것. 상대에게 말할 기회를 줌으로써 호감을 산다.

예(禮)로 의전을 챙겨라_ 아무리 가까운 사이라도 예의를 지켜야 한다는 것을 잊지 말자. 수다를 떨다 보면 본의 아니게 오버하거나 상대의 헛점(역린, 逆鱗)을 건드릴 수도 있다. 웃자고 한 얘기에 죽자고 덤빌 필요는 없지 않은가. 수다를 나누면서 싸우지 않는 비결이 있다. 아무리 가까운 사이라도 수다의 예의를 지키는 것이다.

'수다, 그리고 잡담력, 떠드는 기술'은 비즈니스와 인맥관리까지 이 시대의 필수품임에 틀림없다.

자유롭게 자기 감정을 표현하자

대개 유쾌하지 못한 사람으로는 유별나게 말 없는 사람(말이 없으면 분위기라도 있어야지. 괜스레 음료수만 홀짝대는 사람), 말 많은 사람(재미없는 썰렁한 말을 하면서 계속 엉뚱한 방향으로 빠지는 사람), 말이 안 통하는 사람(동문서답하면서 자기 생각대로 상대의 마음이 움직일 줄 착각하는 사람), 삼척(?)인 사람(있는 척 + 아는 척 + 잘난 척하는 사람), 과거 연륜을 들썩이는 사람(왕년에 이랬는데, 저랬는데…), 예술에 대해 문외한인 사람(최근 유행하는 노래나 영화, 연예계, 책 이야기의 한 토막도 모르는 사람), 유머랍시고 말해도 하나도 안 웃기는 사람(무슨 이야기를 해도 안 웃기는 사람은 대개 웃겨야 될 이야기에 숫자는 물론 퍼센티지까지 집어넣는다.)….

이처럼 같이 있으면 편안한 사람이 있고, 불편하거나 껄끄러운 사람이 있다. 같은 말이라도 상대방의 마음을 헤아려서 배려하는 화법을 구사하면 호감을 줄 수 있지만 상대방의 기분을 아랑곳하지 않고 수다를 떨어버리면 싫증 나는 사람 불편한 사람이 되고 만다.

슬픔을 표현할 때에는 말을 적게 하는 편이 슬픔의 깊이를 더 느낄 수 있지만 기쁨이나 즐거움을 말하는 것을 아까워하는 듯하면 그 인품의 정도를 의심받게 된다. 실제 아무리 사소한 일이라도 남에게서 무언가를 받으면 고맙다는 말을 해야 한다. 그러나 이 간단한 한마디를 하지 않음으로써 인간관계의 불협화음이 의외로 많이 생기게 된다.

21세기는 조화와 공감의 시대다. 즉 감정을 느끼고 표현함으로써, 그리고 상대방과 공감함으로써 우리는 삶을 더욱 많이 즐길 수 있을 뿐만 아니라 보다 적절한 의사결정을 통해 성공의 기쁨을 맛볼 수 있는 시대다.

자유롭게 감성을 표현하는 것은 스트레스를 해소해 줄 뿐만 아니라 창의력 증진에도 상당한 도움이 된다고 한다. 다정한 사람과 소주 한 잔 앞에 놓고 인생을 얘기하고, 한 편의 아름다운 추억을 얘기할 수 있는 건강과 만남이 있다면 그것 자체가 바로 행복이며 축복된 삶이 아닐까?

당신은 적절하게 자신의 감성을 표현하고 있는가?

적절한 감정 표현은 수다를 통해 감정을 표출하고 발산한다는 의미다. 수다를 떤다는 것은 인생의 여유로움이 아닐까? 수다가 살아 있는 삶을 누리자. 그간 수다하면 여성이 떠오르죠. 그만큼 여성들은 수다에는 일가견이 있기 때문이죠. 전화통을 붙잡고 친구와 1시간 이상을 조잘거리고 끊을 땐 못내 아쉬워하며 하는 말 '못다한 얘기는 이메일로 보낼게.' 하며 아쉬워하는 게 여성들의 수다 풍속도인 거죠.

여자들은 문제가 생기면 전화로 수다를 떨면서 이를 자연스럽게 해결하는 경우가 많은데 남자들은 동굴 속으로 들어가 궁색을 떨죠. 남자들은 알게 모르게 "남자가 말이 많으면 쓰나." "말 많은 남자는 가벼운 남자." "여자들이나 잡담하지." 이런 말들을 어릴 적부터 귀가 따갑도록 들어오며 자라온 탓에 입을 닫고 살아왔다고 봐야 된다.

여자들이 밤낮 없이 수다를 하는 반면 남자들은 밤이 되어야 술자리에서나 자기 문제를 털어놓는 편이지요. 그러나 남자들도 예전과 달리 수다스러워지고 있다. 실제 요즘 여성들이 좋아하는 남성상은 말 많은 남자, 재미있는 남자다. 한마디로 '수다맨'이 인기 캡이란 얘기다.

남자들도 슬프면 슬픈 대로 기쁘면 기쁜 대로 자기 감정을 표현할 줄 알아야 한다. 요즈음 여성들은 남성들의 썰렁한 터프가이형을 싫어한다고 한다. 말 많은 남자, 재미있는 남자들이 인기를 얻고 있는 게 사실이다.

수다스럽다는 것은 사고가 유연하단 뜻과 일맥상통한다. 사고가 유연하지 않으면 유머가 생성될 수 없기 때문이죠. 유연하단 말은 부드러움을 뜻하는 것이요. 이 부드러움이란 바로 감성지수가 높음을 의미한다. 따라서 감성지수가 높은 사람이 경쟁력의 우위를 확보해 성공할 확률이 높다. 의사가 자상하고 꼼꼼하게 진찰하고 환자를 맞는 병원은 환자가 넘쳐나고 그렇지 못한 병원은 환자 수가 절반밖에 안 된다는 것이다. 수다가 경쟁력이고 영업력이란 얘기다.

품격을 지켜라

말은 아름답고 귀하다. 말처럼 아름답고 귀한 것 없고 말처럼 부끄럽고 추한 것 없다.

재앙은 입으로부터 나오고 병은 입을 따라서 들어간다….

입 구 자 셋이 모이면 품격 품 자가 된다. 이왕이면 다홍치마라고 품격 있는 말을 하자. (화술 박사 윤치영)

〈입의 십계명〉
- 희망을 주는 말을 하라.
- 용기를 주는 말을 하라.
- 사랑의 말을 하라.

- 칭찬의 말을 하라.
- 좋은 말을 하라.
- 진실한 말을 하라.
- 꿈을 심는 말을 하라.
- 부드러운 말을 하라.
- 화해의 말을 하라.
- 향기로운 말을 하라.

〈해서는 안 되는 말 10가지〉

- 〈잘 해봐라〉는 비꼬는 말
- 〈난 모르겠다〉는 책임 없는 말
- 〈그건 안 된다〉는 소극적인 말
- 〈네가 뭘 아느냐〉는 무시하는 말
- 〈바빠서 못한다〉는 핑계의 말
- 〈잘 되어가고 있는데 왜 바꾸느냐〉는 안일한 말
- 〈이 정도면 괜찮다〉는 타협의 말
- 〈다음에 하자〉는 미루는 말
- 〈해보나마나 똑같다〉는 포기하는 말
- 〈이젠 그만 두자〉는 의지를 꺾는 말

말을 조금만 하고도 사람들과 가까워질 수 있는 방법

말수가 적어서 고민이라고요?

사람들은 너무나 단순하게도 '말을 많이 해야만 사람들과 가까워질 수 있다.'라고 생각하는 것 같다.

정말 그럴까?

나는 그 이면에 놓인 본질을 보라고 말씀드리고 싶다. 말은 도구에 불과할 뿐이다. NLP에 의하면 사람들이 커뮤니케이션할 때 언어 그 자체가 차지하는 비중이 7%에 불과하다고 한다. 그 나머지는 음성의 톤, 바디랭귀지(표정, 자세) 등의 무의식적 것에 의해서 알게 모르게 표현하고 있는 것이다.

말이 도구라고 하면 본질은 무엇일까? 본질은 마음과 관심이 아닐까? 사람들은 자신에게 관심을 보이는 사람을 좋아하는 것이지 너저분하게 말을 많이 하고, 자기 이야기만 늘어놓는 사람을 좋아하는 것은 절대로 아니다. 한마디로 그런 이들은 피곤한 사람이다.

그런데 말수가 적은 사람들은 이 말만을 놓고 심각하게 고민한다. '말을 많이 해야 나를 좋아할 텐데….', '말을 안 하니까 나를 싫어하는 거야….', '뭐라고 말을 해야 하지….'

이런 분들은 말수가 적다는 문제뿐만 아니라 보통 자존감이 낮고 부정적인 자아 이미지를 가지고 있다. 사실은 말보다 더 훨씬 더 큰 부분이 자존감과 자아 이미지인데 말이다. 쉽게 말하면 자신을 사랑하지 않는 마음 때문인 것이다.

당연히 전혀 말을 하지 않으면 제대로 된 의사소통을 할 수 없다.

말을 조금만 하고도 사람들과 가까워질 수 있는 방법이 분명히 있다. 그러나 커뮤니케이션에서 언어가 차지하는 비중이 7퍼센트라는 것이 의미하듯이 말은 너무 많이도 말고, 입을 꼭 다물지도 말고, 조금만 적절히 하면 되는 것이다. 말하는 데 있어서 두 가지 조언을 드릴까 한다.

● **관심을 표현하는 말을 할 것_** 누군가와 함께 있으면서도 입을 꾹 다물고 있다면 좋아할 사람은 분명 아무도 없을 것이다. 그러나 분명한 것은 앞에서 말씀드린 바와 같이 사람들은 누구나 자신에게 관심을 가져 주기를 바란다는 것이다. 그래서 1차적으로 필요한 것이 관심을 가져 주는 말이다. 아무것도 하지 않고 가만히 있으면서 사람들이 내게 관심을 가져 주기만 바라면 안 된다. 이럴 때 가벼운 관심을 보이는 간단한 질문을 하면 좋다. '어디 사는지, 하는 일은 무엇인지, 취미는 무엇인지' 등. 물론 상대방과 초면이냐 구면이냐, 만난 횟수가 얼마나 되었는가에 따라 다른 관심을 가지고 깊이 있는 질문을 던질 수 있을 것이다. 그리고 상대방이 대답하면 맞장구를 치면서 관련된 또 다른 질문들을 이어나가는 것이 좋다. 그러나 반드시 기억해야 할 것은 이것이 그저 하나의 '기술(skill)'로 전락하면 곤란하다는 것이다. 이것은 기술이 아니라 '관심의 표현'이 되고 커뮤니케이션의 시작점이 되어야만 할 것이다.

● **솔직할 것_** 사람들은 대부분 낯선 사람과 대화할 때 경계하고 마음을 닫아두는 편인 것 같다. 그럴 때 상대방이 닫혀 있다고 해서

나도 끝까지 닫혀 있으면 결국 대화는 이어지지 않는다. 내가 먼저 가슴을 열고 속을 드러내 보이는 이야기를 하면 대부분의 사람은 함께 가슴을 열어 보이게 마련이다. '이 사람이 이러저러하니까 나도 이렇게 해야겠다….' 이렇게 복잡하게 생각하지 마세요. 그냥 솔직하고 담백하게 대하는 것이 스트레스도 덜 받고 편안한 관계를 시작하고 이어가는 첩경이 되는 것이다. 말을 하는 연습보다는 먼저 가까운 주변 사람들에게 관심을 가지는 데 마음을 써 보라. 내가 먼저 관심을 받고, 남들이 나를 좋아하지 않는다고 속상해하기보다는 내가 먼저 관심을 주고, 남들을 좋아하고 그런 마음을 표현하기 위해 노력해 보라. 받는 것을 먼저 하겠다고 욕심부리면 잘 되는 법이 없다.

주는 것을 기꺼이 선행할 수 있을 때 어떤 식으로든 보상이 돌아온다는 것이 세상과 우주의 법칙인 것이다.

● **물음표를 느낌표로_** 약속 시간에 늦은 친구에게 '오늘도 늦으면 어떡해?' 대신 '오느라고 힘들었겠다!'라고 말하자. 실수를 자주 하는 후배에게 '또 실수한 거야?' 대신 '그럴 수도 있지'라고 말하자. 급한 때에 연락이 안 된 동생에게 '왜 이렇게 전화를 안 받니?' 대신 '큰일 생긴 게 아니어서 다행이다!'라고 말하자. 물음표를 느낌표로 바꿨더니, 부정이 물러가고 긍정이 찾아온다.

총명한 인상을 주는 스피치 방법은 적절한 단어를 고르기 위해 조금 천천히 이야기하는 것이다. 그렇게 하면 생각이 깊다는 인상을 줄 수 있다.

힘 넘치는 강한 인상을 주는 스피치 방법은 짧고 간결하게 알기 쉬운 문장으로 표현하는 것이다. '진지하게 그렇게 생각한다!'라는 느낌을 주도록 한다. 쓸데없는 접속사나 형용사, 부사 등은 사용하지 않도록 하는 것도 하나의 요령이다.

고상한 인상을 주는 스피치 방법은 딱 끊어지게 '네', '아니요'라고 대답하지 않도록 하는 것이다. 한마디를 더 추가 하는 것만으로도 인상을 바꿀 수 있다. 예를 들어 '아니요, 저는 안 봤어요!', '네, 저는 그녀를 알고 있어요.' 등 조금은 반복하는 듯한 느낌을 주는 것이 고상한 인상을 주게 된다.

'확실한 사람이다.'라는 인상을 주는 스피치 방법은 단어의 마지막 음을 강하게 발음하는 것이다. 그리고 강한 발음에 이어 다음 단어의 발음에도 이어간다.

자신감 넘치는 인상을 주는 스피치 방법은 항상 허리를 곧게 펴는 것이다. 마치 왕관을 쓰고 있는 자신의 이미지 그려 보면서 말이다. 또 일을 할 때 팔이나 다리를 좌우로 흔들지 말며 팔꿈치와 무릎은 항상 몸의 중심에서 멀리 떨어지지 않게 한다.

행복한 성공인은 경제적 자유와 시간적 자유를 누려야 한다고들 한다. 거기에 하나가 추가되어야 한다. 행복한 성공은 했으나 사람들 앞에서 스피치를 자유롭게 구사하지 못하는 사람이 의외로 많다. 행복한 성공을 누리려면 사람들 앞에서의 자유로워야 한다. 그래야 인간관계가 자유롭게 된다. 관계가 자유로워야 하고 있는 비즈니스나 사업이 자유롭게 된다. 그래야 인생을 자유롭게 누릴 수 있게 된다. 마음먹은 대로 뜻하는 대로 이루어지는 진정한 자유인이 되려면 사회적 자유인이 되어야 한다.

● 상대방 마음을 꿰뚫는 대화법

- 호감을 사려면 '알고 계실 테지만…'이라는 말을 써라. 상대를 한 단계 위로 본다는 느낌을 주어 상대방의 자존심을 세워 준다.
- 숨도 안 쉬고 말하는 사람에겐 행동으로 대답하라. '잠깐만, 진정해.' 같은 직접적인 말보다. 기침, 큰 동작으로 자세 바꾸기 등 주위를 환기하는 행동을 하면, 말이 느려진다.
- 내 실수를 꼬집어 주는 사람을 칭찬해라. '맞는 말이야, 역시 예리해.'라고 인정하고 칭찬해 주면 공격하려 했던 상대방의 에너지를 흡수할 수 있다.
- 의견을 듣고 싶다면 그윽하게 바라보라. 긴장해서 말을 잘 못하는 사람이 있다면, 시선으로 메시지를 보내는 것이 효과적이다. 발언을 요구하는 부드러운 행동이다.
- 흥분한 상사 앞에서는 목소리를 차분하게 하라. 사람은 무의식 중에 상대방의 목소리 톤을 따라간다. 똑같은 방식으로, 당신이 목소리를 낮추면 상대방도 격앙된 마음을 진정시킬 수 있다.
- '아니면'이라고 말하면 상대는 내 의견을 따른다. "햄버거 괜찮으세요? 아니면 감자튀김 세트는 어떠세요?" 실제로 이 간단한 차이로 인해 판매량이 급증했다고 한다.
- 장단점을 말할 때는 장점을 뒤에 말한다. '좋은 사람인데 조금 어두운 면이 있어.', '조금 어두운 구석이 있지만 좋은 사람이야.' 사람은 마지막에 들은 말을 기억한다.

직장에서의
커뮤니케이션

상사는 유형별로 관리하라

■ 성급하고 직선적인 상사

모든 상사는 자신이 지시한 업무가 신속히 처리되기를 원한다. 지시를 받고도 하는지 마는지 일의 진척을 가늠할 수 없는 부하는 덮어놓고 무능한 것으로 평가되는 것이 보통이다.

특히 직선적인 상사는 결과는 둘째 치고 일단 일이 진행되고 있다는 것을 확인해야 직성이 풀린다. 때문에 일의 결과보다도 일을 적극적으로 처리하고 있음을 수시로 보여 주어야 한다.

■ 과묵하고 권위적인 상사

과묵하고 권위적인 상사는 성급하고 직선적인 상사보다 다루기 어렵다. 일단 상사의 심리 상태를 예의 주시해서 그 심리적 흐름을 파악하는 것이 포인트다.

자기의 생각을 표현하는 데 인색하기 때문에 다소 시간이 걸릴지 모르나 일단 파악하고 나면 쉽게 인정을 받을 수 있다.

대부분 이런 유형의 상사는 말하는 의도와 마음속으로 생각하고 있는 의도가 다르기 때문에 마음속의 의도를 파악하면 부하를 쉽게 인정해 준다.

■ 잔소리가 많고 성격 변화가 심한 상사

상사는 기본적으로 너무 멀리도 그렇다고 너무 가까이도 하지 말아야 할 존재다. 특히 업무나 기타 문제에 대해서 사사건건 말이 많고 성격 변화가 심한 상사는 일정한 거리를 유지하는 것이 최대의 관리법이다.

처음부터 잔소리를 들을 만한 여지를 남겨놓지 않는 것이 중요하다. 이런 상사의 특성은 한 번 잔소리를 한 부하는 아무리 일을 잘 처리해도 흠을 찾아낸다는 것이다. 따라서 초기에 일을 완벽하게 해내고 나면 그 후로는 편하게 지낼 수 있다.

■ 답답하고 무능한 상사

부하가 보기에도 답답하고 자기 일에 쩔쩔매는 무능한 상사가 있다. 이런 상사 밑에 있다면 성공하기는 힘들다.

조직의 평가는 일단 부서의 실적에서부터 시작된다. 이런 상사는 재빨리 물러나게 하라. 만일 사정이 여의치 않다면 다른 부서로 자기 몸을 빼는 것이 상수다. 함께 있으면 똑같이 무능한 인간으로 찍히고 만다.

■ 유능하며 인간성 좋은 상사

일을 하기에는 편할는지 모르나 성공의 장애물인 경우가 보통이다. 일단 업무가 상사의 빈틈 없는 관리 속에서 척척 진행되고 있으므로 부서의 평가가 긍정적이고 이에 따라 부하의 위치도 상승된다.

하지만 결국 모든 영광은 상사에게 돌아가고 만다. 따라서 이런 상사 밑에 있다면 편안함에 안주하지 말고 부단히 자신을 자극하는 노력이 필요하다.

■ 혹독한 업무를 요구하는 상사

끊임없이 부하들을 움직이는 상사가 있다면 그를 모델로 삼아라. 부하들에게 일을 시키기 위해서는 그 자신이 일에 빠져 있어야만 한다.

비록 인간적인 잔정이 부족하다고 여겨질지라도 이런 유형의 상사가 바로 출세의 발판이다. 이들에게 유능하다고 인정을 받으면 그들은 끝까지 부하를 끌어 올려 자신의 밑에 두려한다.

어느 정도 단계에서는 결별을 고해야 하나 신입 사원에게는 가장 필요한 상사다.

■ 일보다는 인간적인 면이 강한 상사

이런 상사와 어울린다는 것은 시간 낭비다. 아무런 결론도 나지 않는다. 비즈니스의 세계에서 인간적인 면을 중시한다는 것도 성공의 수단이다. 그러나 결국 최종 결과는 업무 실적에서 판가름난다.

이런 상사는 기본적으로 비즈니스 세계에서 성공하기 어렵다. 이런 상사의 밑에 있다면 상사의 업무를 빼앗을 준비를 하라. 상사의 위치에서 생각을 하고 결정을 하다 보면 어느새 상사의 자리에 앉아 있을 것이다.

당신의 상사 유형 및 대처법

■ 전제군주형 상사

1등주의를 신봉하며 부하들을 끊임없이 감시감독하고 부하의 제안도 거의 받아들이지 않는 스타일이다. 이런 상사 밑에 있다 보면 자신도 모르는 사이에 무사안일형이 되기 쉽다.

■ 인간관계 우선형 상사

부서 내 인간관계를 부드럽게 이끌어나가는 스타일로 부하들로부터도 인간적인 존중을 받고 싶어 한다. 반면 이런 상사는 인간관계가 능수능란하므로 자신의 위치를 위협하는 부하는 교묘하게 말살시켜 버리는 일면도 있다.

이런 인간관계 우선형 상사와 원만한 관계를 유지하기 위해서는 그를 인간적으로 존중해 준다는 느낌을 주도록 하며, 필요에 따라서는 약간의 아부성(?) 언행을 하는 것도 필요하다.

■ 무사안일형 상사

조직이야 어떻게 되든 나만 잘되면 된다는 스타일이다. 따라서 자신의 업무 외에는 별로 관여하려 들지 않고 부하의 업무에 대해서도 무관심하다. 매사 수동적으로 일을 처리하며 조직을 위해 새로운 아이디어를 내는 경우가 거의 없다.

이런 무사안일형 상사 밑에 있으면 오히려 승진의 기회가 많이 찾아온다. 꾸준한 인내를 가지고 확실한 실력만 갖춰 나가면 무사안일에 빠진 상사 대신에 실질적인 업무가 자신을 중심으로 이루어지게 돼 있기 때문이다.

■ 빈 수레형 상사

언뜻 보기에는 모든 일에 적극성을 가지고 임하는 듯싶지만 실제로는 자기 주장은 거의 없이 다수의 의견을 좇는 스타일이다. 또한 겉으로는 유능해 보이지만 사실은 실속이 없는 유형이다.

이런 빈 수레형 상사는 자신의 일처리 방식이나 처세 스타일상 수세나 궁지에 몰리는 경우가 많다. 따라서 이러한 상사 밑에는 항상 객관적이면서도 합리적인 업무 처리 자세를 유지해야 한다.

■ 이상적 합리주의형 상사

업적을 중요시하면서도 부하들의 감정과 견해 또한 중시하는 스타일이다. 구성원들이 자발적으로 업무에 참여할 수 있도록 부서 내의 인간관계를 유연하게 운영하며 업무의 목표를 집단의 목표로 승화시킬 수 있는 능력의 소유자이기도 하다.

이런 이상적 합리주의형 상사 밑에 있으면 부하들도 자기계발과 업무에 충실한 인간이 된다. 다만 이러한 상사의 근처에는 인재가 많이 모이게 되므로 제2인자의 위치를 차지하기 위해서는 자신의 본질적 가치를 높이려는 노력이 필요하다.

직장의 미운 오리 새끼는 어떤 사람일까?

- 제대로 예의를 갖추지 않는 사람
- 겨우 시간에 맞추어 출근하고, 끝나면 부지런히 퇴근하는 사람
- 동료 직원들과의 활동에 동참하지 않는 사람
- 남의 의견이나 행동을 비방하고 공격하는 사람
- 사람에 따라 태도가 바뀌는 사람
- 남의 험담이나 소문을 즐겨 말하는 사람
- 지식이 있다는 것을 자랑하는 사람
- 곧 감정적이 되어서 대화하기가 어려운 사람
- 약한 사람을 못살게 구는 사람
- 자신만 바쁘다고 투덜거리는 사람

자신의 결점은 좀처럼 알기 어렵지만, 복잡한 인간관계 속에서 자신을 향상하려는 마음만 있다면 확실히 직장은 '자기계발 도장'이라고 할 수 있다. 미운 오리 새끼가 백조가 된 이야기와 같이 혹시 미운 오리 새끼로 취급되는 분이 있다면, 백조가 되기 위해 노력을 하라.

부하로서 듣는 법

만약 이쪽에서 먼저 인사를 했는데 상대방이 시큰둥한 반응을 보이거나 아예 외면해버린다면 누구나 무시당한 기분이 들어 불쾌해질 것이다.

당신이 길을 가다가 우연히 아는 사람을 만나서 '날씨가 덥군요.' 라고 했는데 '여름이니까요.' 하고 대답했다면 일단 몹시 썰렁해질 것이다.

당신은 아직 상대방의 본심을 알지 못했기 때문에 '어디 가십니까?' 하고 또 한 번 물었다. 그런데 상대방이 '보면 몰라요?' 하고 대꾸했다면 당신은 그런 사람과는 두 번 다시 아는 체도 하기 싫을 것이다.

똑같은 말이라도 상황에 따라서 그 의미가 달라질 수 있다. 특히 직장에서의 대화는 가정에서의 대화와는 달리 반드시 서로에 대한 이해가 전제되어야 한다. 아무리 친한 동료라 할지라도 자기 가족에 대해 알고 있는 것만큼 상대방의 속마음까지 알 수 있는 건 아니기 때문이다.

직책상 상하 관계에 있는 상사와 부하 직원은 말 한마디를 하더라도 신중하게 배려하고 선택해야 한다.

가령 부장이 업무 지시를 내리고 있는데 부하 직원이 말끝마다 '그건 저도 잘 알고 있다.' 혹은 '그거야 당연한 말씀이다.' 등으로 쐐기를 박는다면 부장은 불쾌해질 수밖에 없다.

본인의 진심이야 어떻든 이 말은 '당신은 너무 말이 많고 따분한 사람이다. 나도 그 정도는 알고 있으니 빨리 끝내라.'는 뜻으로 전달될 위험이 있다.

마찬가지로 '아무거나 상관없다'는 식의 표현법은 상사 앞에서 되도록 자제하는 게 좋다.

업무 지시를 받는 자리에서 '그건 저도 잘 알고 있다.'라는 취지로 말하고 싶을 땐 '네, 잘 알겠습니다.'라고 간단하게 대답하면서 고개를 끄덕임으로써 수긍의 뜻을 표현하면 그만이다.

또한 '아무거나 상관없겠죠.'라고 대답한 이유가 상사의 의견을 모두 존중한다는 뜻이었다면 차라리 '전, 부장님 의견에 전적으로 따르겠다.'라고 적극적으로 의사 표현을 하는 게 좋다.

도움을 청할 때도 그렇다. 개인적인 일 때문에 상사에게 폐를 끼치는 게 미안하다고 생각돼서 '안 된다면 할 수 없다만'이라는 단서를 달았다면 어휘를 잘못 선택한 것이 아닐까. 만약 그런 말 대신 '부장님이라면 절 좀 도와주실 수 있지 않습니까?'라고 했다면 부장의 체면도 살리고 자신의 절실한 입장도 한 번 더 강조하는 셈이 된다.

변명도 하기 나름_ 직장생활을 하다 보면 실수를 할 때도 있고, 자기 때문에 업무에 차질이 생길 수도 있다. 이럴 때 상사로부터 싫은 소리를 듣게 되는 건 당연한 일이다.

이렇듯 잘못이 있으면 지적받는 게 당연하다고 생각하면서도 뭔가 변명을 하고 싶은 게 사람의 마음이다.

때로는 일이 잘못된 이유와 구체적인 사실을 열거하는 쪽이 적절할 수도 있다.

부하 직원이 기안 서류를 제때 제출하지 않아서 화가 난 부장이 그 이유를 따져 물었다.

"다른 일이 너무 많아서 못했습니다."

"그럼 언제까지 할 수 있지?"

"내일 오전까지는 제출하겠습니다."

변명을 할 때는 자기 자신을 보호하기보다는 상대방의 권위를 세워주면서 사과의 의미가 들어가게 하면 효과 만점.

놀라운 것은 변명을 늘어놓는 대신에 자신이 상대방의 입장을 이해한다는 것을 보여 주면 그의 태도가 즉시 변한다는 사실이다.

적극적인 변명에는 세 가지 원칙이 있다.

첫째, 변명의 타이밍을 잘 포착하라.

둘째, 변명을 하되 정확하고 간결하게 하라.

셋째, 변명을 해야 한다고 해서 절대로 겁먹지 말라.

심리를 파악하라_ 상사가 적당하게 하게 한 말을 곧이곧대로 들었다간 낭패를 볼 수도 있다. 사람의 심리를 파악해 들을 수 있는 지혜가 필요하다.

• '적당하게'는 '내 지시대로'로 듣는다.

• '좋은 옷이군'은 '내일부터는 딴 걸로 입어라'로 듣는다.

• 상사는 당신의 듣는 자세를 보고 있다.

회의 중에 상사가 열심히 업무를 지시하거나 심각한 문제점을 이야기하고 있는데 다른 생각에 잠겨 탁상 위의 메모지에 낙서나 하고 있다고 한다면 이건 결정적 실수다.

상사는 이야기를 하고 있으면서도 부하들의 일거수일투족을 세심하게 관찰하고 있기 때문이다.

혼나면 '감사한다'_ 인간이라면 누구나 과오를 범하기 마련이다. 인간인 이상 누구에게나 약점이 있다. 그러나 자신의 잘못을 깨달았을 때 어떻게 이것에 대처하느냐 하는 데서 인간의 현명함과 어리석음이 나뉘진다.

사람이 과실을 뉘우치고 고침에 있어서 부끄러워해서는 안 된다. 상사로부터 잘못을 지적받았다면 그 자리에서 깨끗하게 자기의 잘못을 인식하고 빨리 사죄하는 것이 극히 현명하고 또한 타당한 일이다.

이와 반대로 자신조차 나쁘다는 것을 알면서도 쉽사리 이것을 인정하려 하지 않고 이러쿵저러쿵 변명을 하여 피할 곳을 찾고 심지어 여러 가지 사리에 맞지 않는 까닭을 붙여 도리어 이것을 정당한 것처럼 꾸미려 든다는 것은 그 사람 자신에게 있어서도 이보다 더 괴로운 일이 없을 것이며, 다른 사람이 보더라도 이처럼 보기 싫은 일은 없을 것이다.

칭찬을 받으면 '더 잘하겠다'라고 말하자_ 상사가 오랜만에 진정으로 격려의 말이나 칭찬의 말을 하는데 송구스럽고 민망해서 몸 둘 바를 몰라하며 생각지도 않은 말이 튀어나올 때가 있다.

일테면 '천만의 말씀, 이걸 어쩐다, 별말씀을 다 하십니다, 송구스럽다.' 등의 황당한 말들은 삼가도록 하자.

이럴 때를 대비해서 다음과 같은 말을 연습해 두자. '더 잘하겠다. 이게 다 김 국장님 덕분이다. 예쁘게 봐 주서서 감사한다.' 등등

중견 사원은 짧은 시간 동안 보고를 간결하게 할 수 있는 요령을 터득해야 한다.

보고할 때 어물어물 장황하게 말을 늘어놓는 사람이 가끔 있다. 듣는 사람은 초조하고 속이 탄다.

이럴 때 불쾌한 표정으로 상대의 말을 끊고, "그래. 요점이 뭔가?"라고 해서는 안 된다. 지루하더라도 끝까지 찬찬히 들으면서 상대가 말하는 것을 정리한다. 그러고 나서 "요컨대 이런 건가?"라고 묻는다. 상대가 "그렇다."라고 대답하면 "그렇다면 앞으로 보고할 때는 이런 식으로 하게." 하면서 보고하는 순서와 요령을 가르친다.

"시간도 없는데 왜 이렇게 질질 끌면서 이야기를 늘어놓는가?"라는 식으로 불쾌하게 재촉해서 안 되는 이유가 또 있다. 그렇게 하면 상대는 주눅이 들어 될 수 있으면 보고하러 오지 않으려 한다. 그러면 보고는 당연히 늦어진다.

나쁜 보고일수록 먼저 하자_ 보고에는 좋은 보고와 나쁜 보고가 있다. 좋은 보고는 드디어 목표를 돌파했다든가, 애를 먹고 있던 고객으로부터 결국 수주에 성공했다든가 하는 것이다. 나쁜 보고는 그 반대로 고객이 화내고 있는 것, 트러블, 사고나 클레임, 자신의 실수 등이다.

묻지 않고 내버려 두면 부하 직원은 좋은 보고는 빨리 하고 나쁜 보고는 늦게 한다. 상사가 기뻐할 좋은 보고는 누구든 시키지 않아도 한다. 반면 상사가 불쾌해할 나쁜 보고는 아무도 하고 싶어 하지 않는다.

그러나 조직의 요구는 이와 정반대다. 좋은 보고는 '잘됐군.'이라는 한마디로 마무리시켜도 되는 반면에 나쁜 보고는 상사가 즉시 처리해야만 하는 경우가 많다. 다른 부서에도 긴급하게 알려야만 하는 경우도 있다. 이것이 늦어지면 큰일이다.

트러블이 발생했을 때 그것에 대응하는 시기는 빠를수록 좋다. 늦으면 늦을수록 '성의가 없다.'고 상대로부터 욕을 먹게 되어 사후 수습은 더욱 어려워진다. 이는 금전과 신용 양면에서 엄청난 손실을 가져다 준다. 경험자라면 누구나 알고 있을 것이다. 나쁜 보고일수록 빨리 하도록 교육한다.

이것은 중견 사원의 단계에서 아주 중요하다. 평소 '나쁜 보고는 즉시 하라.'고 귀에 못이 박힐 정도로 말해 두는 것이 좋다. 이것은 가르쳐 주지 않으면 절대로 모른다.

나쁜 보고를 늦게 하는 원인이 상사에게 있는 경우가 많다. 좋은 보고 내용을 들으면 금방 싱글벙글한 표정을 짓다가 나쁜 보고 내용을 들으면 불쾌한 표정을 지으며 얼굴을 돌린다. 심지어는 '그래서 어떻게 할 건가?' '이거야 원, 아이들 심부름도 아니고 말야. 대책을 말해!'라는 식으로 윽박지르는 상사도 있다. 그러면 부하 직원은 '아, 나쁜 것은 대책까지 말해야 되는구나.'라고 생각하므로 보고의 타이밍은 점점 늦어진다. 결국 어느 날 갑자기 예상치 못한 보고를 받고 큰 소동이 일어나게 된다.

나쁜 보고를 받았을 때는 불쾌한 표정을 지을 시간이 없다. 곧 일어나 선두에 서서 부하 직원과 함께 수습에 나서 단시간 내에 해결해야 한다. 당신은 나쁜 보고를 들었을 때 어떤 표정을 짓는가? 상사의 얼굴 표정은 부하 직원의 보고를 늦추는 주범일 수도 있다.

상사의 속내를 간파하라_ 상사는 부하에게 자신의 있는 그대로를 보여 주지 않는다. 정도의 차이는 있지만 항상 위장을 하고 있다. 상사는 부하에게 유능하다는 인식을 심어 주고 싶어 하는 욕구가 있다.

이를 위해 자신의 업무나 능력을 과대 포장하여 떠벌이기도 한다. 그들은 부하들이 보내는 선망의 눈초리를 통해 자신의 능력을 인정받으려는 습성이 있다. 따라서 상사가 원한다면 존경의 눈초리를 보여야 한다.

그러나 마음 한구석에는 늘 객관적인 평가를 할 수 있는 냉정한 잣대를 갖고 있어야 한다. 상사의 허점이 성공 항로의 등대 역할을 하기 때문이다.

거짓말 간파법

"누군가가 거짓말을 하고 있다고 의심이 갈 때 그냥 믿는 체하는 것이 좋다. 그러면 대담해져서 더욱 심한 거짓말을 하여 정체를 폭로한다."

이는 철학자 쇼펜하우어가 한 말이지만 그냥 믿는 체하기에는 상황이 급박하거나 속이 뒤집히는 일이 있으니 그것이 문제다.

미국의 한 심리학자가 거짓말을 간파할 수 있는 방법이라는 것을 발표한 것이 있어 소개한다.

캘리포니아 대학교의 폴 에크먼 교수는 《거짓말하기》라는 책에서 거짓말을 하거나 상대방을 속이려는 사람은 자신도 모르는 사이에 부자연스러운 행동을 한다고 소개하면서 행동 유형을 미리 파악하고 있으면 상대방이 거짓말을 하는지를 쉽게 가려낼 수 있다고 한다.

거짓말하는 사람의 얼굴 표정에는 24분의 1초라는 상당히 짧은 순간 동안 미세한 변화가 나타난다.

에크먼 교수가 소개하고 있는 그 행동 유형을 보면 첫째는 과장된 웃음이나 놀란 표정을 짓고, 둘째는 몸짓과 얼굴 표정이 일치하지 않고, 셋째는 좌우의 얼굴 표정이 다르고, 넷째는 목소리까지도 부자연스럽다고 한다.

그런데 한 가지 더 주의할 점은 보통 대부분의 사람은 놀랄 때나 웃을 때의 표정이 단 4초 내지 5초밖에는 지속되지 않는다는 것이다.

그러니까 4초 내지 5초 이상 지속되는 웃음이나 놀람은 일단은 의심스럽다고 생각해야 한다.

여기에 다른 심리학자들의 학설(?)을 추가해 보면 다음과 같다.

- 손놀림이 어색하다. 예컨대 주먹을 쥐거나 호주머니에 넣거나 뒷짐을 져서 숨긴다.
- 얼굴 여기저기에서 이상한 짓을 한다. 예컨대 코를 만진다, 입술을 만진다, 볼을 쓰다듬는다. 이것은 '입이 참말을 할까 봐' 입을 다스리는 행위다.
- 자세가 불안정하다. 예컨대 몸을 자주 움직인다, 손가락 장난을 한다, 발을 흔든다. 이것은 빨리 그 자리에서 도망가고 싶다는 표시다.
- 간파당하거나 문책당할까 봐 수다스럽게 말을 한다.
- 맞장구가 많아진다.
- 긴장이 심해지면 웃음이 줄어들고 표정이 굳어진다.
- 대답에 유연성이 없어진다.

거짓말은 반복되면 습관이 된다. 또 문제는 그냥 믿는 체하다 보면 정체를 폭로하기는커녕 더욱 교묘하게 머리를 굴리는 사람도 있다는 점이 문제다.

직장 상사에게 인정받는 부하 직원 되기

■ 동료들을 내 편으로 만들어라.

입에서 입으로 전해지는 소문은 빠른 법이다. 특히 나쁜 이야기의 경우 더 그렇다. 동료들에게 나쁜 인상을 주게 되면 어느새 상사의 귀에 자신의 이야기가 들어갈 수 있다.

■ 상사에게 귀찮고 잡스러운 일들이 생기면 대신 처리해 준다.

단, 지나치게 아부하는 것 같은 인상을 주지 말고 '제 일을 하는 김에 해버릴까요?' '막간을 이용해 이것은 제가 할까요?' 하는 식으로 상사의 편의를 봐준다.

■ 상사가 지시한 일은 한 번에 끝낸다.

'○○ 씨, 그 일 다 됐나?'라고 물었을 때 항상 '예, 다 됐어요.'라는 대답을 할 수 있도록 준비하라.

■ 상사의 생각을 미리 읽어라.

상사가 무언가를 지시했을 때 '방금 처리했다.' 등의 대답을 할 수 있도록 준비하라.

■ 상사의 고민을 공유하라.

상사가 푸념처럼 던지는 고민들을 기억하고 있다가 둘만 있게 되는 기회가 오면 위로의 말을 건네라.

＊ 상사에게 없어서는 안 될 인물이 되도록 노력하라.

예를 들어 상사가 컴퓨터를 잘 다루지 못할 경우 내가 컴퓨터에 능통하다면 상사의 충실한 비서가 되어 줄 수 있을 것이다.

■ 영어 외의 외국어를 한 가지 이상 유창하게 할 수 있도록 노력하라.

■ 상사에게 사내에서 화제가 되는 소문이나 정보, 전체적인 분위기 등을 전해줄 수 있는, 정확하고 객관적인 정보통이 되어준다.

■ 상사의 업무 범위와 한계를 완전히 파악하라. 그러면 일을 완벽하게 처리할 수가 있다.

■ 업무 이외에 상사보다 뛰어난 무언가를 길러라. 예를 들어 볼링, 골프 등의 취미 스포츠 따위가 좋다.

■ 경조사에는 무조건 참석한다. 상사와 부하의 관계를 떠나 인간 대 인간으로 마주할 수 있는 기회다.

■ 상사의 약점을 은근히 덮어준다. 상사에 대한 불만이 부하 직원들 사이에 있다면, 이를 무마시켜 주려는 노력을 한다.

■ 상사에게 필요한 것에 대해 다양한 의견을 제시할 수 있도록 하라. 즉 언제 어디서든 세 가지 이상의 참신한 아이디어를 내놓을 수 있도록 준비하라.

■ 사소한 친절을 자주 베풀어라. 예를 들어 식사한 후에 음료수 한 잔이라도 자리에 올려놓는다든가, 자리를 비웠을 때 메모를 꼼꼼하게 한다든가 하는 것 등.

■ 취향을 파악하라. 상사가 좋아하는 색깔, 커피, 운동 등의 개성이나 취향을 파악하고 존중해 준다.

■ 다른 부서의 상사들과도 친밀한 관계를 갖도록 노력하라. 상사

들끼리의 대화에 내 이야기가 오르내리도록 하라.

 ■ 부서 공동으로 처리해야 할 까다로운 일들에 솔선수범하라.

 ■ 노는 자리에선 분위기 메이커가 되라. 부서 내에서 개그맨이란 별명을 얻으려고 노력하는 것도 좋을 것이다.

상사로서 듣는 법

인간은 상당히 복잡한 동물이다. 인간의 행동은 단순한 이유에서 비롯되는 경우가 많다. 이 구조를 발견하는 것이 상사의 일이다.

때로는 이야기를 찬찬히 들어주는 것만으로도 상대는 가슴에 맺힌 응어리를 풀 수 있다.

'상사는 항상 옳다.'라든가 '질병은 말도 안 된다. 병원에 갈 수 있다는 것은 출근도 할 수 있다는 증거다.' 혹은 '수술로 인한 결근 같은 변명은 더 이상 통하지 않는다. 회사일과 무관한 신체 일부는 모두 입사하기 전에 떼어내야 한다.'라는 식으로 막무가내로 대하면 어느 누가 상사를 따르겠는가?

상사는 항상 부하 직원의 말에 귀를 기울여야 한다. 그러나 나름대로 소신을 갖고 접근을 해도 아무도 밑에서 따라주지 않는 경우가 많다.

허심탄회하게 대화를 나누고 싶어서 일부러 술자리까지 만들어 뭐든 바라는 게 있다면 얘기해 보라고 종용해 봐도 잘되지 않는 것이 상하 간의 대화다.

이런 경우에는 불러서 흉금을 털어놓도록 설득해도 오히려 마음의 문을 닫아버리게 된다.

어떤 경우에는 상사로서 느긋하게 이야기를 들어주거나 안심하고 이야기할 수 있는 분위기를 만들어 주는 것만으로도 스트레스가 충분히 풀렸다고 생각한다.

따라서 민원 사항을 해결하듯이 부하 직원에게 고충이나 건의 사항을 말하라고 종용하는 것은 오히려 부담을 줄 수 있다. 들어 주는 것만으로도 치유와 위로가 된다는 것을 알아야 한다.

■ 부하 직원은 상사의 이런 면을 체크하고 있을는지 모른다.
• 나의 상사는 진정으로 나를 키워줄 마음이 있는가?
• 나의 상사는 진정으로 나를 키워줄 능력이 있는가?
• 나의 상사는 나를 자기의 출세를 위한 발판으로 삼는 것은 아닐까?
• 생색내는 일은 상사가 하고 어려운 일은 부하 직원에게 시키는 것은 아닐까?
• 내가 가지고 있는 능력에 대해서 제대로 알고 있는가?
• 나의 상사는 나를 신뢰하고 있는가?
• 나의 상사는 내가 본받고 존경할 만한 사람인가?

■ 부하는 잘 들어주는 상사를 따른다
항상 후배들을 잘 챙기는 친절한 상사가 있었다.

부서 회식날이었다. 1차, 2차, 3차까지 다 갔다가 엄청 취한 그는 후배들을 집에 보내려고 택시를 잡았다. 만 원을 손에 쥐어 주며

"어이, 김 대리. 신사동? 아저씨 이 친구 신사동이요."

만 원을 손에 쥐어 주며

"어이, 미스 김. 목동? 아저씨 목동이요."

만 원을 손에 쥐어 주며

"어디라고? 장안동? 아저씨, 이 친구 장안동이요."

만 원을 손에 쥐어 주며

"어디? 구의동? 아저씨 구의동이요."

이렇게 후배들을 다 보내고 난 뒤 자신도 택시를 탔다.

그 후 그는 그만 잠이 들어버렸는데… 깨어나 보니 자신이 전화 박스 안에 있는 게 아닌가.

그는 '내가 잠이 들어서 택시 기사가 집 근처에 내려놨나 보다.'라고 생각하고 전화박스를 나왔는데 일렬로 줄 서 있는 전화박스 5개 안에 어제 집에 보낸 후배들이 만 원씩 들고 자고 있었다.

날카롭고 패기에 찬 상사에게 흔히 있는 결점은 선두 지휘에 열을 올리면서 자기 의견만을 고집하기 쉽다는 것이다.

그러나 진정 부하에게 일하는 것을 명하여 직무를 성공적으로 수행하기 위해서는 잘 들어 주는 상사가 되지 않으면 안 된다.

예로부터 귀가 큰 사람은 후덕하다고 했는데 그 말의 의미를 잘 살펴보면 남의 얘기를 잘 들어 주는 사람이 세상을 바로 보고 일을 잘 수행해 나갈 수 있는 것이다.

상사는 철저하게 듣는 자세를 취해야 한다. 일에 대한 것, 가정에 대한 것, 스포츠나 취미에 대한 것, 부모에 대한 것, 학창 시절이나 고향에 대한 것, 무엇이든 좋으니 먼저 이야기를 들어 주어야 한다. 상대의 전체를 파악하기 위해 필요하다. 업무상 보이는 얼굴은 인생의 일부분에 불과하다.

이때 중요한 것은 철저하게 들어주고 맞장구를 잘 쳐서 상대가 즐겁게 이야기할 수 있는 분위기를 만드는 것이다. 설사 말도 안 되는 소리를 하더라도 중간에 가로막고 '자네야말로 문제야.' 하는 식으로 말해서는 절대 안 된다. 그렇게 되면 흥이 깨져서 다음 이야기가 나오지 않는다. 말하고 싶어도 꾹 참는다.

이야기를 들으면서 '지금 이 사람이 어떤 상태에 있는가?', '왜 그런 행동을 하는가'에 대한 원인이나 배경을 포착해야 한다. '저 놈은 틀렸다.'고 생각하지 말고 접촉해서 고쳐주는 상사가 인간적이고 발전적인 상사다.

■ 부하 직원들과의 문화적 공감대를 넓혀야 한다

어느 회사에 신입 사원이 입사했다.

사장: 그래, 자네 이름이 뭔가?

신입 사원: 네…. '김 씨'입니다.

그러자, 사장이 벌컥 화를 내며 말했다.

사장: 이것 봐! 여긴 막노동판이 아니야! 당신이 전에 뭘 했는지는 모르겠지만, 우리 회사에서는 이름을 그렇게 부르는 걸 허락하지 않아요. 그리고 나는 김 씨, 이 씨, 박 씨 이렇게 부르는 걸 정말 싫어한단 말이오. 앞으로 또 그런 식으로 얘기하면 당장 그만두게 하겠소! 이름을 다시 말해 봐요!!

그러자, 남자는 기가 죽은 듯 고개를 푸욱 숙이더니 "'김꽃사랑별사랑우주에서하늘을감싸안은우정'이요."라고 말했다.

잠시 침묵이 흐르고, 사장이 이렇게 말했다.

"… 그래. 좋아요, 김 씨. 집은 어디죠?"

요즘은 엔터테이너 기질이 있는 관리자들이 리더십을 발휘하고 있다. 부하 직원들과 격의 없이 어울려 놀 수 있는 사람, 유머 감각이 있는 사람, 마음이 열려 있어 부하 직원들의 말을 잘 수용할 수 있는 사람은 부하들이 잘 따르게 마련이다.

그리고 이런 상사에게는 항상 신선한 정보가 들어오기 때문에 합리적인 의사결정을 할 수 있을 뿐만 아니라 조직 내에서 공감대를 형성해 나가는 데도 유리하다. 반면에 까다로운 상사, 권위주의적인 상사는 정보 결핍에 시달리기 쉽고 새로운 일을 추진할 때 팀웍을 만들어 내지 못한다. 따라서 부하 직원의 말을 잘 들을 줄 아는 상사는 업무 성과가 높다.

■ 말하지 않아도 되는 일은 말하지 말 것

시아버지, 시어머니처럼 시시콜콜 간섭하려 하고 통제하려 하면 '째째하단 소리'를 들을 뿐만 아니라 부하의 창조성을 떨어뜨리고 자존심에 상처를 줘 '능률을 저하시키는 요인'으로 작용하고 만다.

■ 결론은 처음에, 질문은 마지막에

저녁에 집에서 쉬고 있노라면 아들 녀석이 '아빠, 성공 시대 해요, 빨리 오셔서 보세요.' 하면서 닥달을 한다. 아마도 그 녀석은 아빠가 좀 더 성공하기를 바라는 마음에서 그렇게 하는 것 같다. 아무튼 예전에 '성공 시대'에 시사영어사 민영빈 회장님이 나왔다. 역시 성공의 뒷언저리엔 모진 시련과 고통이 있었다는 것을 알 수 있었고 남다른 노력을 했고 강한 소신을 가지고 있었음을 확인할 수 있었다.

특히 그의 성공 요인 중의 하나가 미국에서 공부하면서 몸에 맨 습관이라고 말한 대목에서 필자도 공감했다.

'서양 사람들은 사람을 만나면 인사가 끝나자마자 본론을 얘기하고 나서 일상적인 이야기를 하는 반면 동양인, 특히 우리나라 사람들은 사무실에 찾아오면 쭉 다른 얘기를 늘어놓다가 일어설 때 찾아온 이유를 말한다고 한다.' 사실은 말일세…. 내가 자네를 찾아온 이유는 어려운 부탁이 있어서라네.' 이럴 때 상대방은 황당함을 느낀다고 한다.

■ 들어 주는 것이 아니라 같이 생각하고 같이 고민해 주는 모습이어야 한다

부하에게 관심을 보이는 것은 지도력 발휘에 아주 중요한 요건이다. 바쁜 시간을 쪼개서라도 조직원에게 관심을 보이며 말을 걸어라.

■ 평소에 부하에게 관심을 가져야 리스크를 예방할 수 있다

일뿐만 아니라 취미도 화제로 삼아 말을 걸어보라. 이런 간단한 대화 가운데서 조직원이 안고 있는 문제를 쉽게 파악할 수 있고, 빨리 발견하면 할수록 문제 해결도 빨라, 그로 하여금 작업에 전념할 수 있게 한다.

■ 나쁜 보고일수록 차분하게 듣자

관리자의 대부분은 자기 주장이 강하다. 오히려 그것이 없으면 부하를 리드할 수 없다고 봐야 할 것이다. 그러나 자기 주장이 지나치게 강하기 때문에 남의 의견에 귀를 기울이는 마음의 여유가 없는 관리

자도 많다는 것은 또한 사실이다.

특히 나쁜 보고일수록 차분히 들을 줄 아는 여유와 담대함이 있어야 한다.

성격이 까다로운 상사일수록 부하 직원이 어렵게 생각하는 것은 상사에게 불리한 보고나 나쁜 보고는 잘 듣지를 못하기 때문이다.

'그래? 그래서? 뭐! 그걸 말이라고 해!'

'그동안 당신은 뭐했어?'

얼굴이 붉으락푸르락해져서 하늘에서 천둥 치고 번개가 번쩍이는 것보다 더 험상궂은 표정으로 부하의 실책 보고나 어려운 보고를 듣는다면은 모든 대안이나 좋은 생각을 덧붙일 수 없다.

'그래, 알았어! 나가봐! 알았다니까… 나가보란 말이야!'

다시는 안 볼 것처럼 우르락푸르락 해 보아야 당신의 그릇이 그렇게 작다는 것밖에는 증명될 것이 없다.

어려운 보고일수록 침착하게 들을 줄 아는 상사가 부하들로부터 호평을 들을 수 있다.

■ 반대 의견에 반대하지 마라

정권이 교체되고 나면 '부정부패 척결, 개혁' 등을 부르짖으면 국정이 한참 동안은 속 시원하게 움직이는 듯하다가 임기의 중반부를 넘기 시작하면 서슬 퍼런 개혁의 주도 세력이 약화되어 가는 걸 경험했다. 이는 국정 책임자가 인의 장막에 둘러싸여 민심과 정국 흐름을 정확히 파악하지 못했기 때문이다. 반대 의견을 수용할 줄 모르는 포용력 부족의 한 단면이리라.

■ '어떻게 할까요?'에는 '자네는 어떻게 할 건가?'

한 부동산 세일즈맨이 고객에게 땅을 팔았다. 하지만 얼마 안 있어 그 땅이 물에 잠기고 말았다.

고객의 전화를 받은 세일즈맨은 사장에게 말했다.

"사장님, 별장을 샀던 고객이 화가 잔뜩 나서 지금 회사로 찾아오고 있는데요, 돈을 돌려줘야 하나요?"

그러자 사장이 화를 버럭 내면서 말했다.

"뭐가 어째, 돈을 돌려줘? 자네 뭐하는 사람인가? 어서 가서 그 사람에게 배를 팔라고!"

직장 내 좋은 대화법

공심위상(功心爲上)이란 마음을 공략하는 것이 상책이란 뜻이다.

상대방의 마음에 공감을 일으킬 수 있는 에너지가 EQ이다. EQ는 몇 가지 요소로 구성된다. 첫째, 자기 감정을 아는 능력, 둘째, 정서를 올바르게 표현하는 능력, 셋째, 자신의 감정을 잘 다스리는 능력, 넷째, 상대방을 이해하는 능력, 다섯째, 감정을 승화시켜 자기 발전의 에너지로 활용하는 능력이다. EQ지수가 높은 사람은 남과 쉽게 공감할 수 있다.

EQ지수가 높은 사람들은 온화한 얼굴, 부드러운 시선, 밝은 표정, 애정이 가득찬 목소리를 소유하고 있다(和顏愛語).

화안애어(和顏愛語) 즉, 사랑스러운 말과 표정은 굳게 닫힌 마음의 문을 열게 한다. 그것은 훈훈한 에네르기를 발산한다. 어두운 인생의 길목에 희망찬 한 줄기의 빛을 보내는 것이다.

상대를 움직인다는 것은 상대에게 자기가 생각하는 것과 같은 생각을 갖게 하는 것, 자기가 기대하는 대로 행동하게 하는 것이다.

그러려면 어떻게 해야 할 것인가?

■ 불만을 말할 수 있는 분위기를 만들자

한 회사의 사장이 출근을 해서 아침마다 직원들 앞에서 늘 유머 한마디씩을 했다. 그때마다 모든 직원이 웃었다. 오늘도 변함없이 사장님이 흥미진진한 표정으로 유머 있게 말했는데도 한 사원은 전혀 웃지 않고 있었다.

사장이 궁금하여 물었다.

"자네는 왜 웃지 않나?"

"전 이젠, 웃을 필요가 없어졌어요."

"그게 무슨 말인가?"

"저 내일 회사 그만두거든요."

"…."

불만을 말할 수 있는 분위기에서 창의력도 생기고 의욕도 샘솟는다. 평소 불만을 말할 수 있는 민주적인 분위기가 중요하다.

■ 마음으로 통하지 않을 때 말이란 도구를 사용하라

젊은 철학자 에머슨이 대사상가인 칼라일을 방문했다.

두 사람은 호수 주변의 산책로를 말없이 걸었다. 해질 무렵에는 모두 지그시 눈을 감고 깊은 사색에 잠겼다.

두 사람은 단 한마디 대화도 나누지 않았다. 그런데 저녁 때 에머슨은 매우 기쁜 표정으로 이런 작별 인사를 했다.

"오늘 선생님께 정말 많은 것을 배웠습니다."

칼라일은 밝은 표정을 지으며 에머슨의 손을 꼭 잡았다.

"나도 자네에게 한 수 배웠네. 자네는 매우 훌륭한 철학자가 될 것일세."

두 석학은 '침묵' 속에서 많은 것을 알았다. 그래서 서로 침묵의 시간을 깨뜨리지 않았던 것이다.

그 은밀한 침묵 속에서 두 석학의 사상과 마음이 서로 교감되고 있었다. 두 석학은 상대방의 마음을 읽고 있었던 것이다.

사람들은 어떤 모임이든 참석하게 되면 자기를 내세우기 위해 모든 방법을 다 동원한다. 그것을 필자는 '노래방 마이크 쟁탈전'이라 부르고 싶다.

한번 잡으면 자기의 레파토리를 다 털어놓아야 속이 후련해지는 심리가 바로 그것이다.

주제나 모임의 취지와 관계가 전혀 없는 말이라도 한말씀 하셔야 체면이 서는 것처럼 자신의 얼굴을 세우려 골몰하는 사람이 얼마나 많은가?

그런 회합 장소에서 한마디 말도 못하면 숙맥인냥 말을 섞으려고 늘어놓는 말 잔치 속에서 우리는 한 번쯤 위의 예화를 되새길 필요가 있다.

침착한 고양이는 소리를 내지 않고 피아노의 건반 위를 걸을 수 있다. 그러나 놀라거나 흥분한 상태에서는 요란한 소리를 낸다. 사람도 마찬가지다. 흥분하면 지혜와 총명이 날아가 버린다.

- 충분히 생각하고 가슴으로 말하라.
- 따뜻하게 말하라.
- 훌륭한 청자가 되라.
- 경청하고 있다는 반응을 보여라.
- 상대방에게 말할 기회를 주어라.
- 이야기 도중에 끼어들지 말라.
- 협력을 구하는 식으로 말하라.
- 유머(humor)를 사용하라.
- 입장을 바꿔 생각하고 말하라.
- 정확하게 말하라.
- 요점을 확인하면서 들어라.
- 말을 가려서 하라.

일상이 되어 버린
면접인터뷰에 대비하라

**면접이나 인터뷰는 일약 스타덤에 오를 수 있는 최고
의 기회**

　면접이나 인터뷰는 취업이나 승진 혹은 대입의 관문으로 인생의
갈림길이 될 수 있는 큰일 중의 하나다. 기업에서 인재의 채용은 가장
중요한 투자 중의 하나이며, 유능한 인재의 확보는 기업의 생사와 직
결된다. 기업 입장에서의 유능한 인재란 서류나 필기시험에서 높은
점수를 얻은 사람이 아니라, 잠재력과 가능성을 지닌 사람을 말한다.
유능한 인재를 확보하기 위해서 면접이 중요시되고 있다. 이처럼 중
요한 면접은 채용하고자 하는 인재의 자질과 사람됨을 관찰할 수 있
으며 면접 과정에서 암기 위주의 지식보다는 잠재력과 의욕을 더욱
중시하고 있다. 그리고 기업의 문화, 분위기, 특성을 조화시킬 수 있
는 사람을 분별할 수 있는 것이 면접이기 때문이다. 더구나 오늘날은

매스미디어 시대다. 신문이나 텔레비전뿐만 아니라 채널 방송이나 인터넷 방송 등에 의해 우리들은 언제 어디서나 카메라에 노출되어 있으며 시시때때로 돌발적인 인터뷰에 응하게 된다.

면접이나 인터뷰 혹은 기자 회견 등에서의 답변 요령은 공통점이 많다. 말솜씨보다 중요한 것은 태도와 진정성이다. 좀 더 진지한 태도로 최선을 다하는 모습을 보여야 한다. 가식적이거나 형식적인 답변은 면접관에게 강하게 어필할 수 없다. 소신껏 명분을 확보하여 말하는 습관이 중요하다. 외우거나 뻔한 답변으로는 좋은 결과를 기대할 수 없다. 윤치영 박사는 평소의 생각인 소신을 가지고 질문의 의도에 맞는 핵심적인 답변을 키워드를 풀어가는 즉흥적인 답변과 순발력을 키우는 데 중점을 두어 캠코더로 촬영한 후 피드백을 거쳐 자신감을 갖도록 반복 학습시킨다.

면접관이 보기에 찾았던 인재상으로 각인시키는 면접 인터뷰 요령을 알아 보자. •**결론부터 이야기한다.** 처음부터 과정이나 상황을 설명하다 보면 장황하게 늘어놓게 되면서 말하고자 하는 핵심을 놓칠 수 있기 때문이다. •**가급적 간결하게 말한다.** 그러려면 키워드로 결론을 말하고 그 결론에 대한 구체적인 사례를 들어 설명하는 것이 요령이다. •**말끝을 분명히 한다.** 어느 사실에 대해 확신이 없거나 자신이 없을 때 말끝을 흐리는 경우가 많은데 말끝은 흐려버리면 반대로 확신적이지 못하거나 자신감이 없어 보인다. 말끝에 힘주어 명쾌하게 말하는 습관이 무엇보다 중요하다. •**자신의 언어로 이야기한다.** 대개 인터뷰나 면접 시 예상 질문을 뽑아서 그 대답을 문장으로 작성하여 연습하다 보면 본인의 의지나 소신은 온데간데 없어지고 수식어로 포장된 출처 불명의 말을 늘어놓게 된다. 따라서 질문에 대한 평소의 소신을 확신적으로 표현하고 명분을 세워 결론지으면 더욱 설득력 있는 답변을 할 수 있게 된다. ㆍ**모든 질문에 대해 적극적으로 답한다.** 내 관심사나 영역(소임)이 아니라고 '나는 모른다'는 식의 반응이나 태도는 공무원 사회에서 말하는 '복지부동'과 무슨 차이가 있겠는가? 내 영역(소임)이 아니더라도 최선을 다하는 모습에서 상대에게 감동을 줄 수 있는 기회가 될 수 있다. 다음으로 간과해서는 안 되는 부분이 면접이나 인터뷰를 할 때의 금기 사항이다. ㆍ**지나치게 유창하게 말하려 하지 말아야 한다.** 유창하게 말해야 된다는 강박관념이 인터뷰나 면접을 망치는 경우가 허다하다. 아나운서가 아닌 다음에야 유창하게 말해야 될 이유가 없다. 때론 매끄럽지 못하더라도 진정성만 있다면 오히려 인간미를 제대로 보여줄 수 있다. 유창하고 완벽하게 해 내겠다는 강박관념이 오히려 일을 그르치고 많다. 결코 실수를 두려워하지 말고 성실한 태도와 정성스러운 마음으로 진지하게 임하면 될 것이다.

인생의 관문 면접, 인터뷰 성공 포인트

최근 대기업들까지 채용 인원이 줄어들고 점점 다양한 면접 형태가 등장하여 취업준비생들의 어려움이 더욱 커짐에 따라 오히려 면접 시 더욱 긴장하게 되는 학생이 많아지고 있다. 취업준비생들이 면접을 볼 때 긴장을 하는 습관이나 자신감 없이 말하는 습관을 제대로 개선하기 위해서는 우선 이 상황이 단순히 스피치나 발표가 아닌 취업 면접이라는 상황임을 제대로 이해하는 것이 중요하다. 면접에 대한 자신감을 가지기 위해서는 가장 먼저 면접을 보게 되는 기업이 지원 직무 지원자에게 원하는 바를 '매우 구체적'으로 이해하고 이에 따라 자신이 가지고 있는 여러 경험이나 자질 중 어떤 것들을 어필해야 하는지, 그리고 그중에서 어떤 것이 핵심적으로 타 지원자와 차별할 수 있는 부분인지 명확히 인지하여 그 구체적인 내용을 마련하는 것이 무엇보다 중요하다. 또한 본인의 약점이나 단점을 객관적이고 정확하게 인식할 필요가 있다. 두려움, 공포의 가장 큰 원인은 '무지', 즉 알지 못하는 것에서 비롯된다. 공포영화를 볼 때도 귀신 그 자체보다 언제 어디서 귀신이 나올지를 알지 못한다는 것이 무서움을 자아내듯 말이다. 면접에 대한 두려움 역시 마찬가지다. 면접 잘 보는 법, 면접 자신감을 찾는 법, 면접 볼 때 긴장하지 않는 근본적인 방법은 결국 면접을 보게 될 기업과 직무, 그리고 자신과 경쟁자들의 차이를 정확히 파악하고 이해하여 이를 기반으로 자신이 면접관에게 어필할 수 있는 내용이 무엇인지를 정확히 '알아내는 것'에서부터 출발해야 한다. 먼 곳인 제주, 전주, 울산, 천안, 청주 등에서도 윤치영 박사를 찾는 이유는 바로 이런 것을 잘 짚어주기 때문이다. 면접이나 방송 인터뷰를 할 때 짧고 분명하게 그리고 임팩트 있는 메시지를 구현해야 한다. 면접이나 인터뷰를 길게 하면 편집 포인트를 놓치는 경우도 있고 면접관의 질문 의도에서 빗나간 답변을 할 수도 있다.

면접장에 들어서면 잘해야 된다는 강박관념에 사로잡히기 때문에 긴장해서 평소의 실력을 발휘하지 못하는 경우가 많다. 평가받고 있다는 강박관념이나 꼭 합격해야 한다는 중압감에서 벗어나려면 "연습은 실전과 같이 실전은 연습과 같이"란 말을 상기하기 바란다. 연습은 실전과 같이 진지하게, 실전은 연습과 같이 가볍게 임해야 하는 것이다.

가볍게 임하려면 면접관에게 '나의 진정성을 대화하듯이 알려야 한다.' 잘 보여야 한다는 생각에 청산유수와 같이 유창하게 말하려고 하면 진정성이 떨어져 영혼이 담기지 않은 나의 생각과는 거리가 먼 엉뚱하고 의례적인 답변으로 본인의 진정을 알리지 못하게 된다. '나의 의지(Will)을 열정(Passion)으로 전달하는 것'이 무엇보다 중요한 면접 포인트이며 삶의 기술이다. 필자가 늘 강조하는 원칙이 있다. 첫째는 '키워드(key word)로 말줄기를 잡아 평소의 생각으로 답변하라.'는 것이고 둘째는 '과장하거나 수식하지 말고 소신과 명분을 세워 진정성을 담아 말하라.'는 것이다.

면접이든 인생이든 문제를 풀어갈 때는 이치대로 순리적으로 풀어가야 한다. 질문에 대한 답변을 외워서 그럴듯하게 답변하려 하거나 억지로 꿰맞추려고 하지 마라. 설득력이 없을 뿐더러 진정성을 상실하고 만다. 이치를 파악해서 순리적으로 대응하라. 그래야 설득력을 가질 수 있다. 인생이든 면접이든 항상 소신 있게 임하고 명분을 확보하라.

• 가식 없이 진솔하게 이야기하라(Half-Honesty → Half-Life). • 가장 중요한 메시지는 완전히 소화하여 설득력 있게 얘기해야 한다. • 번쩍이는 액세서리는 착용하지 마라. 시청자로부터 거부 반응을 불러일으키기 쉽다. • TV 방송 인터뷰의 경우 자기의 자세에 주의해야 한

다. 몸을 좌우로 움직이면서 답변하면 침착성이 없어 보인다. •같은 질문을 받더라도 답변을 되풀이하라. 답변의 일관성을 잃지 않아야 한다. •침착하라. 질문자의 음성보다 낮은 목소리로 되도록 부드럽고 조용하게 이야기해야 한다.) •TV에 출연하여 신문 기사 내용을 언급하지 마라. 기사화된 내용을 말하더라도 신문 기사라는 출처를 밝히지 말고 자연스럽게 말하는 것이 좋다. •평소에 연습하라. 핵심 부분에 대해 얘기를 하며, 자연스럽게 보이도록 사전에 반복적으로 연습하라.

언론을 잘 이용할 줄 알아야 성공한다

우리는 무슨 일이든 정상의 자리에 오르기 위해서는 언론의 관심을 끌어야 하고, 언론을 잘 이용할 줄 알아야 한다. TV 회견이나 기자회견은 세인의 관심을 끌고 사건을 알릴 수 있는 절호의 기회다. 토론 프로그램 같은 경우 일약 스타덤에 오를 수 있는 좋은 기회가 되기도 한다.

뉴스, 신문 등의 언론을 통해 자신이나 기업에 유리한 쪽으로 여론을 조성하기 위해 기사화하여 독자들에게 제품이나 기업문화 혹은 행사를 알리는 것을 말한다. 줄여서 '언플(언론플레이)'이라고도 한다. 대개 연예인이 언론을 통한 홍보 활동 중에서 약간 오버하는 모양새를 가리킨다. 특정 유명인과의 친분으로 기사를 내거나 영양가 없는 건수를 기사화하는 경우에 핀잔과 함께 언플이라든가 노이즈 마케팅이라든가 하는 소리를 듣곤 한다. 예를 들자면 스포츠 스타가 활약하면 뜬금없이 연예인 지인과 관련된 내용이 기사화되는 경우다. 연예인의 스캔들 기사나 드라마를 방영할 때 수시로 뜨는 홍보성 기사 역시 마찬가지다. 여론을 모으기 위한 언론 활용. 연예인은 물론이고 정치인들, 기업가들도 이 언플을 자주 하며 위의 언플은 주로 자신에게 유리한 쪽으로 여론을 조성하는 것을 말한다. 언론플레이 방법으로는 취재나 인터뷰도 있지만 사전에 보도 자료를 작성하여 배포하는 것이 효과적일 때도 있다. 보도 자료 작성 시 인물이나 사건에 언론의 취재 경쟁이 있을 경우 프레스 키트나 보도 자료를 통해 능동적으로 PR에 임해야 한다. 보도 자료는 언론 매체에 보도되게 하기 위한 목적으로 작성된다. 따라서 시의성(時宜性)과 뉴스로서의 가치가 있어야 한다. 또 근거가 확실한 자료일 때만 언론에서 취급하게 된다. 언론의 오보에 대응하는 방법으로 사용되기도 한다.

보도 자료를 만들 때 주의할 점을 다음과 같이 정리해 보겠다.

- 짤막한 단락과 간단한 문장으로 써야 한다.
- 보도의 6하 원칙(5W1H)이 빠짐없이 들어가 있어야 한다.
- 양이 너무 많은 것은 좋지 않다. 보통 3쪽 분량이면 충분하다.
- 보도 자료의 양이 많을 경우에는 반드시 요약문을 서두에 넣어 한눈에 전체의 내용을 파악할 수 있게 해주는 것이 좋다.
- 추후 연락을 할 수 있도록 말미에 홍보 담당자의 이름과 전화 번호를 명시한다.
- 자료 상단에 일련 번호와 '보도 자료'라는 것을 명시한다.
- 언론과의 약속은 무조건 지켜야 한다.

■ 언론 기관의 마감 시간을 고려하여 적절히 배포한다.

언론사에서 보도 가치, 즉 뉴스 가치가 있다고 판단할 만한 정보를 밝히고자 할 때에 기자 회견을 통한 홍보를 할 수 있다. 일반적으로 기자 회견이라고 하면 대통령의 연두 회견처럼 한 기관의 장이나 인사가 다수 기자를 상대로 하는 회의 방식의 회견을 뜻한다. 이러한 회견을 미국의 언론 용어로는 프레스 컨퍼런스(press con- ference)라고 한다. 반면에 한 기관장이나 인사가 한 사람 또는 몇 명의 기자를 상대로 하는 1:1 또는 1:소수의 기자 회견을 인터뷰(interview)라고 한다. 단독 회견일 때는 주로 인터뷰라고 한다.

- 시선을 어디에 두느냐는 한 사람이 표출할 수 있는 중요한 이미지 중의 하나다.
- 대답을 할 때는 항상 인터뷰어의 눈을 들여다 본다. 마이크에 잘 받도록 가능한 한 낮은 피치로 얘기한다.
- 아주 중요한 점을 강조할 때 외에는 카메라를 직시해서는 안 된다.
- 카메라가 자신이 시청자에게 보여주는 것을 정확히 잡아야 할 때는 모니터를 본다.
- 패널로 나갔을 때는 다른 패널의 눈을 쳐다본다. 시선을 옮길 때는 한쪽에서 다른 쪽으로 서서히 옮긴다.
- 카메라와 음향 기기가 항상 켜져 있다고 생각하고 말과 행동을 조심한다.
- 대중은 자신감 넘치고 친근감 있게 보이는 사람에게 호감을 느낀다. 반면에 지나치게 진지하거나 겸손한 모습은 시청자에게

자신감이 부족한 것으로 비쳐질 수도 있다. 또한 웃음이나 인상, 제스처 등은 사람의 이미지를 결정하는 중요한 요소다. 인터뷰 리허설은 언어적 요소뿐 아니라 비언어적 요소인 비주얼까지 꼼꼼히 챙겨야 한다. 그래서 윤치영 박사는 캠코더를 활용해 언어적 요소뿐 아니라 비언어적 요소까지 분석해 트레이닝시키는 것으로 유명하다.

토론술은 방송과 면접의 필수 코스

요즈음엔 말을 못하면 어딜 가든 대접받지 못한다. 그래서 직장인, 기업인, 사회 지도자, 주부 등 다양한 사람들이 말을 잘하기 위해 윤치영 박사를 찾아온다. 논리적인 말, 설득력 있는 말, 공감하는 말 등 화력(話力) 혹은 말빨을 키우는 데에는 토론만큼 좋은 훈련이 없다.

서양에서는 고등학교 시절부터 토론 훈련을 받고 있으며, 특히 대학에서는 토론부가 운동부 이상으로 그 대학의 대외적인 명성을 크게 좌우하고 있다. 그런데 우리나라의 고등학교나 대학에서는 토론에 대한 학습이나 훈련이 거의 실시되지 않고 있는 실정이다.

그래서 우리나라는 서구의 선진국에 비하여 토론이 보편화, 생활화되어 있지 않다. 우리 민족이 대체로 논리적인 사고력이 결여되어 있는 반면에 매우 정적(情的)인 까닭도 토론의 빈곤에서 찾을 수 있을 것이다

토론(討論, debate)이란 어떤 논제에 대하여 찬성자와 반대자가 각기

논리적인 근거를 발표하고 상대방의 논거가 부당하다는 것을 명백하게 하는, 말하기의 한 형태다. 따라서 토론은 토론자 자신이 찬성하고 있는 것에 대한 진리나 의견 등 구체적인 주장이 상대방에게 인정되고, 상대방의 반대 주장을 설복(說服)시키려는 의도로 행해진다.

토론은 넓은 의미에서 토의의 일종이다. 그런데 협의의 토의와 토론의 차이점을 살펴보면, 토의가 문제의 해결을 위한 의견의 일치를 얻으려고 서로 협동하여 이야기하는 형식이라면, 토론은 의견의 일치를 구하려는 점에서는 토의와 같지만 문제의 대립점에 대하여 긍정과 부정으로 갈려서 대립 양상을 전면적으로 보여준다는 점이 다르다.

토론은 흔히 사상이나 입장이 다른 두 사람 사이에 주장하는 바가 대립되고 모순이 생겼을 때 그 주장과 반대 주장과의 적부(適否)를 결정하기 위하여 이루어지는데 오늘날의 민주 사회에서는 토론이 국제연합 회의나 국내 의회는 물론 행정, 사법, 교육, 경제 등의 여러 분야에서 대단히 중요한 역할을 하고 있다.

토론을 할 때 찬성자와 반대자의 사상이나 처지는 다르다. 어떤 특정 문제에 대한 의견, 해결 방안, 결론 등이 미리 정해져 있어서 상호 대립되는 관계에 있다. 자기 주장의 근거나 증거를 제시해서 자기 주장의 정당성을 상대방에게 알린다. 상대방의 주장이 근거 없음을 논박한다. 주장하는 바의 서술은 설득하는 방법에 따르지만, 논리적인 방식을 쓴다.

토론도 주최자에 의해 일정한 장소에서 형식을 갖춘 후, 특정 문제에 대하여 찬성과 반대 주장으로 나뉘어 순서에 따라 각자 상대방의 주장을 논파하고, 자기 주장을 논거를 들어 뒷받침하는 것이다. 토론의 논제가 공공적이고, 공개된 장소에서 다수의 방청자 앞에서 행해지면 이것을 공개 토론이라고 한다.

토론의 요령은 따로 형식적인 것이 없다. 토론의 논제나 대상에 따라 토론의 요령도 달라진다. 원칙적인 토론의 요령은 다음과 같다. 자기 주장을 분명히 제시한다. 상대방의 토론의 근거가 되는 사실이나 논거를 일단 인정한다. 자기 토론의 근거가 되는 사실이나 논거가 한층 가치가 있고, 신뢰성이 있음을 분명하고 힘있게, 그리고 간결하게 말한다. 상대방이 제시한 논거나 상대방의 입장을 여러 각도에서 문제시하고, 그 약점을 주의 깊게 고찰하며, 냉철하게 이유를 내세워 약점을 지적한다. 자기 토론의 요점을 명백히 되풀이한다. 필요에 따라 상대방을 납득시켜 자기 주장에 동의하도록 하고, 때로는 특정의 행동을 하게 한다.

토론의 규칙은 토론자들은 반드시 토론의 규칙을 반드시 지켜야 한다. 토론의 규칙에는 다음과 같은 점이 포함된다. 시간의 제한, 발언 시간과 발언 순서의 규정 등이다. 긍정 측부터 발언을 하도록 하며, 마지막 발언도 긍정 측이 하도록 한다. 이것은 긍정 측이 여러모로 불리한 점이 많기 때문이다. 논제는 하나의 주장을 포함하는 긍정 명제로 한다. 논박의 시간은 양측에게 똑같이 주어진다.

유대인의 하브르타와 잭 웰치 회장의 워크아웃 미팅(work out meeting)

세계에서 가장 노벨상을 많이 타는 민족, 가장 부유하며 똑똑하다고 평가받는 민족인 유대인! 그들은 왜 이렇게 세계의 부와 지식을 독점하고 있는 것인가? 그 해답은 바로 하브르타와 교육에 있다. 어린 시절부터 대답보다 질문을 하게 하는 교육에 익숙한 유대인 자녀들은 집에서나 학교에서나 호기심을 가지고 끊임없이 질문한다.

무조건 외우고 시험 보는 우리나라의 교육 방법에서 질문은 곧 수업 진도를 방해하는 부정적 요소로 왜곡되어 있다. 이런 교육 환경에서는 창의력과 상상력이 풍부한 인재들을 배출할 수 없다. 우리나라의 미래를 위해선 반드시 하브르타 같은 질문하는 교육이 진도 빼기 교육을 대체해야 한다고 생각한다.

유대인의 문화 전체를 일컫는다고 할 수 있는 하브르타, 그 어원은 히브리어로 '하베르'로 '친구', '짝'이라는 의미를 갖고 있어서 작게는 짝을 지어 서로 질문하고 대화하면서 토론과 논쟁하는 것이다.

하브루타에서 가장 중요한 것은 바로 질문이다. 우리 나라 부모님들은 아이가 하교하면 그날 배운 내용을 묻지만, 유대인 부모는 질문의 내용을 묻는다고 한다. 유대인들은 학교에 보낼 때도 "선생님께 질문 많이 해라."라고 말하고 집에 돌아오면 "오늘 선생님께 무슨 질문 했니?"라고 묻는다. 질문은 스스로 생각하지 않으면 할 수가 없다. 질문을 하면 생각하는 습관이 자연스럽게 몸에 배게 된다. 틀린 답을 말해도 정답을 알려 주지 않고 더 깊이 있게 생각해서 스스로 답을 생각해 내도록 다시 질문으로 답하도록 해야 한다.

질문하면 소크라테스식 질문법이 떠오른다. 소크라테스의 산파 질문법이 바로 그것이다. 소크라테스는 자기 스스로 이제 새로운 지혜를 얻을 수 있는 능력은 없으나 다른 사람들이 그것을 얻는 것을 도와 그 지혜의 진위(眞僞)는 식별할 수 있다고 하면서, 자신의 활동을 어머니의 직업인 산파에 비유, 산파술(maieutike)이라고 불렀다.

질문하고 토론하는 것이야말로 생각하는 힘을 길러 주는 것뿐만 아니라 뭔가를 외우고 알게 하는 것보다 뇌를 자극해 사고력을 높여 안목과 통찰력, 비판적 사고력을 길러 주는 것이다.

잭 웰치가 GE의 회장으로 재임하던 시절 기자로부터 "당신이 회장으로 있는 동안 가장 잘한 것은 무엇인가?"라는 질문을 받고 '워크아웃-타운미팅을 GE에 도입한 것'이라고 답했고, 한편 가장 후회하는 것에 대한 질문에는 '워크아웃-타운미팅을 진작에 도입하지 못한 것'이라 답했다. 즉, GE가 세계에서 순이익률이 가장 높고 시장 가치가 높은 기업, 세계에서 가장 존경받는 기업으로 탄생하게 된 기초가 바로 워크아웃-타운미팅 프로그램인 것이다.

잭 웰치는 상급 관리층이 하급 관리층에 지시하고 그는 다시 사원에게 지시할 뿐 사원에게는 일하는 것만 요구되고 상사와 대화하는 풍토가 없다는 게 GE의 계층적 조직 구조라고 생각하였다. 그리하여 사원은 상사에게 직접 제안하고 상사는 되도록이면 그 자리에서 즉각 답할 수 있고 자유롭게 이야기할 수 있는 분위기를 만들어 주기 위한 방법을 찾았다.

워크아웃 미팅(work out meeting)은 '끝장을 보는 회의'라는 뜻으로, 잭 웰치 회장에 의해 기업 문화 혁신을 위한 혁신 수단으로 주창되었다. 자유롭고 거침없는 토론으로 시간과 노력의 낭비 없이 기업 내·외부 간의 장벽을 제거할 수 있으며, 반짝이는 아이디어와 기업 혁신의 경험을 즉시 제도화할 수 있는 회의 기법이다. 회의 참석자들이 주제를 선정해 구체적인 개선 대책을 의사결정권자들에게 제시하면 개선책 실시 여부를 그 자리에서 결정하는 즉결식 회의시스템이다. 이 방법의 목적은 경영 목표 달성을 위한 실천 방안 도출, 조직 구성원 간의 커뮤니케이션 강화, 갈등 해소, 동기부여, 조직 활성화 등에 있다. 한 가지 단점이라면 회의가 너무 빨리 진행돼 성과가 제대로 남지 않을 때가 있다는 것이다. 다시 말해 토론 없이 즉흥적으로 의사결정이 이뤄지는 회의 방식일 수도 있다. 따라서 워크아웃 미팅을 회의 기법으로 채택할 때는 사전에 미리 진행 과정을 짜임새 있게 구축하는 것이 바람직하다. 즉 명확한 주제 선정과 그 틀에 따른 논의가 이루어질 때 성공적인 회의 결과를 이끌어 낼 수 있다. 쉽게 말해서 계급장 떼고 터놓고 얘기하고 뭔가 좋은 아이디어를 도출하는 소통법이다. 워크아웃 미팅이란 자유스럽고 거침없는 분위기에서 토론을 진행하는 회의 방식을 말하며, 이를 통해 신속한 의사결정과 문제의 해결점을 찾는다.

우리는 '듣고 외우고 시험 보고 잊어라.' 식의 시험 보기 위한 교육을 받았다. 그래서 시험 문제에 안 나오는 문제에 대해서는 전혀 관심이 없다. 그들은 정답 맞추기 기계였을 뿐이다. 하부르타 교육은 끝없는 질문과 응답을 통해 대화와 소통이 될 수 있도록 해준다. 질문과 응답식 교육이 필요하다. 이 방법은 끊임없는 질문에 질문을 통해 스스로 터득하는 사고 능력을 키워주기 때문이다. 윤치영 박사는 화술 경영으로 유대인의 하브르타와 잭 웰치 회장의 워크아웃 미팅(work out meeting)을 강력히 추천하고 있다.

다시 시작합시다

집안에서는 아기 울음소리가 들려야 하고, 사무실에선 전화 벨 소리가 울려야 합니다. 한참 끊겼던 전화 벨이 울리기 시작했습니다. 전화 벨이 울린다는 것은 그동안 '사회적 거리 두기'로 사회 전반이 멈춰 있었는데 사회가 움직이기 시작했다는 증거이지 않을까요?

멈춰 있는 동안 얼마나 많은 것을 생각했는지 모릅니다. 우선 일상이 얼마나 귀하고 소중한지 알았고 세상이 결코 만만치 않다는 것을 알았습니다. 하고 있는 일이 귀하고 사람이 소중하다는 것을 새삼 깨닫게 되었습니다.

다행히 저의 관록을 인정해 주는 듯하기도 합니다. 가까이에서 멀리에서 묻지도 않고 따지지도 않고 찾아옵니다. '윤치영'이란 브랜드가 입소문을 타고 있는 것 같습니다. ㅎㅎㅎ…. 제가 어느덧 '레전드'라고 불리고 있으니까요.

세상 사람들은 저를 스피치의 레전드라 합니다.

"스피치계의 레전드인 윤치영 교수님을 뵙게 되어 영광입니다."

"ㅎㅎ… 감사합니다만 왜 제가 레전드입니까?"

"네, 교수님, 제가 대학 시절 스피치에 관한 책을 사서 보다 보니까 대여섯 권이 되었는데 다 '윤치영'이란 분의 책이었습니다. 그분이 앞에 계시네요. 스피치의 레전드이십니다."

1998년도부터 지금까지 어언 23년간 책을 써 온 일, 2021년 5월 중에 《거침없이 말하려면 잡담력을 키워라》란 책이 나오면 42번째가 됩니다.

사람은 외로우니까 시를 쓰고 글을 쓴다고 합니다. 저의 첫 책이 무엇인 줄 아십니까? 《인생을 바꾸는 7가지 성공 에너지》(을유문화사 출간)였습니다. 인생을 바꾸고 싶었을 즈음에 썼던 것입니다. 그렇습니다. '궁즉변 변즉통 통즉구(窮卽變 變卽通 通卽久)'입니다. 저는 주역에 나오는 '窮卽變 變卽通 通卽久'라는 말을 믿습니다. 궁극에 이르면 변화하고 변화하면 열리게 되며 열리면 오래 간다는 뜻입니다.

흔히 위기가 기회라 말합니다. 그 이유는 궁하니 변화를 모색하게 되고 변화를 모색하다 보면 길이 열리기 때문입니다. 제4차 산업혁명으로 세상의 판이 바뀔 즈음 코로나19가 기름을 부은 격입니다. 세상이 확 바뀌었습니다. 이제 코로나19 이전과 같은 세상은 오지 않는다고 합니다. 그렇습니다. 코로나가 끝나도 IOT(사물인터넷)으로 이어지는 비대면과 OnLine로 전개되는 네트워크와 AI(인공지능)에 의한 자동화와 로봇과 드론이 세상을 빠른 속도로 뒤집어 놓을 것입니다. 덕분에 생산성과 편의성이 높아졌는지는 모르지만 사람들이 일자리에서 밀려나고 있고 사람들은 경쟁력을 잃어가고 있습니다. AI(인공지능) 시대에 대안은 감성과 아날로그 방식의 1:1 맞춤 방식과 사람의 손길에 의한 수제 방식으로 차별화해 나가는 것입니다.

이런 일련의 변화들을 바라만 보지 마시고 변화의 파고에 몸을 실어야 합니다. 강자가 살아남는 것이 아니라 순응하는 자가 살아남을 것입니다. 이제 망설이기엔 세상이 너무 빨리 움직이고 있습니다. 주저하지 마시고 변화의 파고에 탑승합시다.

화술경영 윤치영 박사가 설계하고 직강하는 'YCY소통명사과정'은 성공한 CEO님들의 삶의 스토리를 찾아 발표(토설)하고 엮어서 '자서전적 신화스토리'로 세상과 소통하고 세상에 더 널리 쓰임받고 섬길 수 있는 브랜드 파워와 인지도를 높여 명실공히 명사로 불릴 수 있도록 퍼실리테이팅(Facilitating)해 드립니다. 매주 월요일이나 화요일 중에서 택일하여(주 1회, 저녁 7시 ~ 9시 30분) 수강하도록 설계되었으며 두 번 들으며 되새김하면서 몸으로 체득토록 하고 있습니다.

■ YCY소통명사과정 **〈1단계: 나를 찾아 떠나는 여행〉**_ 말에는 각인, 견인, 성취, 치유, 창조력이 들어가 있습니다. 말에 의한 토설을 통해 치유하고 창조하는 놀라운 경험을 하시게 됩니다. 기적은 밖에 있는 것이 아니라 내 안에 있습니다. 쉼 없이 치열하게 달려온 길을 뒤돌아보면 아쉬움도 있고 그리운 추억도 있습니다. 나만의 시공간 속에 나를 들여다 보면 많은 것을 발견할 수 있습니다. 그런 휴먼스토리를 발굴해 세상과 소통하고 울림을 주는 내가 되고자 합니다.

■ **YCY소통명사과정〈2단계: 전문 강사로 가는 길〉**_ 다양한 분야에서 쌓아 온 실력과 많은 경험이나 에피소드를 살려 전문가로서 강의를 할 수 있다면 진정한 명사(名士)가 되는 것입니다. 이제 활동 반경을 넓히게 되어 하는 일에 탄력이 붙게 되므로 업(業)을 업(up)하는 계

기가 될 것입니다. "구슬이 서 말이라도 꿰어야 보배다."라는 말이 있습니다. 어떻게 꿰어서 풀어가야 할지를 함께 고민해 드리겠습니다. '1단계'를 수학하신 분들이기에 하고 있는 일(직업)을 파워브랜딩하여 경쟁력을 강화해 드립니다.

30여 년간 꾸준하게 진행하고 있는 '실전 트레이닝'의 정규 강좌인 Action 스피치도 있습니다. 경험만큼 좋은 스승은 없습니다. 경험을 통한 내공 쌓기와 주제 발표로 당신의 삶에 통찰력과 자신감을 실어 드립니다.

[정규 강좌(수/토요) - 6개월 / 매월 초 개강]

◆ 수요 강좌 : 저녁 7:00~9:30(주 1회 수강) / ◆ 토요 강좌 : 오전 10:00~13:00, 오후 2:30~4:30(주 1회 수강) / ◆ 개인 코칭(면접, 진로, 성격 개조, 연설, 발표, 보이스 트레이닝, 방송 맞춤식)

무슨 일을 하는 데 있어 무엇을(What) 어떻게(How) 하느냐가 중요합니다.

- 스피치(발표 불안, 발표 기술, 자신감)
- 커뮤니케이션(소통 공감 대화)
- 면접(자소서, 모의면접 트레이닝)
- 보이스 트레이닝(발성, 발음 교정, 음색, 내공 쌓기)
- 인생과 진로_ 무엇을(Waht) 어떻게(How) 하는 법, 면대면(1:1) 코칭 또는 스카이프(화상코칭)

이렇게 인연이 되어 함께할 수 있으니 얼마나 다행스러운 일인지 모르겠습니다. 절박하고 간절한 마음으로 찾아 오셨기에 목표한 바를 이룰 수 있도록 핵심을 구체적으로 간결하게 해결해 드리겠습니다. 믿고 함께해 주세요.

저를 키워서 잡아 먹으세요?

제 사무실에는 화분이 세 군데에 놓여 있습니다. 그중에서 메인 강의실 뒤편에 자리 잡고 있는 화분에 황칠나무를 심었습니다.

'키워서 잡아 먹는다'는 말은 언뜻 들으면 상스러운 말 같지만 꽤 좋은 의미를 담고 있는 것 같아요. 광고업계에서는 부지런한 사람으로 평가받고 있는 여성 CEO가 한 말인데요. 공감이 가는 말입니다. 광고 유치를 하기 위해서는 광고주의 사업 규모에 맞춰 제안해야 합니다. 예를 들자면 TV에 광고를 하려면 제작부터 방영까지 꽤 큰 예산이 필요한데 사업의 사이즈가 안 된다면 TV 광고를 제안할 수 없는 것이죠. 그럴 때 쓰는 말 '키워서 광고 받는다'의 의미로 '키워서 잡아 먹는다'는 말은 근사하지 않은가요.

알고 보면 사람들이 영악합니다. 소나 돼지 등 가축들을 키워서 잡아 먹잖아요. 배추나 시금치도 그렇고요. 고객도 역시 그러해야 되지 않을까요?

비대면 상황인데도 삶은 늘 바쁩니다. 무슨 할 일이 이다지도 많은지요. 그런데도 헛헛하기만 합니다. 여하튼 할 일 많은 걸로 헛헛함을 잊고 있을 뿐 그 헛헛함은 마치 신발 속의 깔개인 듯 도시 생활 속에 늘 깔려 있는 것 같습니다. 그러다 못 견디겠다 싶을 만큼 외로워

저서 진탕 술이라도 퍼마셔야 할 것 같은 날이 많습니다. 그 와중에 '식물'에게서 위로를 찾는 이들이 요즘 부쩍 많아졌습니다.

보는 것만으로도 기분이 좋아지는 식물은 실내 공간에서도 없어서는 안 될 인테리어 소품 중의 하나죠. 자연과 함께 한다는 느낌을 줄 뿐만 아니라 작은 식물일지라도 공간에 신선한 공기와 습도 조절을 통해 우리 건강에 도움을 줄뿐 아니라 가꾸는 즐거움과 정신적 치유를 준다 하여 식물테라피, 함께하는 즐거움을 주는 반려식물이라 합니다.

오늘 사다가 화분에 심은 '황칠나무'도 그러합니다. 키워서 나뭇잎과 줄기를 잘라 차를 끓여 먹으면 당뇨, 혈압 등에 좋다고 합니다. 사람에게도 옆에서 동기를 부여해 주고 독려해서 능력과 재력과 체력을 키운 후 큰 일을 함께 도모할 수 있도록 하는 동반자적 마인드가 필요하다고 봅니다.

세상의 판이 바뀌었습니다

30여 년간 책을 쓰고 강연하고 아카데미를 운영해 오면서 요즘처럼 어려울 때는 없습니다. 코로나19 때문에 세상이 잠시 멈춘 듯합니다. 그런데도 최근부터 참다 참다 못 버티고 찾아오는 이들이 늘고 있습니다. 필요에 의해 찾아오고 있다는 증거가 확실합니다. 자신을 바꾸지 않으면 생존의 위협을 받기 때문에 더 이상 미룰 수 없어서 찾아오는 것이지요. 간절한 마음으로 찾아온다는 것입니다. 간절함이란

간을 소금에 절인 상태처럼 답답하고 애절하다는 뜻이지요. 사람 앞에만 서면 호흡이 가빠지면서 심장이 터질듯 울렁거리고 입 안에 침이 마르고 앞이 안 보일 정도입니다. 이를 발표 불안, 울렁증, 대인공포증이라 합니다. 의외로 이런 분이 많습니다. 얼마나 답답할까요?

그리고 당장 면접이 코앞에 놓여 있는 취업준비생들이 찾아옵니다. 취업과 승진을 통과해야 합니다. 통과하지 못하면 낙오자가 되고 말지요. 이들만큼 절박한 사람들이 있을까요? 절박하지요. 어떤 이들은 일상생활에서 대화나 공감력이 부족해서, 또 어떤 이들은 경제적으로는 성공했지만 대중 앞에서 말하는 것이 안 돼 찾아옵니다. 발표, 식사(인사말, 건배 제안), 강의, 방송 출연을 하기 위해 찾아오는 이들도 다급하고 간절하기는 마찬가지입니다. 어떤 이는 존재감이 떨어져서 찾아옵니다. 살다 보니 나를 잃어버리고 사는 사람이 많습니다. 나를 찾고 자존감이나 자신감을 높여 당당하게 살고 싶은 것입니다. 모두 답답하고 간절한 마음으로 찾아옵니다. 결국 사회생활과 직장에서 필요한 것이 스피치입니다. 테이블에서 대화하고 상담하고 협상하고 공감하고 공동 이익을 추구해야 합니다. 때론 많은 사람 앞의 연단 위에서 인사말하고 강의하고 덕담해야 합니다. 때론 상사를 모시고 회의 석상에서 업무를 보고하고 프레젠테이션해야 합니다. 사석이나 공석에서 나를 잘 표현하고 어필(appeal)해야 합니다.

이 책을 통해서 답답하고 간절한 분들에게 필요한 것을 그만큼 채워줄 수 있으니 다행스럽게 생각하며 보람을 느낍니다.

화술경영 윤치영 박사 출강 및 YCY 핵심 강좌
강의는 퍼포먼스(performance) 처럼

행복한 삶터(일터)를 위한 스피치&커뮤니케이션(화력, 어투, 소통, 공감 화술, 발표 기술), 리더십과 인맥, 인생경영
* 모든 프로그램은 화상으로도 만날 수 있습니다.

과 정	내 용	시 간
외부 출강 위탁 교육	• 소통으로 즐겁고 행복한 일터 만들기 • 감성리더십(몰입, 포용, 혁신) • 4차 산업혁명 시대의 인생경영과 제2막 인생 • 당당하게 말하기(화력 키우기) • 공감력(대화, 상담, 협상)이 행복력이다 • 박수받는 스피치(청중을 움직이는 발표, 강의) • 긍정 마인드와 긍정화법	60분, 120분, 2박 3일 패키지 맞춤 강의
YCY소통명사 13주 과정	나를 찾아 떠나는 여행_ 동안 살아온 나의 이야기를 찾아 발표(토설: 吐說)하며 '자서전적 신화 스토리'로 만들어 갑니다. 세상과 인간적인 소통을 하면서 '나답게' 미래를 열어가는 내공 쌓기(인생점검 업그레이드) 프로젝트입니다.	〈명품 1단계〉 월(19:00~21:30)
YCY전문강사 13주 과정	직업에 날개를 달아드립니다_ 그동안 열심히 쌓아온 지식과 경험을 꿰어 보배로 만들어 드립니다. 브랜드 파워와 인지도를 높여 명실공히 명사(名士)로서 강의도 하고 활동 반경도 넓혀 갑니다.	〈명품 2단계〉 화(19:00~21:30)
수요/토요 CEO과정	화력키우기_ • 소통&공감 화술, 발표(式事, 강의, 연설) • 감성리더십(몰입, 포용, 혁신) • 행복한 인생경영 • 화력(말할 거리, 전달력, 표현력) 키우기	수(19:00~21:30) 토(10:00~13:00)
대학 일반과정	자존감과 자신감 키우기_ • 발표 불안, 대인 불안 해소 • 화력 키우기(나를 표현하라) • 소통 및 공감화법 • 진로 및 취업 코칭 • 자기소개서 및 면접	수(19:00~21:30) 토(14:30~16:0)
개인맞춤 코칭	• 성격 개조(긍정, 적극, 창조적) • 트라우마 및 불안증 치유 • PPT 작성 및 PT • 보이스 트레이닝 • 연설, 강의, 발표 기술 • 방송, 면접 & 자소서	개인 시간 맞춤
화상강의	화상으로도 상담을 받거나 수강할 수 있습니다. 여러 채널로 연결하여 가장 편한 시간에 윤치영 화술 박사를 직접 만나보실 수 있습니다.	

◆ 윤치영 박사 화상강의 및 출강 직통 : 010-2521-4700

◆ 윤치영YCY스피치교육원 : 대전시 서구 둔산동 1352번지(을지대학병원 옆) (042)365-6400